2016 年绍兴市高等教育教学改革重点课题——《高职院校创业教育有效性研究》

基于 AHP 法的高校创业教育模式实践研究

周昊俊　著

中国原子能出版社
China Atomic Energy Press

图书在版编目（CIP）数据

　　基于AHP法的高校创业教育模式实践研究／周昊俊著
. -- 北京：中国原子能出版社，2020.7
　　ISBN 978-7-5221-0613-7

　　Ⅰ.①基… Ⅱ.①周… Ⅲ.①高等学校 – 创业 – 教育
模式 – 研究 – 中国 Ⅳ.① G647.38

　　中国版本图书馆 CIP 数据核字 (2020) 第 114874 号

内容简介

　　本书是高校创新创业方面的著作。其主旨是培养学生的创新精神、创新意识，以期学生可以更好地适应社会发展和变革。本书从AHP法的角度，在创新创业教育相关文献的基础上，探讨了高校创业教育概念、理论支持、发展分析，探究了国外高校创业教育经验，在此基础上提出了高校创业教育课程体系建设、师资体系建设和评价体系建设，并对互联网背景下大学生创业支持体系构建与对策进行了分析，最后对高校创业教育模式新思路进行了展望。本书内容全面系统、条理清晰、结构合理，可供高校教育工作和创新创业教育主管部门的管理者阅读，也可供相关专业学者和学生阅读参考。

基于 AHP 法的高校创业教育模式实践研究

出版发行	中国原子能出版社（北京市海淀区阜成路 43 号　　100048）
策划编辑	高树超
责任编辑	高树超
装帧设计	河北优盛文化传播有限公司
责任校对	冯莲凤
责任印制	潘玉玲
印　　刷	定州启航印刷有限公司
开　　本	710 mm×1000 mm　1/16
印　　张	16
字　　数	287 千字
版　　次	2020 年 7 月第 1 版　　2020 年 7 月第 1 次印刷
书　　号	ISBN 978-7-5221-0613-7
定　　价	64.00 元

发行电话：010-68452845

版权所有　侵权必究

前　言

在知识经济时代，创新是一个国家蓬勃发展的动力。我国将创新创业纳入国家体系，并且致力于培养一批具有创新意识、创新精神的应用型人才。作为国家创新体系的重要组成部分，高校肩负着培养人才的重任。

创新创业是落实建设新型国家战略的需要，因此国家对创新创业教育高度重视。大学生创业对我国经济的发展起着至关重要的作用。但是，从目前的情况来看，我国大学生创业在发展过程中仍面临一些问题。

鉴于此，本书将我国高校创新创业教育体系作为研究对象，运用 AHP 法对当前高校创业教育体系发展的各个阶段进行了分析，就当下高校创新创业教育体系构建中出现的问题有针对性地提出了解决策略。全书思路清晰，结构严谨，循序渐进，用语规范，在结构上特别注重前后内容的连贯性，做到了抓住关键、突出重点，体现了"理论性、技术性、实用性"的特点。

本书运用 AHP 法对高校创业教育模式进行了分析与探索。首先，从高校创业教育相关概念、内涵以及理论支持入手，结合 AHP 法的相关内容，让读者充分了解我国当前高校创业教育的发展情况。同时，对国外高校的创业教育模式进行研究，总结出我国在创业教育探索之路中可以借鉴的相关经验。其次，对我国高校创业教育课程体系、创业教育师资体系、创业教育评价体系一一进行探索，为后续的高校开展创业教育提供理论支持。最后，结合"互联网 +"的时代背景，探索大学生创业支持体系构建，开拓高校创业教育模式的新方法与新思路，用 AHP 法构建具有中国特色的创新创业教育体系。

本书的编写参考了大量的文献资料，在此向其作者表示由衷的感谢。尽管作者在写作过程中投入了大量的时间和精力，但由于水平有限，书中不足之处在所难免，恳请广大读者批评指正。

周昊俊

2020 年 4 月

前　言

目 录 ○
○
●

第一章　高校创业教育概念与理论支持

在知识经济时代，创新是一个国家蓬勃发展的动力。高校作为国家创新体系的重要组成部分，肩负着培养具有社会责任感、创新精神及创业能力的高素质人才的重任。本章对高校创业教育的相关概念、内涵以及理论知识进行探索，有助于读者对高校创业教育形成一套比较全面的认知理论。

第一节　高校创业教育的相关概念

一、高等教育

高校教育是一个历史的、相对的、动态的概念。其作为学校教育的一个层次，是人类社会发展到一定历史阶段才出现的。它的形式与名称的确立经历了一个漫长的发展过程，它的内容与功能的演变也是一个从简单到复杂的过程。与之相适应的，高等教育的内涵与外延也在不断地发生改变，对其意义的研究，需要相关学者不断推进。随着时代的不断发展，20世纪的高等教育发展空前繁荣，灵活、百变的形式，不断优化的功能，让人们不断完善对高等教育某些观点的认知。比如，高等教育的"精英观念"必须改变，高等教育以传授和研究高深专门学问为唯一目标的观念必须改变，高等教育是正规的学校教育的观念必须改变，高等教育把人生划为学和工作两个分开阶段的观念必须改变，等等。在这种情况下，想要回答高等教育的内涵和外延，是一件极其困难的事，更无法精准且明确地为高等教育下定义。

1962 年高等教育会议在非洲召开，在 44 个国家的共同努力下，联合国教科文组织对高等教育进行了如下定义："高等教育是指大学、文学院、理工学院和师范学院等机构所提供的各种类型的教育，其基本入学条件为完成中等教育，一般入学年龄为 18 岁，学完高校创业教育的理论与实践课程后授予学位、文凭或证书，作为完成高等学业的证明。"而实用教育大词典将高等教育解释如下："高等教育是建立在中等教育基础上的各种专业教育。程度上一般分为专科、本科和研究生。教学组织形式有全日制的和非全日制的、面授的和非面授的、学校形式的和非学校形式的等。高等教育一般担负着培养各种专门人才和开展科学研究的双重任务，实施高等教育的机构通常是大学、学院和专科学校。"这些比较典型的定义为我们研究高等教育的概念提供了比较有意义的参考。

分析以上定义的内容，我们会发现界定高等教育这一概念一般包括两个方面：一是高等教育的起点或基础，二是高等教育的性质。从高等教育的起点或基础上看，高等教育建立在完全的中等教育基础之上，也就是说在具备了普通中等教育的文化基础之后，有了进一步学习专业知识的条件。从性质上看，高等教育是一种专业教育，它所培养的人才是社会上从事专业工作的高级专门人才，而专门人才的类型是多样的，既有学术型、研究型的人才，也有应用型、技术型的人才。因此，高等教育的概念可以进行如下界定：高等教育是在完全的中等教育基础上进行的专业教育，是培养高级专门人才的一种社会活动。

二、创新

创新与创业是两个不可以等同的概念。创业活动必然涉及很多创新活动，但创新活动并不一定就是创业活动。在我国，"创新"一词早在《南史·后妃传上·宋世祖殷淑仪》中被提及，即创立或创造新的东西。而在当今社会，人们更喜欢将创新定义为一个经济学概念，奥地利经济学家熊彼特（Joseph Alois Schumpeter）是创新理论的奠基人。他在 1911 年出版的德文版《经济发展理论》一书中就论述了关于经济增长非均衡变化的思想，后期在作品英译时，将"创新"一词融入其中。随后他在 1928 年编撰的首篇英文版论文《资本主义的非稳定性》中第一次提出了创新是一个过程的概念，在 1939 年出版的《商业周期》一书中全面阐述了创新理论，并广泛应用于后期的其他著作中。

熊彼特将"创新"定义为一个经济范畴而非技术范畴，认为创新不仅指科学技术上的发明创造，更指把已发明的科学技术引入到企业之中，形成一种新的生产能力，即"创新就是建立一种新的生产函数，在经济活动中引入新的思想、方法，以实现生产要素的新的组合"。也就是说，创新就是把生产要素和生产条件的新组合引入生产体系，即"建立一种新的生产函数"，其目的是获取潜在的利润。其包括五种情况：一是创造一种新的产品；二是采用一种新的生产方法；三是开辟一个新的市场；四是取得或控制原材料或半制成品的一种新的供给来源；五是实现任何一种新的产业组织方式或企业重组。另外，他还指出创新是对新产品、新过程的商业化及新组织结构等进行搜寻、发现、开发、改善和采用的一系列活动的总称。熊彼特的理论一开始并没有引起足够的重视，直到20世纪30年代熊彼特对创新的开创性研究才引起了西方学术界的极大轰动，并且至今一直被视为对创新的经典性论述。其主要原因为熊彼特的"创新"一开始就是一个带有"集成"形式的表述，是个广义的创新，它既包括技术创新，又包括商业模式创新、组织创新、供应链创新等形式的非技术性创新。

20世纪90年代，我国将"创新"一词引入科技界，逐渐延伸出"科技创新""知识创新"等各种提法，并将其扩展到社会生活的各个领域，让"创新"成为全民性词汇。清华大学科学与社会研究所教授李正风认为"创新"一词在我国存在着两种理解：一是从经济学角度理解创新；二是根据日常含义理解创新。目前，人们经常谈及的创新，简单来说就是"创造和发现新的东西"，这是"创新"的日常概念。从广义的概念分析，人类社会的每次进步都离不开创新。从事创新概念研究的学者普遍认为很难对创新进行严格的界定。

本研究认为创新有狭义和广义之分。狭义的创新是指理论、方法或技术等某一方面的发现、发明、改进或新组合，其主要立足于把技术和经济结合起来。而从广义上说，创新行为力求将科学、技术、教育等与经济融合起来，可以表现在技术、体制或知识等各个不同层面。

三、创新教育

说起创新教育，目前的定义约有百种以上，不过大致可以分为以下两类：一类把创新教育定义为以培养创新意识、创新精神、创新思维、创造力或创新人格等创新素质以及创新人才为目的的教育活动；另一类则把创新教育定义为相对于接受教育、守成教育或传统教育而言的一种新型教育。实际上，对创新教育的定义既要考虑创新教育的历史和已经形成的规约，还要考虑创新教育已有的升华和将来的发展。所以，广义上的创新教育就是为了使人创新而进行的教育。以培养人的创新素质、提高人的创新能力为主要目的的教育都可称之为创新教育。对于学校来说，创新教育就是培养学生再次发现的探索能力、重组知识的综合能力、应用知识解决问题的实践能力和激发他们创造能力的一系列教育活动。

高校作为培养创新精神和创新人才的摇篮，必须使学生敢于思考、善于思考，在学习过程中注重自己的思维过程，而不只是被动地接受前人的思维结果。高校还应该成为培养具有学习能力和创新能力人才的重要摇篮。创新能力是在进行创新活动中表现出的能力以及各种技能的综合表现，其主要包括观察能力、思维能力、表达能力、动手能力、写作能力等，它既是人的认识能力和实践能力有机完美结合的体现，又是人自身的创造智力和创造品质有机完美结合的体现。

四、素质教育

素质的含义有狭义和广义之分。狭义的素质概念是生理学和心理学意义上的素质概念，即"遗传素质"。《辞海》写道："素质是指人或事物在某些方面的本来特点和原有基础。在心理学上，指人的先天的解剖生理特点，主要是感觉器官和神经系统方面的特点，是人的心理发展的生理条件，但不能决定人的心理内容和发展水平。"这是关于狭义素质的典型解释。广义的素质指的是教育学意义上的素质概念，即"人在先天生理的基础上通过后天环境影响和教育训练所获得的内在的、相对稳定的、长期发挥作用的身心特征及其基本品质结构，通常又称为素养，主要包括人的道德素质、智力素质、身体素质、审美素质、劳动技能素质等"。由此可知，素质教育中的素质指的应是广义的素质。

关于素质教育的含义，原国家教委在《关于当前积极推进中小学实施素质教育的若干意见》中进行了明确解释："素质教育是以提高民族素质为宗旨的教育。它是依据《中华人民共和国教育法》（以下简称《教育法》）规定的国家教育方针，着眼于受教育者及社会长远发展的要求，以面向全体学生、全面提高学生的基本素质为根本宗旨，以注重培养受教育者的态度、能力，促进他们在德智体等方面生动、活泼、主动地发展为基本特征的教育。"就高等教育而言，人才素质主要包括思想道德素质、文化素质、业务素质和身体心理素质四个方面，素质教育就是通过教育让学生在这几个方面形成相对稳定的心理品质。

高等教育是培养专门人才的专业教育。在高等教育领域倡导素质教育的思想，不是要求以一种教育代替另一种教育，即不是以素质教育取代专业教育，或者说不是将素质教育与专业教育相对立。因而，从素质教育的思想观念出发，高等教育应是更加注重人才素质提高的专业教育，应将素质教育的思想渗透到专业教育、创业教育及创新教育之中，贯穿人才培养的全过程。从素质教育的观念来看，高质量的人才应是知识、能力、素质的高度和谐的完美统一体。从人才培养的角度而言，传授知识、培养能力往往只解决如何做事的问题，而提高素质则更多地解决如何做人的问题，只有将做事与做人有机地结合起来，既使学生既要学会做事，又要学会做人，这样的教育才是理想的教育。因此，高等学校人才培养的目标应当是培养基础扎实、知识面宽、能力强、素质高的专门人才，这与党的德智体美全面发展的教育方针是完全一致的。

五、创业

"创业"一词在我国可以追溯到千年以前，含义诸多。上海辞书出版社出版的《辞海》（1986 年版）将其界定为"创业，创立基业。"这里的"创业"是个广义的概念，是指"事业的基础、根基"，既可以理解为"帝王之业、霸王之业"，也可以理解为百姓的家业和家产。创，颜师古注："创，始造之也。"《孟子·梁惠王下》有曰："君子创业垂统，可为继也。"诸葛亮的《出师表》中曰："先帝创业未半，而中道崩殂。"这里的"创业"即指开拓、创新的业绩，恰好与"守成"相对应。"守成"是指保持前人已有的成就和业绩。

关于"业"字，《现代汉语成语辞典》做出如下解释：学业；业务、工作；专业；就业、专业、事业；财产、家业；等等。由此看来，"业"字的内涵极为丰富。从性质上看，既可以是学业、专业、业务，也可以是家业、产业，甚至是工作、事业；从类别上看，有各行各业、各种职务和岗位，即所谓的"三百六十行"；从范围大小看，有个人的小业、家业，有集体的产业、企业、大业，国家和社会的各项事业；从过程看，"业"有草创阶段、发展阶段、成就阶段和保持阶段等。因此，"创业"的内涵也就极为丰富，也有性质、类别、范围、过程阶段等方面的区别和差异。

从"创业"这个概念的汉语使用法来看，其一般用于以下三种情况：①强调开端和草创的艰辛与困难；②突出过程的开拓和创新意义；③侧重在前人的基础上有新的成就和贡献。而对"业"的范围没有什么限制。这样，各种主体、各行各业都可以在最一般的、普遍意义上使用这个概念。

而"创业"一词在英文中主要有两种表述方式，一是"venture"，二是"entrepreneurship"。"venture"一词的最初意义是"冒险"，但在企业创业领域，它的实际意义并不仅仅是单纯的"冒险"，在 20 世纪创业活动蓬勃兴起以后，还被赋予了"冒险创建企业"意义，即"创业"这一新的特定内涵，主要用于表示动态过程。

"entrepreneurship"则主要用于表示静态的"创业状态"或"创业活动"，是从"企业家""创业家"角度来理解"创业"。随着科技进步和企业兴衰更替的加速，"创业活动"正日益发挥着越来越重要的作用，"entrepreneurship"才逐步被赋予"企业家活动"这一新的内涵。例如，约翰·G·伯奇（John G. Burch）1986 年就已经将"创业"定义为"创建企业的活动"。清华大学高建、姜彦福等学者认为，在国内，将"entrepreneurship"译为"创业""创业化""创业活动"可能更适合些，而"entrepreneur"可译为"创业者"。

使用"venture"比使用"entrepreneurship"更能揭示"创建企业"这一动态过程，在现代企业创业领域，往往用"venture"指"创业"正在呈增长态势。

尽管"创业"一词很早就出现在文献中，但至今学术界对创业的定义并未达成共识。从我国学者的研究看，创业的概念被分为三个层次：狭义的创业、次广义的创业和广义的创业。狭义的创业概念为"创建一个新企业的过程"。次广义的创业概念为"通过企业创造事业的过程"，包括两个层次的内容，即创建新企业和企业内部创业。广义的创业概念为"创造新的事业的过程"，即所有创造新的事业的过程都是创业，既包括营利性组织，也包括非营利性组织；既包括官方设置的部门和机构，也不排斥非政府组织；既包括大型的事业，也包括小规模的事业甚至"家业"。

创业是一个跨越多个学科领域的复杂现象，不同学科都从其特定的研究视角，运用本领域的概念和术语对其进行观察和研究，这些学科包括经济学、心理学、社会学、人类学、管理学等，而各个学科领域又衍生出了不同的创业研究方向。迄今为止，不同学科的研究大致可分为三类：第一类将创业定义为一种经济功能，强调创业在经济中的作用，以理查德·康蒂隆、琼·巴普蒂斯特·赛和熊彼特为典型代表。第二类根据创业者的个人特质定义，侧重对某些人的创业精神特征的研究和描述，这些研究注意到了创业者的一些共性，包括对成就的渴望，可感觉到的控制欲和乐于承担风险的特性，以 20 世纪 20 年代经济学家奈特（Knight）、迦特纳（Michael Turner）和莫瑞斯（Maurice）为代表。第三类则认为创业是一种方式或方法，主要从组织行为角度研究创业，对企业家和组织之间的关系以及组织的创业行为更感兴趣，斯坦伯格、弗里·蒂蒙斯以及我国的柳传志、张朝阳等都是其典型代表。

目前，理论界对"创业"这一概念较具有代表性的表述主要有以下几种。

（1）Robert Rongsdaet 认为：创业是一个创造增长的财富的动态过程。

（2）Howard H. Stevenson 认为：创业是一个人——不管是独立的还是在一个组织内部——追踪和捕获机会的过程，这一过程与其当时控制的资源无关。"创业可由六个方面的企业经营活动来理解：发现机会、战略导向、致力于机会、资源配置过程、资源控制的概念、管理的概念和汇报政策。"他并进一步指出：创业就是察觉机会、追逐机会的意愿以及获得成功的信心和可能性。

（3）Jeffrey A. Timmons 认为："创业是一种思考、推理和行为方式，这种行为方式是机会驱动、注重方法和与领导相平衡。创业导致价值的产生、增加、实现和更新，不只是为所有者，也为所有的参与者和利益相关者。"

（4）美国巴布森商学院和英国伦敦商学院联合发起的，加拿大、法国、德国、意大利、日本、丹麦、芬兰、以色列等10个国家的研究者应邀参加的"全球创业监测"项目，把创业定义为"依靠个人、团队或一个现有企业，建立一个新企业的过程，如自我创业、一个新的业务组织或一个现有企业的扩张"。

（5）郁义鸿等人认为：创业是一个发现和捕获机会并由此创造出新颖的产品、服务，实现其潜在价值的过程。

（6）宋克勤认为：创业是创业者通过发现和识别商业机会，组织各种资源提供产品和服务，以创造价值的过程。

（7）蒲瑛瑛认为：创业即"某一个人或一个团队，不局限于外界现有的资源，运用个人或团队的力量开创性地寻求机遇，创立企业和实业并谋求发展的过程，通过这个过程满足其精神和物质的需求和愿望"。

（8）欧阳晓认为：创业，简单地讲，就是开创事业，是对理论知识的创造性运用。它有两方面的含义：一是"创造新的工作岗位"，二是赋予"就业"以新的内涵，即在现有岗位上顺应时代发展和目标的要求，创造性地发挥毕业生的聪明才智，实现开拓性就业。

（9）李海波等认为：创业指创立基业，即开拓创造业绩和成就。大学生创业是指大学生中的创业者在校期间或毕业离校时发现机会、整合各种资源独立开创新企业，提供新产品或新服务，最终实现自身创业目的的一系列活动。

（10）吴泽俊认为：创业是一种思考、推理和行动的方法，在于把握机会，创造性地整合资源，从而创办新的企业或开辟新的事业。

结合我国国情，综合上述观点，我们倾向于认为，创业是指通过寻找和把握机遇，并由此创造出新颖的产品或服务，并通过市场创建企业或产业，从而实现企业经济价值和社会价值的过程。创业必须要贡献出时间和付出努力，承担相应的财务的、精神的和社会的风险，并获得金钱的回报、个人的满足和独立自主。应当注意到，"创业"这个词的外延现在有很大的扩展，它可以发生在各种企业和其他组织的各个发展阶段，即创业可以出现在新企业或老企业，大企业或小企业，私人企业、非盈利组织或公共部门，也可出现在各个地区，一个国家的所有发展阶段，等等。

不少人把创业等同于创建新企业，这种认识是片面的。创业是一种思考、推理和行动的方式，它为机会所驱动，需要在方法上全盘考虑并拥有和谐的领导能力。创业的本质在于把握机会，创造性地整合资源，创业精神是创新的源泉。创业是具有企业家精神的个体与有价值的商业机会的结合，是开创新事业。创业行为普遍存在于各种组织和各种经营活动中，需要运用创业精神开展目前的工作，这是取得成绩和进步的前提。企业家是那些在不确定的环境下承担风险并进行决策的人，创业型企业家则比其他人更多地改变着人们的生活、工作、学习、娱乐和领导方式。

六、创业教育

创业教育是以培养创新精神和创造能力为基本价值取向，以培养创造性人才为主要目标的教育。它是素质教育的延伸，是全面发展学生智慧品质的教育，是全面发展学生个性品质的教育，是更加注重人的主体精神、以人为本的教育。

创业教育理念最初在西方发达国家形成。西方发达国家的教育十分重视个体独立性、主动性、创造性的培养，也较重视社会生活中的创业意识的培养和实践的开展。创业教育的概念也来源于西方，20 世纪 80 年代末期传入中国。1989 年，联合国教科文组织在北京召开"面向 21 世纪教育国际研讨会"，会上首次提出"事业心和开拓教育"（enterprise education）的概念，后被译为"创业教育"。创业教育可以这样界定：一是进行事业、企业、商业等规划、活动、过程的教育；二是进行事业心、进取心、探索精神、冒险精神等心理品质的教育。联合国教科文组织是这样定义的："创业教育，广义上来说是指培养具有开创性的个人，它对于拿薪水的人同样重要，因为用人机构或个人除了要求受雇者在事业上有所成就外，还越来越重视受雇者的首创、冒险精神，创业和独立工作能力以及技术、社交、管理技能。"

1995 年，联合国教科文组织在《关于高等教育的变革和发展的政策性文件》中全面阐述了完整的创业教育概念，即创业教育包括两个方面的内容：求职和创造新岗位。1998 年 10 月在世界高等教育大会通过的《21 世纪的高等教育：展望与行动世界宣言》中又进一步指出："高等教育应主要关心培养创业技能与主动精神，毕业生不再仅仅是求职者，而将先成为工作岗位的创造者。"在 1999 年 4 月汉城召开的第二次国际职业教育大会上，联合国教科文组织除了进一步强调"创业教育"以外，又特别强调了创业能力的重要性，在会议的主要文件中指出，为了迎接 21 世纪的新挑战和变革的需要，要革新教育和培训过程，要重视创业能力的培养。

我国 1999 年 1 月公布的《面向 21 世纪教育振兴行动计划》正式确立了创业教育的理念，该计划提出了要"加强对教师和学生的创业教育，鼓励他们自主创办高新技术企业"。1999 年，共青团中央牵头组织了首届"挑战杯"全国大学生创业计划大赛，如今在全国已广泛开展。2000 年 1 月，教育部制定有关规定：大学生、研究生（包括硕士和博士）可以休学保留学籍创办高新技术企业。2002 年初，教育部高等教育司在中国人民大学等 9 所高校试点创业教育。由此可以看出，创业教育已经得到了全世界的高度重视。

关于创业教育的定义，国内外学者给出了很多典型性的表述。

（1）美国著名的创业教育研究机构考夫曼基金会对创业教育给出了一个操作性较强的定义：创业教育是一个过程，它向被教育者传授一种概念与技能以识别那些被别人忽视了的机会，以及当别人犹豫不决时他们有足够的洞察力与自信心付诸行动；教育内容包括在风险面前的机会识别与在资源整合的前提下创办一个企业，也包括对企业管理过程的介绍，如商业计划、市场营销等。

（2）周秋江认为，创业教育，从广义上讲是培养具有开创性的个人，是通过相关的课程体系整体提高学生的素质和创业能力，使其具有首创、冒险精神，创业能力，独立工作能力以及技术、社交和管理技能。从狭义上讲，大学里的创业教育主要针对大学生创业，培养学生创办企业的能力。

（3）熊礼杭认为，广义的创业教育是指以提高受教育者创业素质为基本价值取向的一种教育理念和教育实践；狭义的创业教育是指对受教育者进行职业培训以满足自谋职业或创业致富需要的教育活动。在学校进行的创业教育一般指广义的创业教育，又称为创业素质教育。

（4）侯定凯将创业教育界定为企业家精神的教育，并且指出："创业教育不仅是为了培养创业人才，更是希望学生学会如何自主地获取、创造新知，并通过有效地配置自身的各种资源，将知识转化为现实的个人和社会价值，最终实现知识的最大效用。"

（5）张闯认为，创业教育是以具有一定科学文化知识和职业技能的青年大学生为主体，以开发、培养和提高他们的创业意识、创新精神、创业心理品质和创业技能为目标，使其走上自主创业之路，创造就业岗位和社会财富，最终为社会培养出创造型和开拓型人才。综上所述，应将高等院校的创业教育界定为开发和提高大学生创业基本素质、培养具有创新精神和创业能力的高素质的社会主义现代化建设者的教育。在高等教育领域内，创业教育是在大学素质教育的基础上融入创业素质的基本要求，具有独特功能和体系的教育。创业教育旨在提高学生创新精神和创造能力，增强自我创业的意识，其实质就是要培养学生确立创业意识，具备创业初步能力，掌握创业基本技能。

七、创业教育管理

在我国，教育管理有广义、狭义之别。广义的教育管理是指对包括教育行政管理和学校教育管理在内的所有教育活动的管理。狭义的教育管理则专指教育行政管理，即国家、政府教育部门对教育事业的介入、干预、控制、协调、指导和服务等职能活动。这个活动过程包括了制订计划、组织实施、监测评估、反思改进等基本环节。创业教育是市场经济条件下全面培养高素质创新人才的总体性教育，是素质教育的深化与发展，也是素质教育的体现和落脚点。创业教育的具体形式包括基础理论和实践操作两个层面。高等院校应当通过深化以素质教育为核心的教育教学改革和深化以学分制为重点的专业教学体制改革，在基础知识教育和专业知识教育中全面融入和渗透创业教育，大力培养大学生的创业精神、创业意识、创业能力和创业技能，这是创业教育的基本定位和目标取向。

因此，我们可以这样理解创业教育管理：创业教育管理是教育行政部门和高校通过对创业教育进行介入、干预、控制、协调、指导和服务等职能活动，实现创业人才培养目标的过程。其管理主体主要是高校和教育主管部门。创业教育是一项复杂的系统工程，其实施需要政府、高校、社会和家庭等各个方面的大力支持、帮助和参与管理，更需要学生个人的积极参与。

第二节　高校创业教育的内涵

创业教育是在创新型国家建设、注重人性化发展的教育体系建设中呈现出来的新的教育特质，是对传统教育内容的新拓展。高等院校开展创业教育，实际上是对学生进行素质教育和创新教育的一个有机组成部分，是素质教育和创新教育的深入和具体化。教育的质量和效益集中体现在全面提高学生的素质上。因此，高等院校实施创新教育和创业教育的目的是促进学生全面发展和整体素质的提高。创业所涵盖的基本素质是学生综合素质中最重要的素质，或者说创业教育是素质教育最重要的部分和落脚点。高等院校对学生进行素质教育的目的，就是要使学生既学会做事，又学会做人，这样的学生才具备了创业的基本素质，才有可能在今后各种不同类型的行业和岗位上开创出一番事业。

一、高校的创业活动是经济的直接驱动力

清华大学创业中心的一项调查报告显示，在创业教育方面，中国的平均水平低于全球创业观察（GEM）统计的平均水平。大学生创业比例不到毕业生总数的1%，而发达国家一般占20%～30%。据美国麻省理工大学（MIT）的一项统计显示，自1990年以来，MIT毕业生和教师平均每年创建150多个新公司。截至1999年，该校毕业生已经创办了4 000家公司，雇用了110万人，创造出2 320亿美元的销售额，对美国特别是麻省的经济发展做出了卓越的贡献。另据统计，美国硅谷60%～70%的公司是由斯坦福大学的学生和教师创办的。斯坦福大学较完善的创业教育措施造就了斯坦福师生在硅谷中活跃的创业力量，1986～1996年硅谷总收入中至少有一半是由斯坦福大学师生创办的企业创造的。美国已经形成了一套比较科学、完整的创业教育教学和研究体系，美国的创业教育甚至延伸到中学教育。

二、开展创业教育是知识经济时代对高等教育发展的必然要求

联合国教科文组织曾经提出创业教育是"第三本教育护照"，把创业教育提到和学术教育、职业教育同等重要的位置。1998年10月，联合国教科文组织在巴黎召开自该组织成立50年以来首次的，有115位教育部长、2 800多名高等学校校长、教育专家参加的世界高等教育会议，大会发表的《21世纪的高等教育：展望与行动世界宣言》明确提出：培养学生的创业技能应成为高等教育主要关心的问题。大会发表的《高等教育改革和发展的优先行动框架》强调指出："高等学校必须将创业技能和创业精神作为高等教育的基本目标"，要使毕业生"不仅成为求职者，还逐渐成为工作岗位的创造者"。因此，转变教育思想，改革人才培养模式，提高创业教育管理水平，培养更具社会竞争力的创新型人才已成为当务之急。开展创业教育，加强创业教育管理已经成为当今世界教育发展和改革的新趋势，也是知识经济时代对高等教育发展的必然要求，更是高校对现代社会多样化人才需求的积极反应。面对如此严峻的就业形势，高校要转变教育思想，改革人才培养模式，通过开展创业教育，开发和提高学生的创业基本素质，培养和提高学生的生存能力、竞争能力和创业能力，由"求职者"转变为"创业者""企业家"。所以，高等学校怎样通过创业教育有效地

激励一个国家的创业活动是摆在我国高校面前的一个重要问题。

三、创业教育是对教育本质及规律的全新诠释，是对高等教育工作的价值规范

创业教育是带有全局性、结构性的教育创新和教育发展的价值追求，是一种与时俱进的时代精神，以培养创新创业型人才为价值取向的新教育思想和教育理念。积极探索和建立社会实践与专业学习相结合、与服务社会相结合、与勤工助学相结合、与择业就业相结合、与创新创业相结合的管理体制，使创业教育不仅是教育形式和教育内容的变革，更是教育功能的重新定位。

四、创业教育是建设创新型国家、促进经济发展的必然要求

有人说，21 世纪是"创业时代"，国与国之间的竞争将聚焦在创新与创业水平上。对于中国而言，没有任何时候比今天更需要创新，更重视创新。自主创业离不开创新精神，更离不开由创业家主导、以创新型企业为主体的创业活动。没有比尔·盖茨（Bill Gates）创建微软，很难想象美国在计算机软件领域会有今天的技术实力。没有松下幸之助（Konosuke Matsushita）、盛田昭夫（Akio Morita）等人创建松下、索尼，也很难想象日本在电子产品领域有如今的技术优势。创业自 20 世纪 80 年代重新兴盛以来，不仅是一种创办新事业的活动，还成为人们的思维方式和行为准则。创业活动作为科学技术最终转化为现实生产力的桥梁，已经成为中国经济发展的重要引擎和推动力量。加强创业教育已经成为包括我国在内的许多国家的政策取向。

五、创业教育是解决就业问题、构建和谐社会的重要措施

实施创业教育不仅能解决大学生就业难的问题，还可以开发和提升大学生的创新能力、竞争能力和可持续发展能力，从而带动全民族创新素质的提高。这是缓解高校毕业生严峻就业压力的根本出路，是我国高等教育与国际接轨并走向可持续发展的基本途径，是构建和谐社会的可靠保障。当前，我国创业教育虽已取得了一定的成绩，但其历史短，成功经验不多，可以说还处于萌芽阶段，理论研究和实践总结都需要进一步加强，其创业教育管理及其效果还远远落后于我国目前政治、经济和社会飞速发展的要求，究其根源，最主要的问题在于创业教育没有形成有效的管理模式和体系。从理论上看，对于创业教育特质及功能、创业

教育及其管理理论基础、创业教育管理模式等问题还有待进一步探索和研究；从实践上看，我国的高校创业教育和创业教育管理仍处于水平较低的初级阶段，创业教育管理的独特性应作为重点予以研究，需要提出切实可行的创业教育管理方式和措施；从社会文化和氛围上看，要形成有利于引导学生创业的社会舆论和社会支持，形成鼓励更多大学生走入创业行列的社会主体价值观念。中国创业教育管理的理论研究、实践探讨以及政策推动还无法满足现实发展的需要，与发达国家有明显差距，值得进一步深入研究和探讨。因此，研究创业教育、发展创业教育，创立科学、有效、系统的创业教育管理体系具有十分重要的现实意义。本书就是在经济社会发展的大背景下，通过比较国内外创业教育及其管理的发展和模式，分析我国高等学校创业教育及其管理的现状，构建我国高等学校创业教育管理模式，从而探讨创业教育规律，为深化教育改革培养更多的创业者，并为使更多的创业者能有效推动经济社会发展、创造就业机会、加速科研成果转化，以及自身的全面发展做出理论探索。

第三节　创业教育的理论支持

一、成就需要理论和马斯洛需求层次理论

需要是个体感到某种缺失或不足时力求获得满足的心理倾向，是个体活动的积极性源泉。人作为生物实体和社会成员，一要生存，二要发展。人不仅要生存，还要追求生活的质量和意义，追求人生价值，追求爱与归属，希望得到尊重和认可，同时不断面临挑战，往往对现实生活的条件、社会地位和经济收入感到不满，从而产生改善生活、改变现实的愿望，这种愿望在一定条件作用下，就会转化为强大的内部力量，推动个体去行动。人的需要是多种多样的，那些强度较弱、不能被人清晰意识到的需要只是一种未分化的、模糊的意向。意向对人的行为没有推动作用。据一项调查显示，1 200名大学毕业生中，有自主创业意向者占60%以上，而最终选择自主创业的不足3%。所以，只有当需要强度达到一定程度并让人清晰意识到时才能成为愿望，愿望在某种诱因作用下才可被激活转化为动机，驱使个体趋向或接近目标。基于此，开展创业教育可以为大学生走向创业提供帮助。许多大学生都具有创业意向，却苦于站不高、看不远、方向不明、目标不清，又缺乏指导，致使创业意向不能转化为创业动

机，或与创业机会失之交臂。高校创业教育实际上就是促使大学生的创业意向转化为创业动机与创业行为的"催化剂"。

成就需要理论认为个体希望从事对他有重要意义、有一定困难、具有挑战性的活动，并希望在活动中取得满意结果和优异成绩，且超过他人。马斯洛需求层次理论是马斯洛（Abraham H. Maslow）[①] 于 1943 年在《人类动机理论》一书中提出的，即认为人的需要由低级到高级分别为生理的需要、安全的需要、归属与爱的需要、尊重的需要、自我实现的需要。生理的需要是人们最原始、最基本的生存需要，如对食物、水分、空气、睡眠的需要等；安全的需要表现为人们要求稳定、安全、受到保护、有秩序、能免除恐惧和焦虑等；归属与爱的需要是一个人在家庭、学校、社会中的归属以及要求与他人建立感情的联系或关系，如结交朋友、追求爱情、参加一个团体并在其中获得某种地位等；尊重的需要包括自尊和受到别人的尊重，这种需要的满足能使人增添信心和勇气，使个体在生活中变得更有能力，更富有创造性；自我实现的需要是指人们追求实现自己的能力或潜能，并使之完善化。马斯洛认为，这五种需要都是人的最基本的需要。这些需要是天生的、与生俱来的，它们构成了不同的等级或水平，成为激励和指引个体行为的力量。此外，五种需求从低到高，按层次逐级递升，但这样次序不是完全固定的，是可以变化的。一般来说，某一层次的需要相对满足了，就会向高一层次发展；五种需要可以分为两级，其中生理上的需要、安全上的需要和感情上的需要都属于低一级的需要，而尊重的需要和自我实现的需要是高级需要，而且一个人对尊重和自我实现的需要是无止境的。同一时期，一个人可能有几种需要，但每一时期总有一种需要占支配地位，对行为起决定作用。任何一种需要都不会因为更高层次需要的发展而消失，高层次的需要发展后，低层次的需要仍然存在，只是对行为影响的程度大大减小。

创业本领有助于人们更好地适应未来生活，以满足人自身的五种最基本需要，尤其是自我实现的需要，使人的自身价值得到最高体现。运用马斯洛需求层次理论分析大学毕业生的需要，我们可以知道，他们的需要包括了所有五个层次的需要。他们渴望毕业以后能拥有良好的经济条件，使自己不用为基本的吃、穿、用而发愁；他们渴望安全、稳定、有秩序、能免除恐惧和焦虑的生活和工作；他们渴望与人交往和交流，希望拥有良好的人际关系；他们渴望通过自己的努力克服困难，将自身才能展示出来，以得到别人的认可和尊重；他们渴望实现自身的价值，通过自己的努力，使自己事业有成，以最大限度地将自

---

① 马斯洛（Abraham H. Maslow，1908 年 4 月 1 日—1970 年 6 月 8 日），美国著名社会心理学家、人格理论家和比较心理学家。

身的潜能挖掘出来。而创业在创造物质财富，满足人对物质生活需要的同时，能有效地满足人的精神生活的需要，实现人身价值。全美国高中生未来职业愿望调查随机抽样调查结果显示，70%的学生希望拥有自己的企业，86%的学生希望知道更多的有关创业方面的知识。《深圳商报》在2000年2月《中国青年报》与"中国在线"联合主办的"2000年高考考生填报志愿趋向调查"中发现，在给出的8个选项中，"企业家"以20.8%获选。对大学生的一项调查显示，大学生对创业活动的理解以"实质性的经营活动"和"一般的社会实践"活动居多，分别占45%和35%，有46%的本科生和57%的研究生有创业意向。因此，可以说高校开展创业教育，加强创业教育管理，开发学生的创业意识，提高创业素质技能是非常必要的。创业教育就是要引导学生通过学习和实践提高素质，增长才干，发挥潜能，为社会创造更多的就业岗位，实现人生的社会价值。

二、系统科学论

贝塔朗菲（Ludwig Von Bertalanffy）[①]给出了"系统"明确而科学的定义，并赋予其重要意义。"现代社会和生活的整个领域里都需要按新的方式抽出新的概念、新的观念和范畴，而它们都是以'系统'概念为中心的。"贝塔朗菲认为，系统是相互联系、相互作用着的诸元素的集或统一体，是处于一定的相互关系中并与环境发生关系的各组成部分的总体。系统论的基本思想方法就是把所研究和处理的对象当作一个系统，分析系统的结构和功能，研究系统、要素、环境三者之间的相互关系和变动的规律，并且进行优化，用新的系统观点看问题。该理论认为，整体性、层次性、结构性、开放性等是所有系统的共同的基本特征。从系统的定义到其基本特征的阐述，我们不难发现系统论的适用范围非常广，因为从系统论的角度看，世界上任何事物都可以看成是一个系统，系统是普遍存在的。

在创业教育活动中，创业教育的外部环境——社区环境和社会环境等是教育者有目的、有计划地选择并引入创业教育系统的，实际上是一种"人工"的创业环境，而受教育者结束教育以后真正面对的却是"自然"的创业环境。受教育者从一种"人工"的创业环境进入"自然"的创业环境，从单纯而理想的环境进入复杂而真实的环境，视野立即开阔起来，认知范围迅速扩大，各种性

---

① 路德维希·冯·贝塔朗菲（Ludwig Von Bertalanffy, 1901—1972），美籍奥地利理论生物学家和哲学家，一般系统论的创始人。

质不同、方向迥异、差异极大的影响物全方位地作用于受教育者，迫使他分析、比较、综合、判断和选择。这一方面对受教育者的心理素质提出了更高要求，另一方面也对创业教育的外部环境提出了要求，两者之间互相作用，密切联系。另外，创业成功取决于创业者自身素质等内在原因，但外部环境也起着重要的影响作用。因此，创业教育是个庞大而复杂的工程，不单单是教育部门的事。创业教育要达到预期效果，不仅需要教育内部各要素之间互相配合，还离不开外部环境的支持，需要国家、社会、政府通过政策、资金、法律、法规和舆论等的广泛支持来实现。

三、马克思主义关于人的全面发展学说

人的全面发展是人类千百年来的执意追求。从历史上看，从古希腊时期起就已经有人在思考这一问题。文艺复兴时期的启蒙思想家和以后的许多资产阶级哲学家都不同程度地提出了这个问题。马克思在吸取前人卓越思想的基础上，创建了自己的人的全面发展学说。他从分析现实的人和现实的生产关系入手，指出了人的全面发展的条件、手段和途径，预言在生产高度发展的基础上，在消灭了阶级压迫的社会制度中人的全面发展的现实性和必要性。其基本观点可以归纳为人的发展是与生产的发展、社会的发展相一致的；工场手工业的分工使人片面发展；现代化的机器大生产是人的全面发展的物质基础；共产主义社会使人的全面发展得以完全实现；教育与生产劳动相结合是实现人的全面发展的唯一方法。

马克思主义关于人的全面发展学说具有重要的教育学意义，它既确立了科学的人的发展观，又指明了人的全面发展的历史必然性。结合现阶段我国社会发展和教育发展的实际，我们认为马克思主义关于人的全面发展学说具有以下四个方面的内涵：人的全面发展应当是人的素质的完整的发展，即人的各方面素质如人的身体与心理素质、德智体美诸方面的素质、做人与做事素质的完整而非片面发展；人的全面发展应当是人的素质的和谐的发展，即人的各种基本素质的适当、匀称、协调而非失调或畸形的发展；人的全面发展应当是人的素质的多方面的发展，即人的各种素质内部多方面而非单方面的发展，如道德素质中道德认识、道德情感、道德意志、道德行为等方面的发展，智力素质中的认知、能力等方面的发展等；人的全面发展应当是人的自由的发展，即人的自主的、能动的、不受阻碍的、具有个性和独特性的发展，而非规训的、受动的、压制学生个性的、模式化或标准化的发展。马克思主义极其重视人的因素，肯

定人的价值、人的个性、人的主体地位、人的尊严和人的全面发展。马克思曾经深刻指出未来社会是"一个更高级的,以每个人的全面而自由发展为基本原则的社会形式",而"每个人的自由发展是一切人自由发展的条件"。

创业需要具备综合素质,特别是具备高素质的人才。没有素质,谈何创业?说起高等院校的创业教育初衷,其实就是开发和提高大学生创业基本素质,将受教育者培养成为具有创新精神和创业能力的高素质人才,让其确立创业意识,具备创业初步能力,掌握创业基本技能。从知识经济时代对人才素质的要求出发,从我国高等教育必须适应市场经济的需求、必须符合高等教育国际化发展趋势的要求出发,高等院校实施创业教育必须以党和国家的教育方针为指导,以促进学生全面发展和整体素质的提高为目的,以创新的精神、创新的理念、创新的思维、创新的方法,对教育观念、手段、方式乃至人才培养模式进行全面的改革和创新,大力培养学生创新精神、创业意识、创业能力和创业技能,努力提升大学生的综合创业素质,使他们在今后各种不同类型的行业和岗位上开创出一番事业。

四、创造力开发理论

创新精神是创业的灵魂与动力。要创业,就要有追求新事物的强烈意识、对新事物的敏感和好奇心、对新生事物执著的探究兴趣、追求新发现和新发明的激情以及百折不挠的毅力和意志,还要有脚踏实地的严谨作风。

创业教育,简单来说就是培养创业者的教育。创业者不论是创建新企业,还是在原有企业中采用新战略、开发新产品、开辟新市场、引进新技术或运用新资源,都是不同程度的创新活动,因而创业者就是创新者,要具有创新的思维和能力。而创新的思维和能力则是个体创造力水平的综合体现。因此,开发人的创造力是培养和提高高等院校学生创业能力的有效途径。

人类早在2 000多年前就开始思考并定义创造的内涵。例如,古希腊的亚里士多德(Aristotle)认为创造就是"产生了前所未有的事物";马克思认为创造是一种实践活动,是人类改造自然的活动,并且人类的创造活动创造了人类自身;《现代汉语词典》中对创造的定义是"想出新方法、建立新理论、做出新的成绩或东西";《辞海》中的定义则是"首创前所未有的事物";创造学中把创造定义为"是人首次产生崭新的精神成果或物质成果的思维与行为的总和"。从以上对创造的定义可以看出,创造注重"新",发现新事物、建立新理论、提出新观点、想出新方法、产生新产品等都属于创造,而且创造的产品不只是物质的,也可以是精神的。

创造力开发理论是 20 世纪中期开始在美国、欧洲和日本等推行的一种旨在开发人的创造能力，以创造性地解决所面临的各种政治、社会、经济、科技、文化环境问题的活动。其重点是培养创造、创新、创业的精神和素质的能力。创造力开发就是开发人创造性地解决问题能力的一种活动，它体现在创新的过程和成果之中。开发创造力是时代的需要，是市场经济发展的需要。创造力的概念是由美国心理学家吉尔福特（J. P. Guilford）[①] 于 1950 年提出的，他提出了广义的和狭义的创造力概念，从广义上说，创造力包括创造才能、动机和气质特征；从狭义上说创造力就是创造能力。自此开始，有关创造力的研究急剧增加。目前，心理学界较为一致地把创造力定义为根据一定的目的和任务，运用一切已知信息，进行主动的思维活动，产生某种新颖、独特、具有社会或个人价值的产品的品质。这里的产品是指以某种形式存在的物质或思维成果。它既可以是一种新概念、新设想、新理论，也可以是一种新技术、新工艺、新产品。显然，这一定义是根据结果来判断创造力的，其判断标准是"新颖""独特"和"有价值"。

在很长的历史时期，人们对创造的本质和方法缺乏深刻的认识，把富于创造力的人称为"天才"，使创造活动蒙上了一层神秘的面纱，被认为是少数人的特权。直到 20 世纪 30 ~ 40 年代创造学兴起之后，奥斯本等创造学家才用自己的理论和实践揭示了创造活动的基本原理，即创造力是人类与生俱来的一种潜在能力，只不过是每个人在其开发与运用程度上有所差异而已。普通人与天才之间并无不可逾越的鸿沟；创造活动有规律可循，并可被人掌握，创造能力和其他技能一样，是可以通过学习、训练而被激发出来，在实践锻炼中不断被提高和强化的。创造力的高低虽与天赋有关，但更重要的是后天的培养、训练和实践。

五、人力资本理论

人力资本理论的产生可以追溯到 18 世纪。早在 1776 年，现代经济学的创始人亚当·斯密（Adam Smith）就在他的代表作《国民财富的性质和原因的研究》（1776）一书中指出：个人通过学习所获得的已成为个人能力一部分的知识和技能，也应视作社会财富的一部分，是社会固定资本的组成部分。然而，在亚当·斯密以后，只有少数经济学家继承了他的思想，大多数人虽然也把人（或者说劳动力）与土地、资本并列为生产的要素，但都认为作为生产要素的人是"非资本的"，仍然将资本这一概念限制在非人力因素方面。直到 20 世纪中叶，

---

① J. P. Guilford：吉尔福特（1897—1987），美国心理学家，主要从事心理测量方法、人格和智力等方面的研究。

随着科技的进步和生产力的高度发展，人力资本在经济增长中的作用越来越大，一些经济学家才开始对人力资本进行系统的研究。其中，美国的西奥多·舒尔茨（Theodore W. Schultz）是最杰出的代表人物，他在其名著《论人力资本投资》一书中指出："事实证明，人力资本是社会组织和个人投资的产物，其质量高低完全取决于投资多少。"

所谓人力资本，即凝聚在劳动者身上的知识、技能及其所表现出来的能力。舒尔茨认为，资本包括人力资本与物力资本两个方面。一则它们具有类似性，都是通过投资形成的；二则它们又有区别性，人力资本相对物力资本，具有高效性、迟效性、多效性、间接性和易流性等特点，而且人力资本的所有权一般不像物力资本那样可以转让。人力资本是关于人口质量的投资，在其形成的各种途径中，教育是一条最重要的途径。西方大多数专家指出，教育是一种生产性投资，它对经济增长具有举足轻重的作用。这是因为经济增长的关键是提高劳动力质量，从而大大提高劳动生产率；而提高劳动力质量和劳动生产率的主要途径是教育。他们论证说，各国人口、劳动力的先天能力是趋于平衡的、相近的，但后天获得的能力，各国相差悬殊。各国人口和劳动力质量的差别主要取决于后天能力。这种后天能力主要表现为知识、技能、文化修养、企业精神和创造力等，这一切都与教育密不可分。人们通过教育所获得的知识和技能是资本的一种重要形式。

"创业教育"这一概念是由澳大利亚埃利亚德（Eliade）博士在联合国教科文组织于1989年11月在北京召开的"面向21世纪教育国际研讨会"上提出的，他认为学习的第三本"护照"就是创业教育，它与学术性教育和职业教育具有同等重要的地位，这三种教育培养的能力是一个人在现代社会获得成功的关键。高等院校创业教育通过揭示创业的客观规律、创业的特点和本质，介绍创业的基本知识和技能，可以开发和提高学生的创业基本素质，培养学生的事业心、进取心、开拓精神、创新精神和创业技能，使其具有从事某项事业、企业工作、商业规划活动的能力。实践亦证实，受过良好创业教育的大学毕业生，在创业中遇到经营管理风险时，更有能力提高新事业的存活能力。创业教育可以弥补创业经验的不足，可以系统地发展该有的创业技能。因此，加强创业教育投资，对社会经济发展和个人发展具有重要意义。

六、学习型组织理论

学习型组织这一概念最先由"系统动力学"的创始人佛瑞斯特教授于1965

年提出，但是直到 1990 年，彼得·圣吉（Peter M. Senge）出版了《第五项修炼：学习型组织的艺术实践》一书，其才引起了人们的广泛关注。他认为学习型组织是指通过培养弥漫于整个组织的学习气氛，充分发挥员工的创造性思维能力而建立起来的一种有机的、高度柔性的、扁平的、符合人性的、能持续发展的组织。这种组织具有持续学习的能力，具有高于个人绩效总和的综合绩效。

圣吉提出的"五项修炼"是学习型组织的代表理论。他认为，当前企业组织越来越复杂，任何企业组织要想在激烈竞争的社会中立足和发展，就要运用组织中每一个人的学习能力。这是可能的，因为人人都是学习者，而且有热爱学习的天性。他指出创建学习型组织是一项庞大的系统工程，具体需要从以下五个方面努力，这就是他著名的"五项修炼"。

一是自我超越。所谓自我超越，就是指自己超过自己，突破个人能力极限的自我实现或技巧的精熟。由于人有天生的自我保护意识，容易我行我素，因此对于任何一个企业和个人来说，树立自我超越意识是发展进步的关键环节。要实现自我超越，最主要的是抓住四个方面：提高境界、系统思考、勇于创新和敢于挑战极限。"自我超越"是个人成长的学习修炼，只有企业里各个层次的人都追求自我超越，才能建立真正的学习型组织。

二是改善心智模式。心智模式就是我们常说的心理素质和思维方式，它是关于自己、别人、组织以及周围世界每个层面的形象、假设和故事，它根深蒂固于人们心中，影响着人们如何认识周围世界以及如何采取行动。改善心智模式就是要改造旧心性，创造新心性，让人们树立"培养态度和看法"的意识，用于影响思想和互动精神。在这个过程中，人们必须学会观察自己和有效地表达自己的想法。该项修炼能提高人们指导行动和决策的能力，并且能有效地去除组织的弊病。

三是建立共同愿景。共同愿景即组织中的共同理想和愿望，是指共同目标、价值观和使命感，简言之就是"我们想要创造什么"。共同愿景为学习提供了焦点与能量。要形成共同愿景，确立企业共同的价值观是核心，只有这样才能使全体员工朝着一个方向努力。愿景又分为三个层次：组织大愿景、团队小愿景、个人愿景。只有把这三个层次的愿景结合起来，才能增强组织的凝聚力、向心力和战斗力，更好地建设学习型组织。

四是团队学习。这是组织互动的修炼。在现代组织中，学习的基本单位是团体而不是个人，团体在组织中是最关键的、最佳的学习单位，团队学习主要采用以下形式：深度会谈、克服障碍和从更高层次上取得共识。通过这些方法可以激发群体智慧，帮助改善心智，实现团体的集体智慧高于个人智慧之和的效果，使团体拥有整体搭配的行动能力。

五是系统思考。系统思考是五项修炼中最重要的一项修炼。系统思考就是要站在全局的、历史的、发展的高度，按照科学发展观的要求，用全面、协调、可持续和统筹兼顾的方法，对问题进行全面准确的分析和把握。系统思考要求人们运用系统的观点看待组织的发展，它引导人们从看局部到纵观整体，从看事件的表面到洞察其变化背后的结构，以及从静态的分析到认识各种因素的互动影响，进而寻找一种动态平衡。系统思考是"看见整体"的一项修炼，它"可以帮助我们了解为什么传统的、常规的解决方案往往是没有功效的，还可以帮助我们找到系统中的高杠杆作用点"。这五个阶段构成一个整体，在创建学习型组织的过程中缺一不可。

学习型组织的真谛在于学习一方面是为了保证企业的生存，使企业组织具备不断改进的能力，提高企业组织的竞争力；另一方面更是为了实现个人与工作的真正融合，使人们在工作中活出生命的意义。学习型组织理论要求组织中的每一个成员不仅要终身学习，不断补充新知识，还要开放自我，与人沟通，最终达到从个体学习、组织学习到学习型组织的目标。学习型组织的缔造不是最终目的，而通过创建学习型组织的种种努力，引导出一种不断创新、不断进步的新观念，从而使企业永葆竞争优势。

当前，我国高等学校中创业教育严重缺乏，不仅不能有效地培养学生的创业能力，部分高校的教育甚至还阻碍了学生创业意识、创业能力的养成，并降低了他们对事业追求的决心和信心。其中一个重要的原因是学校缺乏学习的能力，不能适应时代发展的要求。因此，从学习型组织理论的角度出发，为了使高校"苟日新，日日新，又日新"，就需要把高校建设成为一个学习型组织，即学习型学校，促使其不断的学习，以适应社会变革的要求。

七、企业生命周期理论

创业过程是创业者要取得创业成功必须经过的创业步骤，在这些步骤中，创业者要运用其创业能力，以达到其预想的创业目的。因而，要想取得创业的成功，创业者的创业活动应该具有完整性和连续性，而不是孤立或单一的行为。按照创业理论，企业的生命周期轨迹被视为一条抛物线，即企业生命周期理论。该理论是美国艾迪思研究所伊查克·艾迪思（Ichak Adizes）[①] 博士于

---

① 伊查克·爱迪思（Ichak Adizes），美国最有影响力的管理学家之一，企业生命周期理论创立者，组织变革和组织治疗专家。

1989 年提出的，他对企业的生命过程进行了深入的研究，使该理论影响深远并被广泛接受。

企业生命周期理论主要从企业生命周期的各个阶段出发，分析了企业成长与老化的本质及特征。艾迪思把企业生命周期形象地比作人的成长与老化过程，认为企业的生命周期包括三个阶段十个时期：成长阶段，包括孕育期、婴儿期、学步期、青春期；成熟阶段，包括盛年期、稳定期；老化阶段，包括贵族期、内耗期或官僚化早期、官僚期和死亡期。每个阶段的特点都非常鲜明，并且都面临着死亡的威胁。企业组织体系随着生命周期的变化而不断演变，展现出一些可以预测的行为模式，在迈向新生命阶段时，组织体系都将面临某种阵痛。此时，组织若能通过程序的制定及有效的决策攻克难关，促成转型的成功，那么所面临的问题均属于过渡性的正常现象，反之，如果组织只是一味地走老路，那么更多的异常问题将会随之而来，而且愈演愈烈，严重阻碍组织的发展。

孕育期是企业诞生的准备阶段。在这一时期，创办企业的人都拥有雄心勃勃的创业计划，并且愿意对风险做出承诺，这样一个企业就诞生了。企业诞生后，进入婴儿期，一般来说，这时的关键问题是资金不足，因为企业一旦失去资金的支持，将难逃夭折的命运。

学步期是企业迅速成长的阶段。创业者这时相信他们做什么都是对的，因为他们把所有的事情都看作机会，但这也常常会为企业的发展埋下隐患。

青春期是企业成长最快的阶段。这一时期，企业规模效益开始出现，市场开拓能力迅速加强，市场份额扩大，产品品牌和企业的名声已广为人知。在这个阶段，公司采取新格局，创始人雇请职业管理人员，并逐步实现授权管理、制度化和规范化管理。青春期过渡顺利的家族企业产权结构可能发生变化，股权开始出现多元化或社会化，创始人逐渐从管理层淡出，经营工作逐步由职业经理人承担。但是，这一切并非易事，往往有很多矛盾，创始人自己仍然参与很多管理工作，易与管理层发生矛盾，创始人、管理层和董事会之间发生矛盾，家族成员之间发生矛盾，以及老人和新人之间冲突不断，这一切使企业面临着极大的考验，成为这一时期企业的主要问题。如果处理不当，企业内部可能发生政变，由职业经理人全面接管，从而引发各种各样的问题。

企业如能顺利度过青春期，就能进入盛年期和稳定期，这是企业生命周期中最理想的状态。在盛年期，企业的灵活性和可控性达到平衡，企业非常重视顾客需求及顾客满意度，并且对未来趋势有良好的判断能力。稳定期是企业停止增长、开始衰退的转折点，整个企业开始丧失创造力以及鼓励变革的氛围，不敢突破过去曾经发挥作用的条条框框，越来越趋于保守，使企业的市场竞争力不断下降。

企业度过稳定期，则会进入贵族期、官僚化早期、官僚期和死亡期。贵族期企业目标越来越短视化，企业内部缺乏创新，试图通过兼并其他企业以获得新的产品和市场，从而"买到"创新产品。同时，企业内部享乐主义流行，促使企业滑入官僚化早期。这一时期，企业内部面对前期造成的恶果无动于衷，不但不关注采取何种补救措施，反而把精力放在不正确的内讧上。随着业绩的不断下降，人们变得更加偏执，人员流失，情况恶化，直至企业破产或成为完全的官僚化企业。企业没有创新，没有团队协作，有的只是最完善、最刻板的制度、程序、文件和形式，完全变成了一个膨胀了的官僚机构。从外表上看，处于官僚期的企业实力仍然雄厚，但其核心可能已开始腐烂，因而不可避免地会走向破产或消亡。

综上所述，可以知道完整的创业过程开始于机会的识别，结束于企业持续成长或退出创业活动。为了开拓机会，就需要建立组织、承担风险、寻找资源、实施管理。在创业过程中，发现机会、衡量与应对风险、实施决策与管理是基本的组成要素。因此，创业过程是创业者运用创业能力将商机与新思想新观点相结合转化为生产力，并获取回报的过程。创业过程的 4 个主要步骤及主要活动如图 1-1 及图 1-2 所示。

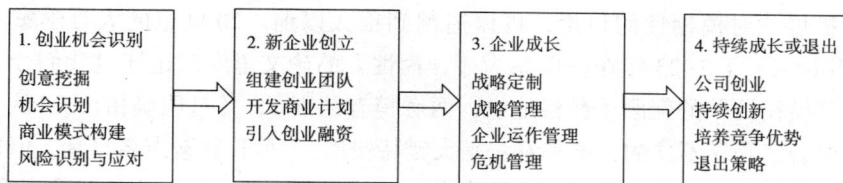

1. 创业机会识别	2. 新企业创立	3. 企业成长	4. 持续成长或退出
创意挖掘 机会识别 商业模式构建 风险识别与应对	组建创业团队 开发商业计划 引入创业融资	战略定制 战略管理 企业运作管理 危机管理	公司创业 持续创新 培养竞争优势 退出策略

图 1-1 创业过程的主要步骤

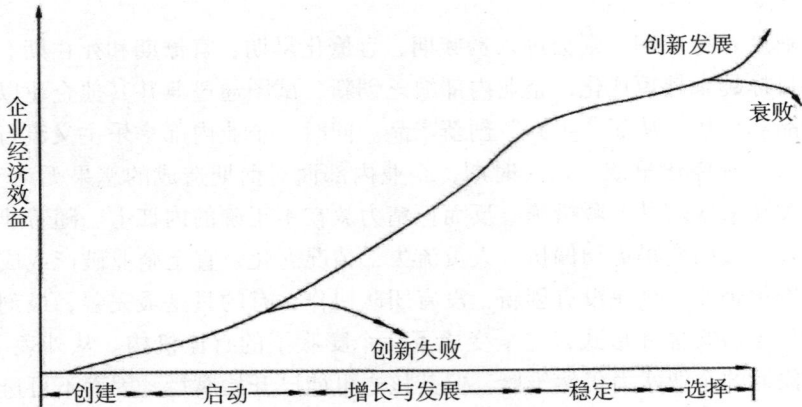

图 1-2　组织生命周期图

八、模糊数学理论

模糊数学作为一个新兴的数学分支，使过去那些与数学毫不相关或关系不大的学科（如生物学、心理学、语言学、社会科学等）都有可能用定量化和数学化加以描述和处理，从而显示了强大的生命力和渗透力，使数学的应用范围大大扩展。对模糊性的讨论，可以追溯到很久以前。20 世纪的大哲学家罗素（B. Russel）于 1923 年在一篇题为《含糊性》的论文里专门论述过我们今天称之为"模糊性"的问题（严格地说，两者稍有区别），并且明确指出："认为模糊知识必定是靠不住的，这种看法是大错特错的。"尽管罗素声名显赫，但这篇文章并未引起当时学术界对模糊性或含糊性的很大兴趣。这并非是问题不重要，也不是因为文章写得不深刻，而是"时候未到"。罗素精辟的观点是超前的。长期以来，人们一直把模糊看成贬义词，只对精密与严格充满敬意。20 世纪初期还未对模糊性的研究有所要求。事实上，模糊性理论是电子计算机时代的产物。正是这种十分精密的机器的发明与广泛应用，使人们更深刻地理解了精密性的局限，促使人们对其对立面或者说它的"另一半"——模糊性的研究。

1965 年，《模糊集合》的论文发表标志着模糊数学这门学科的诞生。作者是著名控制论专家、美国加利福尼亚州立大学的扎德[①]（L. A. Zadeh）教授。扎

---

① 扎德，1921 年 2 月生于苏联巴库，1942 年毕业于伊朗德黑兰大学电机工程系，获学士学位，1944 年获美国麻省理工学院（MIT）电机工程系硕士学位，1949 年获美国哥伦比亚大学博士学位，随后在哥伦比亚、普林斯顿、加利福尼亚大学伯克莱分校等著名大学工作。

德在 20 世纪 50 年代从事工程控制论的研究，在非线形滤波器的设计方面取得了一系列重要成就。

当时康托的集合论已成为现代数学的基础，《模糊集合》发表后，有人要修改集合的概念，这在当时是一件破天荒的事。扎德的模糊集的概念奠定了模糊性理论的基础。这一理论在处理复杂系统特别是有人干预的系统方面十分简洁、有力，在某种程度上弥补了经典数学与统计数学的不足，迅速受到广泛的重视。近 40 年来，这个领域从理论到应用，从软技术到硬技术都取得了丰硕成果，对相关领域和技术，特别是一些高新技术的发展产生了日益显著的影响，奠定了模糊性理论及其应用的基础。

目前，世界上的发达国家正积极研究、试制具有智能化的模糊计算机。1986 年首次试制成功模糊推理机，它的推理速度是 1 000 万次 / 秒。1988 年，我国汪培庄教授指导的几位博士也研制成功一台模糊推理机——分立元件样机，它的推理速度为 1 500 万次 / 秒。这表明我国在突破模糊信息处理难关方面迈出了重要的一步。

模糊数学的出现为许多社会学科的发展提供了基本的保障，它已初步应用于模糊控制、模糊识别、模糊聚类分析、模糊决策、模糊评判、系统理论、信息检索、医学、生物学等各个方面，在气象、结构力学、控制、心理学等方面已有具体的研究成果。从创业教育质量评价指标体系看，其影响因素很多、指标体系较复杂。许多因素具有不确定性和不精确性，多数指标具有模糊性，而且专家的评议也往往是模糊推理和判断，所以可根据模糊数学的有关理论，建立创业教育质量的多层次模糊综合评价模型。

第二章　国外高校创业教育经验探究

21世纪的不断推进，知识经济时代已经到来，国际上基本形成了"创新创业型人才属于第一战略资源"这一共识。培养优质创新型人才已经上升到国家战略的高度，更是成为提高国际竞争力的一个重要手段。在教育起步较晚的中国，吸收和借鉴国外高校的教育模式对我国自身教育体制的建设有着积极的推动作用。本书总结出国外高校创新创业教育的几种模式，并针对不同国家的教育模式进行分析，以吸收经验，探索具有中国特色的高校创业教育。

第一节　国外高校创业教育模式概述

从组织架构看，创新创业教育一般包括主管部门、创业企业服务中心、创业者俱乐部、校内主管创新创业教育的组织机构、负责项目孵化的机构和其他机构。国外的创新创业教育并没有统一模式，通过文献研究，我们发现国外高校创新创业教育的发展模式一般有四种情况：一是商学院主导型，如美国麻省理工学院；二是科学园主导型，如英国剑桥大学；三是双创教育中心平台型，如日本筑波大学；四是区校联动融合型，如美国斯坦福大学。

一、商学院主导型典型案例：美国麻省理工学院

美国麻省理工学院创业中心成立于1996年，隶属于斯隆管理学院，教育面向整个学校，是整个学校创业教育的引导者与规划者。创业中心以培养具有创新精神与有原则的先驱领导者为目标，指引他们通过革新思想、管理实践来改

善整个世界，并致力"支撑全校的创业教育，一方面为学生提供完备的创业课程，另一方面研究创业理论与支持创业的校外宣传活动"。创业中心组织创业教育的内容主要包括三个方面。

（一）制定创新和企业家精神培养方案

创业中心为创业班和 MBA 的学生制定创新和企业家精神培养方案，由必修课、选修课、活动与实践四个环节构成。课程内容强调理论和实践的融合，培养学生克服创业困难的毅力和恒心。其中，必修课包括管理的创新和企业家精神、新企业家、科技创业与企业家精神导论三门课程。创业中心通过"麻省理工创客大赛""麻省理工全球创意挑战赛"等实践项目，使学生切身体会在创业中可能会出现的各种困难与问题，有利于培养他们在困境中激发自身潜能和思维的能力。

（二）创业课程体系完善、人才培养全球化

创业中心的创业课程包括学术类、实践类、团队项目型创业课程三种类型。创业课程打破专业的界限，实现了跨学科与多学科的融合。创业中心与英国、德国、亚洲等地区机构共享资源，创建海外创业教育课程与实验室，真正实现了人才培养的全球化发展。

（三）创业人脉网络构建

创业中心通过不同的形式构建创业人脉网络，如"创业者协会""创业者实验室"等。一方面，有利于学生在创业的道路中进行经验交流；另一方面，为学生和企业家之间搭建了桥梁，学生拥有充足的实践和实习的机会，从而达到创业理论与实践的双轨教育。创业中心为了加强自身对创业教育的影响力，建立了极富特色的官方创业网站"MIT Enterprise Forum"，其分为八个版块，完全囊括了创业教育的各个方面。创业中心重视对创业教育的研究，出版了《技术评论》《斯隆管理评论》等权威杂志。

美国麻省理工学院开创了大学、政府、产业联合的创新创业模式，在美国学术界具有独特的地位。在该模式中，麻省理工学院实现了科学研究、实际应用、教学以及学校收益的最优组合。这一"大学—产业—政府"模式被称为"三螺旋模型"，即麻省理工学院与产业界、政府（括地方政府、联邦政府）建立了新型交叉的互补关系，三者间存在着一种共生性，为此，麻省理工学院始终把

产、学、研活动视为一而三、三而一的活动——在时间上同时进行，在空间上并列开展。一方面，麻省理工学院通过接受政府、产业界的资助以及与其签订合作协议与其建立紧密的互动关系；另一方面，麻省理工学院利用自身的优势为政府、社会培养人才和输送科技成果，为本地产业升级服务，不断创造新公司和新企业，服务当地经济。

二、科学园主导型典型案例：英国剑桥大学

（一）针对性制度安排

英国剑桥科技园是由剑桥大学圣三一学院于 20 世纪 70 年代创办的，20 世纪 80 年代以后，该地区以剑桥大学为源泉涌现出大量高技术公司，剑桥科技园也被誉为英国的"硅谷"，其发展经历了起步、成长、快速发展、停滞和缓慢增长四个阶段。在剑桥科技园的发展过程中，剑桥大学起到了很大作用。为了推动科技成果和科研人员投入产业界，剑桥大学出台了一系列具体政策。

1. 实行短期合同制

剑桥大学为教研人员制定了短期合同工作方式，待合同期满，如不想留在剑桥便可步入业界。

2. 鼓励教师兼职

剑桥大学鼓励教师在完成教学任务的前提下，到校外兼职，这一措施为教师创办自己的公司提供了现实性条件。

3. 保障科研人员的知识产权

剑桥大学规定专门技术的知识产权归教师个人所有，这就提高了教师将其专利技术商业化的积极性。

4. 学院制度的作用

剑桥大学的制度有利于各学院与产业界建立许多正式和非正式的合作关系，为师生创业和科技成果转化提供了渠道和平台。

（二）科学化发展特色

1. 浓厚的创业氛围

剑桥大学有着 800 年的历史，科技发明的数量绝对领先世界，是全球创新发源地之一。在创新的传统发源地周围建立创业环境，创建知识型企业文化。

剑桥大学的人才潜力吸引了越来越多企业到剑桥，而且剑桥地区42%的企业以从事研发为主要活动；37%的企业以从事制造为主要活动；17%的企业以从事咨询为主要活动。剑桥地区创新创业活动活跃，大量的中小企业诞生，这些小公司分布很不集中，往往涉及多个技术领域。

2. 强大的科研人力资源

由于剑桥科技园本身就由剑桥大学投资创建，连其使用的土地都归都柏林圣三一学院[①]所有，因此剑桥大学为剑桥科技园的发展起到了独特的奠定了深厚的基础。剑桥大学产生了许多重大的科学发现和发明，至今剑桥大学共有56人获得了诺贝尔奖，超过世界上任何一所大学。剑桥大学凭借在物理、计算机和生物科学等领域所具有的优势，为剑桥科技园提供了极具市场潜力的科研成果，园区内许多高技术公司都是围绕一项或多项科研成果而诞生的，这成为推动娇俏科技园高技术产业发展的原动力。为促进剑桥科技园的发展，剑桥大学制定了一系列有利于技术成果向校外转移的政策，学校明确规定知识产权归教师所有，这项措施激励着教师和学生积极转化科技成果、参与创办企业。剑桥科技园的蓬勃事业同时证明了大学等科研机构能对社会经济发展发挥巨大作用。

3. 适合的小企业创业环境

剑桥大学对园区整体实行民主管理，权力分散的组织管理方式鼓励了个人的发展，催生出一大批富有活力的小型科技企业。剑桥科技园为新创企业提供风险投资、中介机构、物流服务等，真正起到了孵化作用，使创业者如鱼得水。剑桥科技园入园企业的特点是规模小，事实上微电子和计算机领域非常适合小型企业的成长，这些小企业在发展的过程中只专注于自己最擅长的领域，其核心业务非常明确，先求强再求大。该园以可靠的前景，具有诱惑力的挑战和高薪，吸引了欧洲大量人才组成了知识密集型的组织。剑桥地区聚集了英国的风险资本，是全英国除伦敦外种子资本和风险资本最密集的地区，共吸收了全英国25%的风险投资和全欧洲8%的风险投资。巴克莱银行在剑桥科技园设立了办事处，专门支持新型风险企业，凡符合政府企业担保计划规定的风险企业都可以在该银行透支或者获得定期放款。

4. 对高新企业孵化的积极支持

剑桥大学利用学校实验室，积极支持园区及周边计算机、科学仪器、电子

[①]　都柏林圣三一学院（Trinity College Dublin）是1592年英国女王伊丽莎白一世下令兴建的一所综合性大学，下设7个分院，共有70多个系，科研实力雄厚，是欧洲著名的高等学府之一。

技术及生物技术等行业公司的技术孵化。剑桥大学的人才和技术在剑桥地区的发展中扮演着重要角色，也在一定程度上推动了剑桥大学高技术企业的孵化。剑桥科技园的服务不局限在园区内，而是辐射整个剑桥城。仅从公司数量看，剑桥科技园高技术企业占高技术产业的 10％左右，且剑桥科技园定位于为新创企业提供条件，而自身并未在园区直接创办企业。剑桥科技园与外围高技术公司、大学、科研机构形成网络关联，充分挖掘属地研究机构孵化能力。剑桥地区有过半数的公司和本地研究机构保持着联系，其中 90％的联系存在于它们和大学各科各系间，与工程系、物理系和计算机实验室联系最频繁。而且有近20％的公司通过和本地研究机构举办合作项目、许可证交易和咨询等联系渠道，开辟获取新技术的来源。

5.教师创业制度灵活

剑桥大学宽松的教师兼职条件与知识产权的宽容政策促使教师创业。剑桥大学实行短期聘用制，为不愿离开剑桥而又须等待再聘机会的教师提供进入企业界的可能。剑桥大学制定适宜的技术发明利益分配制度，十分重视技术发明人的经济回报，以调动科研人员积极性，激励着教师和学生积极转化科技成果，参与创办企业。

剑桥地区产业集群的发展带动了整个英格兰东部地区的发展，并使之成为英国经济增长最快的地区之一。剑桥大学是催生剑桥地区高技术产业集群的源头，不断创造新的技术和企业，催生了以研发为主的产业。剑桥科技园的发展模式与运行机制可以归纳为企业研发机构、高校研究机构和技术咨询机构三大创新主体的独特产学研合作网络。企业研发机构、高校研究机构和技术咨询机构是剑桥地区技术创新的主体，在剑桥高技术产业集群发展中发挥着关键作用，被称为剑桥地区的"技术提供者"。剑桥地区企业研发实验室每年都会衍生许多新的高技术企业；欧洲研发中心衍生出来的技术咨询机构也在积极利用它们在咨询工程中产生的核心能力。

三、双创教育中心平台型典型案例：日本筑波大学 (University of Tsukuba)①

日本筑波大学是日本筑波市著名的国立综合大学。该校为人所熟知的一个很重要的原因是筑波科学城的存在。筑波科学城总面积为 2.84 万公顷，人口为

---

① 筑波大学 (University of Tsukuba) 是日本一所新建国立综合大学，是最早将新型办学模式引入东方的一所现代化大学。

20 万，迄今为止科技研究人员已有 2.2 万余人，拥有的高科技企业、研究机构约占日本的 40%，是日本最大的高等教育与科研基地。该校发展产学研合作的一大特色就是借力筑波科学城。

筑波大学作为科学城的中心，以其绝对的地理位置优势与科学城内的研究机构、企业建立了紧密的合作联系。通过这种合作，既培养了新的科技人才，促进了大学教育改革，又为企业开发了新技术、新产品，甚至为创造新产业提供了知识基础。筑波大学内有一个专门推进产学研合作的研究中心，即筑波工业联盟与合作研究中心，该中心成立于 2002 年，主要负责六个方面的事务：支持所有辅助研究项目的开展；支持产学合作研究；支持学校科学研究转化为科技发明；搜集并提供技术种子和技术需求；支持当地（筑波科学城）产学研合作；实施旨在促进产学合作的调查、研究和计划（包括利益冲突管理制度）。除此之外，筑波大学还有一个与之相配套的知识技术转化中心——产业关系及技术转让办公室，它的作用在于加强大学、产业以及政府机构之间的关系。我们可以从 2002 年后学校专利发明数量的变化看出，筑波工业联盟与合作研究中心和产业关系及技术转让办公室对促进产学研融合的作用，2002—2012 年学校专利发明的数量持续增长，2012 年的数量接近于 2002 年的 4 倍。

筑波大学借力筑波科学城带给我们的启示是学校可以寻找并充分利用大学城、科技城、高新技术开发区等资源，扩大产学研合作的广度，并且不局限于当地，相邻省市、新开发地区，甚至国外有需求的地方都可以纳入考虑范围。除此之外，学校可以建立专门的产学研规划推进中心，聘请专业的团队，同时完善相应的规章制度，如技术转让制度、利益冲突管理制度等进而延伸产学研合作的深度。

四、区校联动融合型典型案例：美国斯坦福大学

美国斯坦福大学被誉为"硅谷心脏"，斯坦福师生在硅谷创建了很多高科技公司，如苹果、谷歌、惠普、雅虎、思科、甲骨文等。长期以来，斯坦福大学将创新创业教育贯彻到具体培养过程中，提倡学校的科学研究需要面向社会需求，通过创新创业教学课程设置、创新创业教育科研平台构建以及创新创业教育服务产业和社会发展多维度的努力，形成了"三维一体"的创新创业教育体系（图 2-1）。

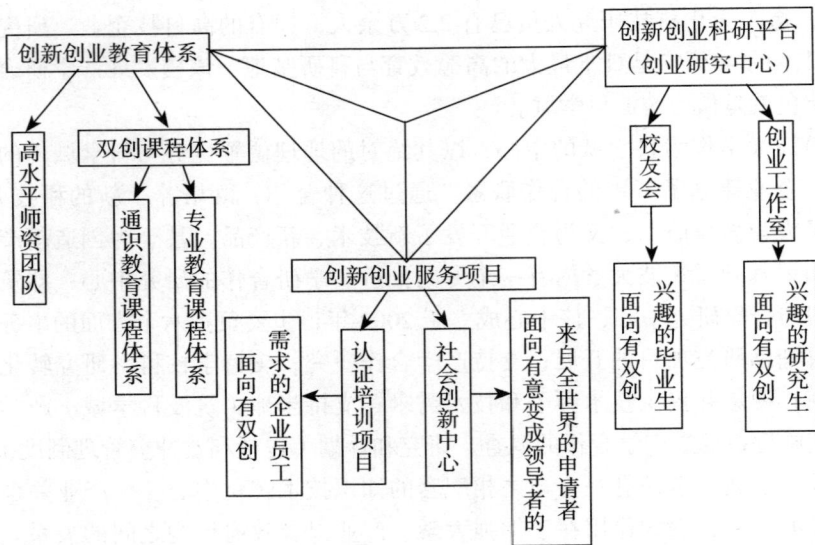

图 2-1　斯坦福大学创新创业教育三维结构图

（一）创新创业教学体系利于人才培养

1.优秀的师资团队建设

斯坦福大学广泛网罗理论与实践能力都很强的一流教师，为创业教育提供了重要的保障。目前，斯坦福大学拥有的教师和研究人员人数不多，但是其中包含了 19 位诺贝尔奖获得者、4 位普利策奖获得者、163 位国家科学院院士和 101 位国家工程科学院院士。而且，斯坦福大学会聘请企业界的优秀企业家和工程师担任创新创业教育的授课教师。这种兼职教师的讲座和授课可以有效地将学校的专业知识学习与企业的实践结合在一起，促进学生综合能力的提升，为学生创新创业发展奠定了坚实的基础。

2.完善的课程体系建设

第一，重视通识教育课程体系建设。斯坦福大学通识教育必修课在 2012 年度改革之前主要包括领域课程、人文导论课程、写作与修辞课程、语言课程四类。2012 年课程改革后用有效思考替代了人文导论，并延续至今。2013 年，课程改革以思维与行为方法替代了领域必修课。2014 年，课程改革中用口语交流代替语言。由这三次通识教育方案的改进结果可见，新的通识教育方案实现了从"重视知识"到"重视能力"的转变，注重培养学生的思维能力与表达能力。

第二，创业教育课程设置注重基础课和专业课的融合。斯坦福大学商学院率先开设创业教育课程，目前商学院创业研究中心已经开发了多门面向 MBA 学生的创业教育课程。工学院通过技术创业项目构建了针对不同层次学生的创业教育课程，并围绕科技创业设置跨学科课程，为本科生、研究生等不同层次的学生设计了不同的课程，采取多样化的授课方式给学生提供帮助。

（二）创新创业科研平台为创业研究提供保证

斯坦福大学创业研究中心成立于 1996 年，为了有效推进创新创业研究的发展，该中心尝试了如下举措。

1. 成立斯坦福大学创业研究中心校友会

创业研究中心面向所有具有创新创业兴趣的毕业生组建校友会，提供资源分享和信息交流的平台。校友会充分发挥自身资源互补的优势，自发组建创业小组，定期进行交流和分享，针对创新创业问题进行探讨和分析。校友会每年会组织暑期创业项目，支持在校学生去中小企业进行创业实习，并且邀请专业人员对实习学员进行针对性的指导和帮助，形成了斯坦福大学校友互帮互助的良好氛围，构建了一个较为理想的创业环境和系统。

2. 成立斯坦福大学创业工作室

创业研究中心下设创业工作室，面向斯坦福大学所有专业具有创业兴趣的研究生，营造充满活力的创新环境。斯坦福大学的学生创业组织、创业学科以及其他科技类学科学术性交流都为创业工作室的创新创业营造了良好氛围。如果学生有成形的创业思路，可以通过电子邮件注册会员，利用工作室的强大支持能力和丰富的资源，与教师、企业家进行交流和沟通。这些经历使学生的创新思维和创业能力得到了锻炼，为他们今后走上创业道路提供了重要的帮助。

（三）用创新创业服务项目激励社会创新

1. 认证推动企业创新项目

认证推动企业创新项目主要是提供为期一年的培训活动，通过认证培训帮助学员开拓新的思维，运用创新的方式方法运用知识。其主要包括 3 门商业课程在内的 8 门课程，核心课程就是"财务管理""战略管理"以及"批判性思维"。学员通过自定义的视频讲座、个别评估、集体讨论环节以及团队项目等多种形式的学习，有效地推动组织内部的创新，并且通过与斯坦福创业研究中心的优秀教师、硅谷的杰出企业家、投资者、思想领袖等进行交流和沟通，有效地提升了创新创业能力。

2.实施社会创新项目

斯坦福大学积极开展社会创新项目的实施计划，其主要目的就是努力培养世界范围内教育、环境、贫困以及其他事关公平正义事业的领导者。斯坦福大学社会创新中心为来自全世界的申请者提供社会创业执行计划和非营利组织领导者执行计划。这一系列计划的开展和实施过程，为世界范围内的创新创业者提供了重要的学习渠道和路径，对于促进社会创新事业的发展具有十分重要的意义。

第二节　世界各国高校创业教育模式分析

一、美国高校创新创业教育模式分析

（一）创业教育的发展

在过去的三四十年中，美国创业型经济快速发展。其中，起着中坚力量的中小企业通过创造工作岗位和提供具有创造性的产品和服务，越来越成为美国经济发展的引擎。有资料表明，20 世纪 80 年代以来，财富 500 强已经减少了 500 万个工作岗位，而中小企业贡献了 3 400 万个新工作岗位，同时这些中小企业又是美国经济发展中最具活力和创造性的因素。20 世纪的重大发明，如空调、飞机、人工合成胰岛素、光纤检测设备、心脏起搏器、个人计算器、光学扫描仪等都是中小企业发明的。创业型经济对提升美国社会整体的创新能力和发展活力，稳固美国在全球化中的地位做出了重要贡献。

创业革命深刻影响着高等教育的变革。它是社会发展的必然趋势，也是大学自身改革和发展的内在要求，从 1947 年哈佛商学院提供第一门创业学课程开始，美国高校的创业教育经历了四个发展阶段：萌芽阶段、起步阶段、发展阶段、成熟阶段，至今已经有 60 余年历史。

萌芽阶段（1947—1970 年）：1947 年哈佛商学院教授伊尔斯·梅斯（Yles Mace）率先开设的"新创企业管理"课程，被后来众多的创业学者认为是美国大学的第一门创业学课程。通过多年的积累和实践，1967 年后，斯坦福大学和纽约大学在原有课程基础上进一步完善与拓展教学内容和模式，把它应用到 MBA 创业课程中。1968，美国巴布森学院在本科生中开设了类似"创业管理"的课程，又由于受到美国当时经济条件的影响，一些创业课程还停留在初创阶段。

起步阶段（1970—1990 年）：到 20 世纪 70 年代，美国创业教育已濒临教育的边缘，当时仅有 16 所大学开设了创业课程。随着美国经济增长开始减缓，创业教育才被逐渐重视起来。1970—1990 年，美国的创业教育逐步得到了快速的发展，为美国的经济复苏奠定了良好的基础。开设创业教育课程的高校数量逐年增加，1979 年至 1989 年 10 年间，在本科生中开设了创业教育课程的学校由 127 所增加到 1 060 所。创业教育课程得到快速发展的原因是美国的小企业数量在快速增长。

发展阶段（1990—2000 年）：20 世纪末，美国的创业教育得到良好发展，从课程设置到学位授予，都走上了正规化的道路。除在本科设置创业教育课程外，还开始在研究生课程中开设创业教育课程。就本科生而言，全美国有 1 000 多所大学开设创业方面的课程，在课程开设的层次上都有了大幅度的提升。尤其是把创业课程由本科向研究生发展，这本身就是一个了不起的创举。另外，在专业设置和学位授予上，全美国已有 140 多所大学把创业课程作为专业课程发展，深得学生的喜爱，有近 50 所大学有了创业学位授予权，这对美国的创业教育发展起到了推动作用。

成熟阶段（2000 年以后）：21 世纪以来，美国创业教育发展已成雏形，对社会的发展和经济的增长起到了促进作用，也得到了社会的关注和认可，经常被《美国新闻与世界报道》等杂志作为典型宣传。这些宣传给学校带来了社会效益，带来了经济效益，影响到各校的招生情况与经济收入。媒体排名也成为衡量各大院校工作成效和业绩的重要参考标准。

创业教育要想持续发展，对专业教师的要求也要不断提高。为此，美国创业机构正在构建和规划创业学博士项目，通过建立博士学位和教师终身培训项目进一步提升和完善创业教育。他们还把教师培训项目作为创业教育者终身学习计划的内容，为美国培养大批的创业学专业教师创造了优越的条件。

（二）创业教育的特点

1. 以开放式高等教育体系为基础

美国拥有独特的高等教育系统。伯顿·克拉克（Burton Clark）认为，美国高等教育系统规模庞大、高度分权、机构多样性显著、机构间竞争极端激烈。

作为天生的创业主义者,美国高校在面对资源紧缺、竞争激烈的外部环境时,必然能敏锐感知市场变化,并及时寻求有利于自身改革和发展的途径。创业教育的实施符合了大学本身发展的需求,也满足了政府、学生、工业界等不同主体的需要。另外,拓展的资助渠道、开放的入学政策、紧密的大学与工业的关系以及产生分支学科的开放性也促成了创业教育项目在美国快速地、独立地发展。这种草根主义的发展路径使美国高校创业教育能与高校的文化优势和特点紧密结合起来,呈现出旺盛的生命力。

2. 特色化理念,力求多元发展

美国高校的创业教育得益于市场力量的驱动和高校自下而上的改革。市场化的驱动彰显了无处不在的竞争压力,争取最有潜质的学生、最优秀的师资和基金会的捐赠等成为一个创业项目顺利运行的关键;高校自下而上的改革而非行政化指令促使美国高校创业项目与自身优势文化紧密结合,并使创业教育的发展从一开始就具有社会基础、教师基础和学生基础。同时,在各种模式间和模式内部都体现出特色化的发展理念。首先,各高校创业教育模式的发展体现了模式创新与遵循传统的动态平衡。斯特里特教授在考夫曼基金会资助下对美国高校创业教育项目进行研究后发现,排名最靠前的 38 个项目采用不同的创业教育模式。各种模式的代表性大学如表 2-1 所示。其次,选择同一种创业教育模式的高校也在不同校园文化和学科优势的引领下发展特色项目。美国高校创业教育正是在多样化创业教育模式的推动下,既保证了创业教育的广泛开展,又保持了创业教育项目的较高水准。

表 2-1 美国主要高校的创业教育模式

模 式	代表性大学
聚焦模式	哈佛大学、伊利诺斯大学、宾夕法尼亚大学、西北大学
磁石模式	百森商学院、麻省理工学院、斯坦福大学、贝勒大学、卡内基梅隆大学、马里兰大学
辐射模式	康奈尔大学、仁斯利尔理工大学

3. 建设校园创业文化,推进高校整体改革

创业教育的成功开展需要有良好的创业氛围和文化。它不仅指对学生创新和创业精神的培养,还需要使大学本身也成为创业型机构。美国高校在转变文化价值取向、鼓励大学教员创业以及保持与工商界密切联系等方面进行了不懈

的努力。首先，在文化价值取向上，倡导学生的创业精神和商业潜能与传统的专业技能、学术研究能力具有同等的价值，鼓励学生创业。其次，高校鼓励大学教师将自身的学术技能和研究成果转化为市场化的商品，尤其在工程学、生命科学、电脑科学等学科内鼓励大学教员广泛参与创业活动，甚至创办新公司，将新产品和新程序商业化。最后，校友通过资助建立创业中心、担任高校的兼职教师、参与创业计划大赛（担任评委或者导师）、提供教学案例和思路等途径有效支持创业教育的开展。

4.以创业教育为中心，鼓励跨学科发展

迄今为止，美国不断成立多个创业教育中心以促进创业教育的发展，它们的发展往往依托传统院系，从而保证了稳定的师资、经费和课程等供给。创业教育中心能有效跨越传统的学术边界，成为高校与外界保持联系的重要纽带。这些中心在运行过程中贯彻跨学科发展思路，从而有效调动了跨学科资源，并使所培养的学生能更加灵活地适应不断变化的需求。例如，麻省理工学院创业中心附属于斯隆管理学院，通过招收具有技术背景的学生实现商业和技术的结合。这种跨学科的方式使麻省理工学院毕业生创办的公司中，约有80%能应对市场的风险并生存下来。斯坦福创业网络的建立保证了斯坦福大学22个创业相关项目的交流与合作，同时它与商学院合作向学生提供跨学科的课程。

（三）美国高校创业教育发展原因分析

1.良好的社会环境推动美国高校创业教育发展

身处于美国的创业环境下，每年都有很多人投身于创新创业之中。根据一些研究学者的调查，在美国接近10%的家庭成员中至少有一个人真正着手于创办新企业，并且卓有成效。在这期间他们积极采取各种创业行动，如向律师咨询、与银行家探讨贷款事宜、与土地所有者探讨厂址等。由于创办的这些新企业事业发达，发展前景好，给创办者以信心，因此他们中有1/4的人表示，通过自己团队的努力想把他们发展壮大，变成有社会竞争力的企业。这都源于他们丰富的经验和创业家庭背景。例如，在美国接近一半的家庭有过创业的经历，并且更多的家庭成员在小企业工作过。因此，他们对创办新的企业信心十足，热情饱满。

同时，在美国政府的积极引导下，国家出台的多项法律、法规、公共政策为创业者成立中小型企业提供了必要的保险。例如，1982年，美国政府制定了《小企业创新发展法案》并建立了小企业创新研究项目，向小企业提供创新研究

补助金。这些政策的出台鼓励和刺激了美国大学生的创业意识。

这种良好社会环境的影响和熏陶以及国家政策的支持让美国的创新创业能力日渐强大。从经济总量来看，美国的所有小企业创造的 GDP 名列全球第三，总量比德国、英国、法国和意大利四国经济的总和还要多。

2.坚定的创业精神促进美国高校创业教育繁荣

在美国为什么能有如此多的而且出色的创业者呢？美国巴布森学院威廉·拜格雷夫（William Bygrave）教授说过，美国能做的事情，别的国家也在做，并且做的事情都差不多，但相比较而言美国能做得更好，其优势在于美国人的创业精神。另外，美国人还善于创新，不墨守成规，能在原有基础上把事情做到最好，这就是美国创业精神的关键。创业精神是美国最重要的战略优势，也是美国自身的优势，这让任何发达国家望尘莫及。

美国的创业型企业已经创造了无数的奇迹，创业家在激发美国经济活力、推动美国经济迅猛增长等方面扮演着重要角色，越来越得到人们的认可。这些都源于美国创业教育的科学规范，因为美国大学的创业教育非常重视实践教学、案例教学、讨论式教学。教学内容丰富，教学组织形式多样，课堂教学灵活，气氛活跃，重视分组讨论和学生课题申请，更加注重学生深入实际，积极参加社会实践。创业教育中心充分发挥它的优势，利用它的职责和工作性质，给大学生提供和创造一切创业实践的机会。同时，创业教育中心特聘一些资深专家、教授、企业高层为大学生讲授创业课程，利用他们丰富的经验、渊博的知识启发和教育大学生行动起来，积极投身到创业中。

二、英国高校创新创业教育模式分析

（一）创办有特色的英国高校创业教育

1.树立特色教育理念

20 世纪 80 年代，英国开展了高等院校创业教育启动项目，在大学课程体系中融入创业教育内容，许多课程是围绕如何建立小企业或如何自我雇佣展开的，传授一般的就业技能，其目的是为了降低就业压力，减少失业者数量。目前，我国大部分高校创业教育理念还停留在这个阶段。后来，英国政府认识到创业教育不仅是为了传授建立小企业的知识和技能，还是为了全面提高学生素质，更好地培养创新性人才。1996 年的《迪林报告》和 2003 年的《兰伯特校企合作评论》都强调高校全面开展创业教育的重要性和必要性，并指出创业教育的目的是培养学生独立自信、勤奋勇敢的良好品格与创新精神，培养学生的创业技能与开拓精神，提高学生分析问题与解决问题的能力，让他们具备企业家眼光，学会战略性地思考问题，以适应全球化知识经济时代的挑战。

2. 完善教学与师资体系建设

（1）专门机构

英国大部分高校都设立了创业中心，为本校师生的创业提供场地支持和指导，使创业者的创业活动具有针对性和成功的可能性。同时，各个高校设立专门机构进行教学管理以及实施教学。比如，位于苏格兰的思克莱德大学（University of Strathclyde）设立了亨特创业中心，该中心作为独立机构实施创业教育的研究、教学和培训，为学生甚至教师提供很多便利条件。例如，组织团队进行创业教育理论研究，为创业者提供相应的技术支持，提供低息贷款，等等。高校成立专门机构开展创业教育的好处在于能够节约教育管理成本，能够更加有效地整合、利用教育资源，提高经济效益。

（2）课程设置

目前，英国已经将高校的创业课程纳入课程体系。英国的创业教育形式多样，无论文科学校、理科学校还是综合性高校都已经具备比较完善的课程体系。课程主要分为两种："为创业"和"关于创业"。在"为创业"课程中，教学内容不仅注重创业知识的传授，更注重实践能力的培养和经验的积累。在课堂学习之余，开展丰富多样的创业实践活动。比如，谢菲尔德哈勒姆大学（Sheffield Hallam University）为提高学生的实践能力，在全校推出了带薪实习项目，学生可以一边在课堂学习，一边到企业进行实习锻炼。对于在读期间就要创业的学生，该校创业中心会评估他们的创业项目，并提供指导老师和资金协助。总之，无论到企业带薪实习，还是自己创业，谢菲尔德哈勒姆大学都可以将其转化为学分和成绩。"关于创业"课程则主要传授必要的知识和技能，让学生对创业有一定的认识和了解，在开拓学生视野，培养学生创业意识的同时，更注重理论的学习。正如英国大学生创业促进委员会（NCGE）执行主任保罗·汉农（Paul Hannon）教授所说，并不是所有人都愿意或者都能够成为创业者，创业成功者毕竟占少数，但是培养学生的创业意识和创业精神恰恰是创业教育的精髓所在。很多高校开设了网络学习模块，如考文垂大学的创业中心开发了一个互动型的在线学习模块，包括在线调查、资料收集和讨论组等，目的是通过网络学习环境培养学生的创业技能。总之，在英国高校，教学方法多种多样，在教学方法、手段和教学模式等各方面都讲究从实践中学，从经验中学。

（3）教材编写

英国各个高校都有专门的教材编写团队，或者几个高校联合编写，学校给予大力支持，如提供经济上支持，教师可以享受假期，依然有薪水，等等。所以，英国创业教育方面的教材十分丰富，最新的研究成果层出不穷，比较流行的教材有培生教育[①]（Pearson Education）出版社出版的《掌握创业学》和《创业与小企业》等，在英国高校中颇受好评和欢迎。

（4）师资队伍

创业教育成败与教师的执教水平高低密切相关，教授创业方面课程的教师不仅应有丰富的商业管理知识，掌握丰富的创业知识，还应该具备丰富的创业实践经验，具有良好的创业意识和创新创业思维。在英国，讲授"为创业"课程的教师以全职教师为主，兼职教师为辅。其中，70%的教师具有创办企业的经验。而在讲授"关于创业"课程的教师中，基本上以全职教师为主，他们的商业经验更加丰富，但其创业经验根基偏弱。

3. 形成完善的支撑体系

（1）组织与法律支持

为推进大学生创业，英国政府专门设立了英国科学创业中心（UK-SEC），为学生提供创业管理与帮助。该中心的工作主要包括开展创业教育、密切联系产业界、支持创办企业、鼓励大学师生创办知识型企业、鼓励技术转化等。目前，科学创业中心与高校强强结合，为本地企业和社区搭建桥梁，建立了良好的合作关系，不仅为大学生创业教育提供了优质的资源平台与资金支持，还为英国的经济政治发展奠定了良好的基础。

英国还出台了相关法律，建立了良好的法律环境。英国大学知识产权法规定，大学无权自动拥有产生于学生的知识产权，这一点确保了英国大学生自主创新创业的积极性。

（2）资金支持

英国在创业资金支持方面也别具特色。创业经费80%来源于政府设立的科学创业挑战基金和高等教育创新基金。政府为创业教育提供了有力的资金保障，对于支持大学开展创业活动和改革创业教育课程起到了巨大的推动作用。学校创业基金或金融机构提供发展创业启动金，它们是小额信贷，大学生在申请资助时不需要任何财产抵押和担保，且手续简便，利息很低甚至没有，并且可以

---

① 培生教育是全球知名的教育集团，已有 150 多年的历史。致力为教育工作者和各年龄层的学生提供优质的教育内容、教育信息技术、测试及测评、职业认证，以及所有与教育相关的服务。

分期还款。此外，英国政府还设立了很多奖金以鼓励大学的创业教育，还有很多资金是来自社会团体、企业和慈善机构的捐助。

（二）英国高校完善的创业教育实施路径

1.为创业教育提供资金保障

与美国依靠私人和企业捐赠获得创业教育资金不同，英国政府是创业教育资金来源的主要渠道。为了提高国家的创业水平和创新能力，促进大学知识的转化，英国政府自20世纪80年代以来，就为大学生创业提供了大量资金，80%的资金来源于公共资源，通过高等教育创新基金、科学创业挑战基金等基金会转到大学。英国政府还依托各种机构如网站、企业等，为大学生创业提供资金支持。同时，英国科学创业中心和全英大学生创业促进委员会成为国家层面的创业管理机构，这表明英国已将创业教育提高到"发展国家经济驱动力"的高度。

2.为学生提供创业机会和平台

为了不断激发在校学生的创业热情，许多高校在开设创业课程和实施创业项目的基础上，定期举办各类创业竞赛，并设立竞赛奖金以激励获奖者，鼓励他们将奖金用于创业，从而达到"以赛促创"的效果。例如，利兹城市大学的商业计划比赛获胜者奖金是2 000英镑，获胜者还可以代表学校参加区域的比赛，优胜者可以获得奖金5 000英镑，并且可以进入高校企业孵化器，将自己的创新计划孵化成企业。作为一项国际性创业竞赛，"牛津大学21世纪商业创新挑年度战赛"奖金总额高达6.5万英镑，该竞赛旨在通过奖金激励，将学生的创新研究转化为经济生产力，培育更多具有可持续发展潜力和巨大经济效益的新企业。

3.建立社会关系网络

英国许多高校有效利用社会和互联网资源，为学生创业提供各种便利。高校联合了政府机构、社区、成功创业者、中小企业、专门服务机构等多方面力量，为大学生创业提供各种援助。社会关系网络成为大学生创业的社会资源，拥有较强的社会资源意味着有更多提供创业资金的渠道，能够获得政策上的支持，从而降低创业风险。牛津大学赛德商学院[①]（Said Business School, SBS）设立"创业赛德"项目，整合实践教学、研讨会和网络资源，为有志于创业的学生提供广泛的专业支持和人脉资源。

[①] 以"赛德"命名的商学院（Said Business School，简称SBS）是欧洲发展最快的一所商学院。

4.充分利用研究中心

为了向学生创业提供专业师资力量以及各种咨询服务，英国大学成立创业中心、企业中心、创新中心等机构，为学生提供场所、资金，帮助他们联系企业获取技术方面的支持和实训平台，为学生的实践活动提供有效指导，帮助其成果孵化。牛津大学赛德商学院在内部设立科技企业中心，邀请业界资深的成功人士，以短期讲学的方式向学生传授创业过程中所需的创业技能，培训内容具有较强的实用性。该中心还推出"创业与商业技能"免费课程，专攻科技创业领域。5 年来，科技企业中心共培训学员 4 000 多名。

5.教与学的创业教育课程模式探索

随着高校创业教育传递范围的扩大，创业教育面临重新定位的问题，即面临如何将创业理念融入大学的文化和核心价值体系建设中，如何将创业内涵整合到大学的其他课程之中的新问题。为提高大学教与学的质量，谢菲尔德大学（The University of Sheffield）、约克大学（University of york）和利兹大学（University of Leeds）合作成立"白玫瑰创业教与学优异中心"，利兹首都大学设立"创业协会"，诺丁汉大学（University of Nottingham）成立"综合学习进步中心"。英国高校以价值取向和教学目标为切入点探索新的教学模式，即不再局限于知识的传授，而是让学生在接受理论知识熏陶的同时能够有更多的实践机会和更大的发展空间。为了促使教与学课程教育模式的有效形成，英国高等教育基金委员会还启动了教与学优异中心基金，对在教学实践中做出巨大贡献的优秀教师予以奖励和肯定，以带动和影响其他教师致力于有益的实践教学。

（三）推动英国创业教育发展的原因分析

如今，英国的创业教育已经从商科向各学科拓展与渗透，全方位地覆盖英国的高校。据统计至少 45% 的大学开设一门或多门创业教育课程。这些创业教育课程不仅在英国开放大学中被精彩地讲授，还在曾经以保守著称的牛津、剑桥大学中被广泛开展，如"牛津大学商业计划大赛""硅谷走进牛津大学"等活动。英国创业教育快速发展究其原因主要体现在以下三个方面。

（1）英国经济竞争日趋激烈，雇主日益希望大学毕业生具有创造性解决问题的"干事业的能力"，要求学生以"与工作相关的学习"为理念，具备高技能、可迁移性的技能。

（2）英国高等教育大众化，毕业生的就业压力加大，进一步推升创业教育需求，如 2010 年 5 月英国全国失业率为 7.8%，中青年人占有相当大的份额。

（3）随着社会环境变化，整个社会文化日益推崇企业家精神，许多大学毕业生不再甘心"被雇佣"，而是希望拥有自己的企业。但是，英国大学毕业生"自我雇佣"比例明显低于美国，毕业生创业能力低下已经影响英国经济发展。英国开始意识到大学毕业生只有具有创业精神、创造能力和创业素质才能应对未来的不确定性。

于是在 20 世纪 80 年代，英国政府在政策上给予创业教育以支持、引导和规范，并且明确提出，大学必须更有效地为经济社会发展服务，必须在重视基础科学研究与人文学科研究的同时，把服务社会作为学校的重要职能，并且发起实施"高等教育创业计划"。在这种背景下，英国大学逐步转变办学理念，日益重视培养创业人才，一些高校开始朝着"创业型大学"发展。

三、其他发达国家高校创新创业教育模式分析

（一）日本高校创业教育

日本政府从环境、教育、制度等方面积极推进创业教育，学校也积极调整产业结构以配合人才培养战略，积极探索创业人才培养的优秀方案。创业教育，特别是高校创业教育在日本呈现高涨势头。日本高校创业教育特色可以总结为以下几个方面。

1.实现政、产、学密切配合

日本政府将政、产、学合作视为提高国家创新能力的一个关键因素，希望通过促进产学合作促进经济发展。在开展创业教育时，政府、产业界和社会从不同方面为创业教育的顺利开展创造条件，充分体现了整个社会对创业教育的重视。

在政府方面，经济产业省、文部科学省、厚生劳动省将创业教育作为国家发展的重要课题，共同研究、共同思考、共同行动。从"青年自立挑战计划"的"政策联合部署"到《技术专业促进法》的颁布，从教育科研体制的系统改革到创业教育研究的"国际参与"，日本政府在创业教育系统中扮演了指导者、推动者和协助者的角色。近年来，日本政府在简化新公司申请程序和资金援助方面出台政策，为大学创业教育的开展提供良好的服务。

在产业界方面，许多大企业和中介机构为大学创业教育做出了突出贡献。从向学校提供人才需求意见，为在校学生见习提供"实习基地"，为有潜力创业计划提供"风险资金"，到与大学联合开发创业教育教材、课程，设计创业型人才的培养方案和实施方案，企业正在以更加主动的姿态出现在大学校园之中。

与此同时，许多中介机构在将创新成果转化为产品的商业运作中扮演了桥梁的角色。例如，整合技术与企业需求的产业合作办公室、促进大学研究成果专利化与技术授权的技术转移机构、提供商业层面支持的创业辅导机构、提供作业场地与商业设施的科学园区以及风险投资、人力中介及律师服务等，为创业者提供了全方位的保障。

在高校方面，在政府和产业界的密切配合下，高校不断更新创业教育与研究理念，甚至引入了全新的办学思想。各高校在原有基础设施的基础上，加强创业孵化器、创业辅导机构等创业基础设施的建设，加强与校友的广泛联系。

同时，各高校还在原有管理和经营学基础上结合本校特色，开展工科创业计划，开设广泛的创业课程，并结合本校特色开设交叉学科，例如高知工科大学的创业工学、立命馆大学的创业管理学等。日本高校还在创业师资方面引入了具有优秀创业家资质和创业经历的"双师"队伍，通过建立与企业的双向交流制度，提升创业教育质量。

2. 鼓励地域经济发展

20 世纪 70 年代初期，日本经济从高速增长时期进入平稳增长时期，经济管理体制从传统中央集权模式向地方分权模式转变，经济发展进入"地域经济时代"。与此相对应，日本中小企业也由高速增长时期进入平稳发展时期。为了活跃地域经济，实现地域经济的平衡发展，政府采取内发式经济发展方式，以促进地域经济的特色发展。地域原有产业和新的发展空间无不为高校创业教育的开展提供了绝好的"练兵场"。

为了充分挖掘和利用地域经济资源，日本高校尤其是地方私立高校在开展创业教育时，注意联系地域特色产业，许多高校将结合本地域产业优势，把振兴地方经济发展作为高校人才培养的目标。例如，大阪商业大学的发展目标是"为社会做贡献"，成为一所"扎根地方、学习地方、贡献地方"的高校。每一位学生都有把自己培养成一个对社会有用之人的责任感。又如，濑户内海沿岸地区是钢铁和化工等日本传统产业集中的地区，当地政府借助广岛大学和香川大学的研究技术，为地区的养鸡业和制糖业提供了改进思路，也使高校的技术得到了相应的应用。这种合作很好地发挥了地域和高校的资源优势，实现了高校与地域同步发展。

在创业实践中，大学生针对本地区企业开展市场调查，寻找企业优势，开拓市场空间。他们利用自身知识为中小企业开展咨询，通过处理具体问题以达到企业升级、创新管理的目的。由此，高校的创业教育对地方经济起到了实际的推动作用，也就容易获得地方政府的支持和地方企业的资助。

此外，各地方工商联合团体、金融机构、非营利机构、经营团体、地方高校还设立了创业推进协议会，共同推进创业计划，开设创业中心，使有关机构人员、打算创业的人士、企业代表在此交流意见，形成促进地域经济发展的共同愿景。与此同时，创业中心通过"创业塾制度"为女性和高龄者开展短期（30天左右）的创业技能培训，紧密围绕地域经济发展主题，开设企业设立、财务、经营等讲座。现在许多日本新创企业多是挖掘地域产业的成功案例，为地域经济发展做出了重要贡献。

3. 构建创业教育衔接体系

在开展创业教育的过程中，日本政府很重视学生创业教育的衔接问题，对学生开展连贯性的创业教育，在不同的教育阶段对学生开展不同形式的创业教育，从学生一生的创新能力发展出发，为学生规划不同阶段的教育，不断提升学生适应社会的能力。

从小学开始，日本就很注重学生的创业意识教育。1998年，文部科学省和通产商业省合作在小学开始实施创业教育。例如，利用早上课前的两三个小时搞勤工俭学，给人送报纸、餐饮等，目的是培养学生的就业、创业心理意识和意志品质。学校可以自行开发能让学生掌握自我负责原则和获取投资意识、风险意识的课程体系，有的学校通过手工制作、理财教育等启发学生对创业的认识。在中学阶段，文部科学省通过新的课程改革，在"综合学习时间"内开设"商店街活动""创业发明大王""动手练习"等活动和课程，为学生提供了开展模拟创业的广阔空间。各职业教育机构，尤其是工程方面的高等专科学校、短期大学，开展了丰富多彩的创业教育活动，通过创业技能的培训使学生实现创业梦想。在大学阶段，创业教育的课程设置、开设对象、学习程度更加深入和广泛。与此同时，各高校还非常注重与小学、初中、高中之间的校际合作。

可以说，创业教育在日本是一个从小学到大学的连贯体系。通过不同形式、不同阶段的创业教育使学生想创业、会创业、能创业，避免了创业技能与创业意识之间的失调，为高校创业教育的顺利开展奠定了基础。

（二）德国高校创新创业教育模式分析

经过近半个世纪的发展，德国各高校形成了各具特色的创新研究和创业教育体系，为德国的大学生创业和中小企业的发展做出了很大的贡献。德国创业教育体系的主要内容可以总结为以下四个方面。

1. 构建创业研究和创业教育的基础框架

德国在推动创业教育和大学生创业实践方面采取了一系列的措施和政策。首先，以高校为依托，成立致力于推动中小企业发展的研究机构，开展创业和创新方面的研究。其次，1978 年成立创业文献数据库（ELIDA），该数据库已拥有超过 22 000 种资料，并出版以创业专题为主的系列读物。再次，从 20 世纪 70 年代开始，在高校建立了创业教育的教授席位制度。先在以商贸和手工业培训为主的非全日制学校开设创业教育课，然后在全日制大学正式开设创业教育课。经过多年积累，创业研究的领域逐渐从工商管理专业扩展到其他专业，形成了以社会科学、自然科学和人文科学为基础，结合各高校特色的创业研究和创业教育体系。例如，波茨坦大学（University of Potsdam）偏重艺术设计的创新培训课程，柏林洪堡大学（HU Berlin）的高新技术创业理念培训，科特布斯大学（Cortebus University）的专业创新课程。

2. 将社会创新力量与高校进行结合

首先，德国高校的创业教育得到政府和社会各界，特别是企业的大力支持。许多大型企业，如西门子①、拜耳②、大众等公司定期举行创意大赛，项目众多。从公司研究课题到社会公益创业，项目吸引了许多高校的大学生参加，有利于大学生在求学期间与实践相结合，关注创新的动态和前沿技术的发展状况。其次，从资金上对大学生的创业和高校创业教育给予支持。1999—2001 年，德国政府投入了 4 200 万马克支持高校创业教育。同时，各大高校在政府支持下成立创业基金，创办创新公司。根据经济合作与发展组织（OECD）的调查，为了促进教师和大学生把高新技术和知识一站式转化到市场，柏林洪堡大学于 2005 年自筹资金成立创业服务公司，到 2008 年收益已经达到 450 万欧元。其合作伙伴包括柏林阿德勒肖夫科技园（Adlershof Science Park，Berlin）、于利希研究中心（Juelich Research Center）、柏林公共发展银行、技术培训中心、伯克利的西门子 TTB 等。

3. 创业教育具有针对性、实践性

德国发展创业教育促进了微小企业的创办，提供了更多的就业岗位，大力促进了技术创新和公益创业，产生了良好的社会效应。首先，德国的创业教育针对性强。学生可根据自己的爱好和知识基础选择不同的学校，如职业培训中专学校、职业高等学校或综合性大学。职业培训中专学校和职业高等学校注重

① TTB 西门子：1847 年创建于柏林的西门子 - 哈尔斯克电报机制造公司。
② 德国拜耳集团（Bayer）是全球最为知名的《财富》世界 500 强企业之一，全球制药巨头。在材料创新、作物科学及医药保健等众多领域位居业界前列。

培养学生的一技之长，着重进行生存性创业教育，而在综合性大学，创业教育更注重结合所学专业进行创新理念培养和商业模式运作，对创业精英和高质量的创业项目进行重点扶持。柏林工业大学的大学校园孵化器便是促进这种知识转化的一个很好的实证。一些大学毕业生富有创意的高科技设计或作品，或者市场定位准确的商业运作模式，都可以得到进驻孵化器的机会。进驻的创业团队从商业计划书策划到创办企业过程中碰到的问题，如商业运作或技术支持等，都可以得到大学校园孵化器导师的指导和支持。这样有针对性地扶持成立的公司技术含量比较高、创新性强。走出孵化器时，有些创办的企业在激烈的竞争中生存下来，有些通过并购或重组转化到大公司，还有一些把知识产权出售给有意愿的公司。其次，德国教授非常重视创业教育和实践相结合，对创业教育的目的及创业教育应担负的社会责任有深刻的理解。以柏林自由大学为例，格恩特法尔丁（Guenter Faltin）教授从 20 世纪 80 年代开始面向学校和社会定期开办创业培训及年度创业峰会。他从自己的创业经历中分析影响创业的因素，剖析在创业过程中各种创新理念形成的原因和模式，认为创业教育要强调创新思想的产生，充分挖掘创业者的创新潜能，使其形成创新理念并运用到商业模式中。这种强调创新理念，并培养人们在实践中发掘创业机会和创新思想的教学方式，深受大学生和社会创业人士的欢迎和肯定。

4.着重宏观和微观创业环境建设

宏观的创业环境包括经济环境、政治环境和社会文化环境。在创业文化氛围方面，初创企业也有很多尝试和努力，例如强调环保节能的生活方式，促进个性发展培养创新意识、冒险精神。在优化经济创业环境方面，政府减免税收，营造信息透明的环境，银行提供低息或免息贷款。在政治环境方面，初创企业的私有财产权和专利权得到充分尊重和保护。另外，银行和大型公司积极成立投资基金支持高校创业教育的发展。"一个能够融经济、艺术和社会活动于一体的创新企业家精神文化，最终成为人类创造文明史上的核心价值之一"，这也是大学创业教育对人类文明发展应完成的使命之一。学生所处的文化环境主要包括校园文化环境和社会文化环境两种类型，在注重构建宏观社会创业环境的同时，德国的校园创业环境得到优化和保护，从而对创业教育和学生创业素质的提升起到了整体引导、塑造和培养的作用。创业孵化器定期组织创业知识讲座和创业培训，随时对有创业想法的大学生提供技术和法律等多方面的咨询服务，大学生在创业阶段可以享受政府补贴。例如，入驻柏林工业孵化器的大学生每月有 2 600 欧元的生活费（是柏林地区最低生活保障金的 3 倍多），这对创业和微小企业的发展起到了制度支持和法律保障作用。

第三节 国外高校创业教育经验借鉴

一、转变传统观念，树立特色教育目标

树立创业教育目标之前先要转变传统的观念，就目前我国就业而言，我国大学生依然存在"等、靠、要"的就业观念，缺乏自谋职业和自主创业的思想准备，这与国外大学生形成了鲜明对比。对于创业教育而言，学校一定要注重人才的培养模式，树立创业学生个人主义价值观，培养他们的个性，使其形成合理有序的知识结构和良好的操作能力，这在一定程度上都有利于创业教育的开展实施。

同时，各大高校创业教育要想顺利展开，应根据学校的人才培养要求、自身的实际情况并且结合国情，确定适合学生个性发展和学校办学特色的创业教育目标。特色化的创业教育目标使高校能充分利用自身和社会的各类资源结下创业教育目标制定下的不同果实，实现学生和高校双赢的局面。因此，创业教育目标不应该盲目地追随照搬其他高校的教育目标，而应该贯彻科学发展观、谨记社会责任，结合学校的办学特色和学生的个性发展需要设定。

二、鼓励师资队伍优化，加强学生思维引导

作为学生"传道授业解惑"的标志，教师在学生的创业教育引导中发挥着至关重要的作用。不过就我国目前的高校创业教育师资队伍建设而言，师资队伍的建设依然处于薄弱环节，对创业教育师资队伍进行针对性的培养或者选拔依然不常见，教师的实践经验也比较缺乏。

师资队伍是创业教育顺利开展的前提条件，因此建设一支强有力的创业教育师资队伍对创业教育的作用不容小觑。创业教育师资队伍构建需要得到全校的支持，诚聘拥有一线创业实践经验的人来当老师，组织一些对创业有感触的企业家来学校分享他们在创业过程中成功或者失败的经验，与相关领域的专家、学者形成一个创业教育智囊团，为创业教育提供有力的支持。因此，各大高校应出台激励措施，为教师研究提供资金保障，为吸引国内相关学科优秀教师、企业家和引进海外创业相关教师或企业家提供物质激励。同时，应在创业教育师资队伍中不断开展继续教育和研究活动，加强创业教育的师资培训，提高该

领域教师的创业素质和能力。以一定的组织、领导形式推动机制的建立，对资源加以整合，并上升到办学理念的高度来认识。

三、转变教学方法，开拓思维引导

创业教育是一种新的教育理念，要求教师必须摒弃传统的"满堂灌"的教育方式，改进创业教育教学方法，把理论知识与实践相结合，引导学生发扬创新精神。

相比于国内的创业教育模式建构，国外创业教育似乎更加完善，主要以培养创业意识，传授创业知识和实际经验为主。这种模式下培养出来的学生具有一定的开创性思维。从这个角度出发，我国创业教育也可以总结出三种典型模式，它们侧重的教育内容主要为创业意识和创业素质、创业知识和创业能力、综合式创业教育。

作为创业教育的主体，教师应该开拓实践创新的引导性，积极解放学生的思维。在教学中，积极采用小团队的方式进行实验和练习，让学生学会调动思维，在团队中清晰表达自己的想法，并与其他成员合作解决情境当中的问题，以很好地实现从传统的"被动学习"到"主动学习"的转变。

我国的创业教育需要进行本土化的探索，这就必然要立足于本国国情，借鉴国外模式，建构适合在我国开展的创业教育系统模式，采用特殊的教学方法，结合实践，充分挖掘学生的潜力，让学生学会主动学习。

四、构建全方位支持体系，保障创业教育积极发展

国外创业教育的开展有赖于创业人才培养计划与创业教育法律体系、融资渠道与税收优惠、鼓励创新企业文化与创业的社会氛围，这些因素都潜移默化地影响着创业和创业教育。同时，国外创业教育还有着完善的教学计划体系、课程结构体系、学术研究体系、模块教材体系等，且已经形成高校、社区、企业良性互动的创业教育生态系统和实践系统，更是推动了校园创业文化和高校组织机构的发展。

作为一个长期浩大的系统工程，我国的创业教育也应该积极借鉴国外创业教育的相关经验，加强国家政策对创业教育的支持、学校自身对创业教育的支持、政府对创业教育的支持。国家的政策扶持是加强大学生创业教育的根本保障，根据相应的法律法规的引导，为我国创业教育的发展保驾护航，同时树立积极的办学特色，结合自身的办学特色把创业教育发扬光大。例如，日本高知

工科大学设立专门独立的模块，包括就业指导、职业（正规课程）、实习支持、企业联席会议、KUT 就业指导和求职援助巴士游，通过这个创业教育模块对创业教育进行系统的、全方位的支持。最后，我国高校创业教育开展也需要政府提供政策、制度以及资金方面的支持。政府应根据社会形势不断完善原有的创业优惠政策，同时不断出台新的创业优惠政策，采取切实有效的措施，为大学生创业提供优越的环境和氛围。

第三章　当前高校创新创业教育发展相关分析

　　创新创业教育作为知识经济时代的一种教育观念和教育形式，其目标是培养具有一定创新创业意识、创新创业思维、创新创业能力以及创新创业人格的高素质新型复合型人才。目前，我国高校创新创业教育发展还存在一定的薄弱环节。本章从我国高校创业教育发展历程着手，与 AHP 法相结合，从高校创业教育改革因素、高校学生创业意愿、创业影响因素、创业成熟度、创业胜任力五方面进行深入分析，为后续高校创新创业发展提供理论支持。

第一节　我国高校创新创业教育发展历程

一、中国高校创新创业教育的兴起

　　高校创新创业教育是高校通过采取调整和重新建立专业课程与创新创业课程体系、优化师资队伍结构、丰富和发展教学方法和教学效果评价体系、全面建设创新创业实践教学基地等措施，以满足大学生个性化发展需求，提高大学生创新创业综合素养，推动创新型国家建设的一种高等教育举措。

　　关于中国高校创新创业教育的起点和具体标志性事件，主要有两种代表性观点。第一种认为起点是 1997 年，以清华大学创业计划大赛作为标志性事件。有研究认为，1997 年清华大学创业计划大赛的举办正式拉开了创业的帷幕，高校创新创业教育在清华大学首开先河。第二种认为起点是 1998 年，有学者直接将中国高校创新创业教育的起点定在了 1998 年，认为中国大学生创业大潮发轫于 1998 年 5 月，由清华大学首发并组织的创业计划大赛。这两种提法都不准确，对中国高校创新创业教育的起点的确定没有什么参考价值。

编者认为中国创新创业教育的起点是 1997 年，标志性事件是清华大学开设创新与创业方向课程，原因有两个。一是《创新创业教育在中国：试点与实践》研究报告记载："1997 年，清华大学经济管理学院最早在国内 MBA 培养计划中设立专业方向，在 MBA 项目中开设了创新与创业方向，中心的成员是创新和创业课程的教员。"二是据雷家辅教授回忆，1997 年，清华大学就实际开设了"创新与创业管理"方向课程，1998 年学校正式批准了这门课程。虽然在 1997 年并没有取得学校的正式课程批号，但毕竟是以融入其他课程的方式实际开设了这个方向的课程。据此，将 1997 年清华大学经济管理学院在 MBA 项目中开设创新与创业方向课程作为中国高校创新创业教育开始的标志。

二、中国高校创新创业教育的发展阶段

回顾我国高校开展创新创业教育实践的发展历程，大致可以划分为四个阶段，即基于创业实践指导的创新创业教育萌芽期（2002 年之前）、教育行政部门引导下的多元探索阶段（2002—2008 年）、基于人才培养的创新创业教育拓展期（2008—2015 年）和国家统一领导下的持续推进阶段（2015 年之后）。

（一）以创业实践为指导的教育萌芽期（2002 年之前）

这一阶段的主要特点包括部分高校在培养实业家和促进民营经济发展方面，较早地开展了一系列的探索实践；借鉴哈佛大学、百森商学院等学校在创新创业教育的实践，清华大学、复旦大学、华东师范大学、武汉大学、北京航空航天大学、浙江大学等高校在 1997 年前后对创新创业教育做出了积极有益的探索。其中，清华大学技术经济与管理系雷家辅教授在清华大学开设全国首门"创业管理"课程。研究报告《创业教育在中国：试点与实践》指出："1997 年，清华大学经济管理学院最早在国内 MBA 培养计划中设立专业方向，在 MBA 项目中开设了创新与创业方向。"

1998 年 5 月，清华大学和上海的一家杂志社联合几所高校成功举办了第一届"清华创业计划"大赛，首次将创业计划大赛引入了国内大学校园。

1999 年，浙江大学管理学院与竺可桢学院合作创办了全国第一个以创新创业为主题的教学改革班级——"浙江大学高新技术创新创业管理强化班"。

1999 年，由共青团中央、中国科学技术协会、中华全国学生联合会主办，

清华大学承办的首届"挑战杯"中国大学生创业计划竞赛成功举行。竞赛汇集了全国 120 余所高校的近 400 件作品，在全国高校掀起了一轮创新、创业的热潮，产生了广泛的社会影响。随着创业计划竞赛在全国范围的推广，与之相关的创业计划竞赛辅导、创业课程设置以及创业人才培养越来越多地出现在高校教学活动中。

（二）在教育行政部门引导下的多元探索阶段（2002—2010 年）

2002 年 4 月，教育部在 9 所大学开展创新创业教育试点工作，试点过程中，探索形成了 3 种教育模式：以中国人民大学为代表，以课堂教学为主导开展的创新创业教育模式；以北京航空航天大学为代表，以提高学生创业意识、创业技能为重点的创新创业教育模式；以上海交通大学为代表，以创新教育为基础，为学生创业提供实习基地、政策支持和指导服务等综合式创新创业教育模式。2008 年，教育部通过"质量工程"项目，又立项建设了 32 个创新创业教育类人才培养模式创新试验区，取得了较好成效。

（三）基于人才培养的创新创业教育拓展期（2008—2015 年）

在此期间，以教育部、财政部设立的"人才培养模式创新试验区"和"创新与创业教育类人才培养模式创新实验区"为代表，创新创业教育逐渐从关注大学生创业实践向创新创业人才培养模式转型。

2007 年，中国共产党第十七次代表大会报告明确提出实施"扩大就业的发展战略，促进以创业带动就业"的战略方针，强调要"完善支持自主创业、自谋职业政策，加强就业观念教育，使更多劳动者成为创业者"。在"以创带就"的政策导向下，高校创业教育立足于就业这样一个最大的民生问题展开，围绕社会和谐与政治稳定，将自主创业作为灵活就业的两个方式（另一个为自由职业）之一，千方百计解决大学生就业问题。

2009 年，上海市在上海交通大学等高校设立首批创新创业教育试点；深圳清华大学研究院创新创业学院成立；浙江大学携手百森商学院和里昂商学院，联合创办了以全球化人才培养为特征的"全球创业管理"硕士研究生项目。

2009 年，由共青团清华大学委员会举办，北极光创投赞助及协办，清华大学学生创业协会承办的"北极光杯"首届清华大学公益创业实践赛，标志着由原来的"计划赛"向"实践赛"的探索转变，体现了创业者的社会责任感。

2010 年 5 月，教育部颁发《关于大力推进高等学校创新创业教育和大学生自主创业工作的意见》，这是第一个推进创新创业教育的全局性文件。教育部成立了由知名企业家、企事业单位专家、高校教师、有关部门负责同志参加的"教育部高等学校创新创业教育指导委员会"（简称"创指委"）。"创指委"是在教育部领导下，对高校创新创业教育工作进行研究、咨询、指导、评估和服务的专家组织。教育部建立了高教司、科技司、学生司、就业指导中心 4 个司局联动机制，形成了创新创业教育、创业基地建设、创业政策支持、创业服务"四位一体、整体推进"的格局。2012 年 8 月，教育部印发《普通本科学校创新创业教育教学基本要求（试行）》，对创新创业教育的教学目标、教学原则、教学内容、教学方法和教学组织进行了整体规划和顶层设计，推动了高等学校创新创业教育科学化、制度化、规范化建设，逐步形成了"政府促进创业、市场驱动创业、学校助推创业、社会扶持创业、个人自主创业"的局面。

（四）国家统一领导下的持续推进阶段（2015 年至今）

近 10 年来，两个政策导向极大地促进了创新创业教育发展。一是始于 2007 年的"以创带就"；二是始于 2015 年的"大众创业、万众创新"。《2015 年政府工作报告》明确将大众创业、万众创新和增加公共产品、公共服务作为驱动经济发展的"双引擎"，明确指出，大众创业、万众创新既可以扩大就业、增加居民收入，又有利于促进社会纵向流动和公平正义。个人和企业要勇于创业创新，全社会要厚植创业创新文化，让人们在创造财富的过程中，更好地实现精神追求和自身价值。此后，大众创业、万众创新的浪潮在中国迅速兴起。在这种社会氛围中，2015 年 5 月，国务院颁发了《关于深化高等学校创新创业教育改革的实施意见》，站在国家实施创新驱动发展战略、促进经济提质增效升级、推进高等教育综合改革、促进高校毕业生更高质量创业就业的高度，明确了高等学校创新创业教育改革的指导思想、基本原则、总体目标，提出了 9 项改革任务、30 条具体举措。由国务院发布文件，推进深化改革，标志着中国高校创新创业教育进入了国家统一领导下的深入推进的新阶段。高校创新创业教育已经由"以创带就"拓展为以大众创业、万众创新驱动经济社会发展，创新创业教育的实质拓展为以创新为基础的创业，支持创新者创业，使创新创业成为驱动经济社会发展的引擎。

第二节 基于 AHP 法的高校创业教育改革的影响因素分析

一、高校创业教育改革研究背景

当前，我国高校开设创新创业教育课程已经成为一种新趋势，部分高校选择组建专业的创新创业师资队伍，并且建设了一批创新创业实践基地，这为提高高校创新创业教育质量奠定了基础。但在课程教学设置中仍存在以下突出问题：专业教育与创新创业教育相互割裂，未能实现有效融合；教师对创新创业教育的重要性和紧迫性认识不足；大多高校创新创业课程教学依然采用传统"填鸭式"的授课方式，缺乏互动环节，创新创业实践指导环节流于形式；创新创业实践基地与高校创新创业教学契合度低，无法实现有效对接等。

针对上述问题，许多学者对高校创新创业教育改革进行了深入研究，根据近些年的一些相关文献可以发现，这些研究是以高校创新创业教育改革方案设计及具体实施途径为中心而展开的，很少涉及影响高校创新创业教育改革实施效果的各种因素。

笔者研究后认为，现阶段应合理优化师资队伍结构，建立健全的双师型教师队伍，提升大学生在创新创业方面的素养。将上述内容作为大学生创新创业教育改革方案中的重点改革内容。

二、基本理论——层次分析法

为了可以更好地对高校创业教育改革影响因素进行分析，本节先对层次分析法进行一个简单的阐述，避免后面章节的过多赘述。层次分析法的具体过程如图 3-1 所示。

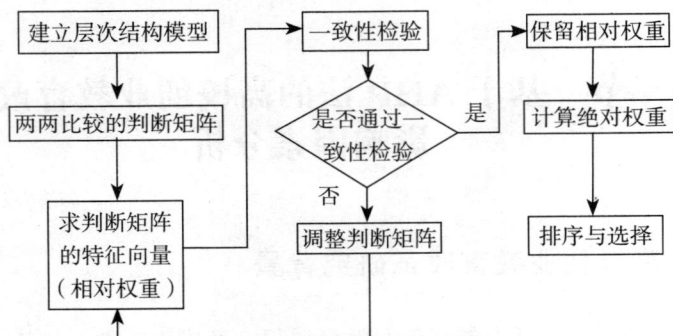

图 3-1　层次分析法应用流程图

步骤一：建立层次结构模型。层次结构模型是层次分析法的根基，没有层次结构模型，层次分析就无从谈起。层次结构模型顾名思义，就是将一个整体、不方便进行直接评价和分析的目标进行拆解，细分成多个能从不同侧面反映总目标的层次，如决策层、指标层，以达到便于评价的效果。简单来说，所有的指标相当于总目标下的子目标，所有子目标的集合共同构成总目标，如图 3-2 所示。

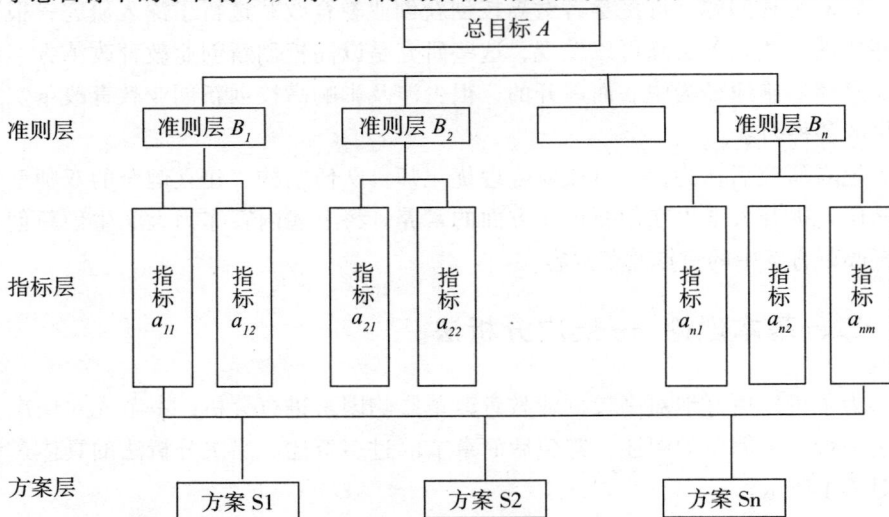

图 3-2　层次结构模型图

步骤二：构造两两比较判断矩阵。判断矩阵是计算各层要素之间相对重要性程度的依据，判断矩阵的构造过程如下：针对总目标 A，将准则层 B_1 到 B_n 根据一定的规则进行两两比较，普遍使用的规则是萨蒂（Saaty）教授给出的 1 ~ 9 标度法，如表 3-1 所示。

表 3-1　1~9标度法

标　度	定　义	含　义
1	同样重要	i 元素比 j 元素同样重要
2	略微重要	i 元素比 j 元素略微重要
5	相对重要	i 元素比 j 元素相对重要
7	显然重要	i 元素比 j 元素显然重要
9	绝对重要	i 元素比 j 元素绝对重要
2，4，6，8	相邻标度中值	表示两相邻标度之间折中时的标度
上列标度倒数	反比较	元素 i 对元素 j 的标度为 a_{ij}，反之为 $1/a_{ij}$

得到的准则层相对于总目标的判断矩阵如表 3-2 所示。

表3-2　$A-B$判断矩阵

A	B_1	B_2	……	B_n
B_1	a_{11}	a_{12}		a_{1n}
B_2	a_{21}	a_{23}		a_{2n}
……	……	……	……	……
B_n	a_{n1}	a_{n2}		a_{nn}

类似的，针对准则层 B_1 到 B_n，对相应的指标层 C 中的元素进行两两比较，得到指标层相对于准则层 $B_i(i=1，2，\cdots，n)$ 的判断矩阵如表 3-3 所示。

表3-3　Bi-C判断矩阵

B_1	C_1	C_2	……	C_n
C_1	a_{11}	a_{12}	……	a_{1m}
C_2	a_{21}	a_{23}	……	a_{2m}
……	……	……	……	……
C_n	a_{m1}	a_{m2}	……	a_{mm}

步骤三：层次单排序。层次单排序是得到各指标相对于其上一层指标的相对权重的过程。根据 $AW = \lambda_{max}.w$，对一个判断矩阵 A 求出最大征根 λ_{max}，以及 λ_{max} 对应的特征向量 W，经过归一化处理后得到的结果就是这个判断矩阵所代表的某一次元素对应于上层元素的相对权重。具体方法如下。

（1）设 B 层准则数为 n，运用和积法对 $A-B_i$ 的判断矩阵 $\overline{A}$ 每一列进行归一化，得到归一化判断矩阵 $\{\overline{a}_{ij}\}_{n \times n}$。其中，

$$\overline{a} = \frac{a_{ij}}{\sum\limits_{i=1}^{n} a_{ij}}, (j = 1, 2, \cdots, \ n) \tag{3-1}$$

（2）求归一化判断矩阵的每行之和，有

$$\omega_i^{(1)} = \sum_{j=1}^{n} \overline{a}_{ij}, (i = 1, 2, \cdots, n) \tag{3-2}$$

（3）再对向量 $W = (\omega_1, \omega_2, \cdots, \omega_n)^{\mathrm{T}}$ 进行归一化，令

$$\omega_1^{(1)} = \frac{\omega_1}{\sum\limits_{j=1}^{n} \omega_J}, (i = 1, 2, \cdots, n) \tag{3-3}$$

（4）从而可以得到目标层 A 对准则层 B 的相对权重：

$$W^{(1)} = (W_1^{(1)}, W_2^{(1)}, \cdots, W_n^{(1)})^{\mathrm{T}} \tag{3-4}$$

（5）同理可得，指标层 C 对准则层 B_i 的相对权重分别为：

$$W_i^{(2)} = (W_{1i}^{(2)}, W_{2i}^{(2)}, \cdots, W_n^{(2)}, \cdots, W_{mi}^{(2)})^{\mathrm{T}} \tag{3-5}$$

（6）最终，可得到指标层 C 相对于准则层 B 的相对权重：

$$W_i^{(2)} = (W_1^{(2)}, W_2^{(2)}, \cdots, W_1^{(2)}, \cdots, W_n^{(2)})^{\mathrm{T}} \tag{3-6}$$

步骤四：一致性检验。只有通过一致性检验的判断矩阵，按步骤三所求得到相对权重才是可接受的。否则必须对判断矩阵进行重新调整。是否通过一致性检验主要根据一致性指标 $C.R.$ 判断：

$$C.R. = \frac{C.I.}{R.I.} \tag{3-7}$$

而其中 $C.I.$ 为单排序的一致性指标，计算公式如下：

$$C.I. = \frac{\lambda_{\max} - n}{R.I.} \tag{3-8}$$

$R.I.$ 是一个确定值，称为平均随机一致性指标。Saaty 给出的 $R.I.$ 取值如表 3-4 所示。

表 3-4 判断矩阵阶数与 $R.I.$ 值对应表

n	1	2	3	4	5	6	7	8	9
$R.I.$	0.00	0.00	0.58	0.90	1.12	1.24	1.32	1.41	1.45

一般而言，当 $C.R. \leq 0.1$ 时，表示判断矩阵通过一致性检验，否则为不通过，此时则需要修正判断矩阵，再次计算权重和一致性指标，直到所有判断矩阵都通过一致性检验为止。

步骤五：层次总排序。层次总排序是指得到所有满足一致性要求的判断矩阵所计算出的相对权重后，还要进一步计算所有因素相对于总目标的综合权重，也可以成为绝对权重。计算公式如下。

$$W^{(0)} = w^{(2)} \times w^{(1)} = (W_1^{(0)}, W_2^{(0)}, \cdots, W_m^{(0)})^{\mathrm{T}} \tag{3-9}$$

其中，

$$\omega_t^{(0)} = \sum_{t=1}^{n} \omega_i^{(1)} \times \omega_n^{(2)} \tag{3-10}$$

层次总排序理论上也应该进行一致性检验，但是在实际操作中，通常省略这一步骤。一方面，专家在进行单准则下的两两比较判断时，往往难以兼顾全局的一致性；另一方面，在总体不满足一致性时，调整工作将变得非常繁琐。因此，一般情况下都仅在层次单排序中进行一致性检验工作。

经过上述五个步骤的综合处理，最终会得到各个方案针对总目标的权重值，这些权重值即代表在总目标下各方案的重要性程度。因此，通过对方案权重的排序，即可对方案进行最优化选择。

三、影响因素体系构建

为了可以更好地对高校创新创业教育改革实施效果进行分析，本小节采用深度访谈、问卷调查等方式，对高校教育专家、高校教师、大学生、创新创业实践基地负责人、创新创业大赛组织机构负责人、高校教育行政管理部门负责人等进行采访与调查。基于上文所提及的层次分析法的理论要求，建立总因素、一级因素、二级因素、三级因素的三级影响因素结构，具体如表 3-5 所示。层次分析法将高校创新创业教育改革实施因素进行如下表达。高校创新创业教育改革实施效果的影响总因素（E）下设四项一级因素：优化创新创业教育课程结构（M_1）、优化创新创业教育师资构成（M_2）、创新创业实践平台建设（M_3）、创新创业教育改革外部环境（M_4）。下设如下二级因素：课程体系改革是否满足大学生发展需求（N_{11}）、创新创业教育课程与专业课程改革的同步性（N_{12}）、创新创业教育课程改革与创新创业实践吻合度（N_{13}）；师资队伍优化方案有效性（N_{21}）、师资队伍优化方案是否提升了大学生创新创业素养（N_{22}）、师资队伍建设是否提高了大学生创新创业成功比率（N_{23}）、师资队伍建设与创新创业教育课程改革的契合度（N_{24}）；众创空间是否促进了大学生创新创业实践能力发展（$N31$）、专业实践基地对创新创业小微企业孵化成功比例的影响（N_{32}）、创新创业竞赛设计的有效性（N_{33}）；政府部门创新创业政策的有效性和持续性（N_{41}）、政府部门对创新创业教育改革的支持力度（N_{42}）、高校管理层对创新创业教育改革的认可度（N_{43}）。

表 3-5　高校创新创业教育改革实施效果的影响因素

总因素	一级因素	二级因素
高校创新创业教育改革实施效果的影响因素 E	优化创新创业教育课程结构 M_1	课程体系改革是否满足大学生发展需求 N_{11}
		创新创业教育课程与专业课程改革的同步性 N_{12}
		创新创业教育课程改革与创新创业实践吻合度 N_{13}
	优化创新创业教育师资构成 M_2	师资队伍优化方案有效性 N_{21}
		师资队伍优化方案是否提升了大学生创新创业素养 N_{22}
		师资队伍建设是否提高了大学生创新创业成功比率 N_{23}
		师资队伍建设与创新创业教育课程改革的契合度 N_{24}
	创新创业实践平台建设 M_3	众创空间是否促进了大学生创新创业实践能力发展 N_{31}
		专业实践基地对创新创业小微企业孵化成功比例的影响 N_{32}
		创新创业竞赛设计的有效性 N_{33}
	创新创业教育改革外部环境 M_4	政府部门创新创业政策的有效性和持续性 N_{41}
		政府部门对创新创业教育改革的支持力度 N_{42}
		高校管理层对创新创业教育改革的认可度 N_{43}

四、权重计算步骤

权重计算包括如下步骤。

（1）领域专家对各个因素给出评分。本研究采取对重庆高校创新创业教育工作者、高校教师、创新创业实践基地负责人和高校教育行政管理部门负责人进行深度访谈的方式，获取表 3-5 中四类影响因素及所属的 13 个子影响因素之间的相对重要性评分。评分采取表 3-1 给出的 1 ~ 9 测度法。

（2）建立比较判断矩阵，计算归一化特征向量。表 3-6 至表 3-10 给出了归一化特征向量计算结果。

表 3-6　$E-M$比较判断矩阵与特征向量

	M_1	$M2$	M_3	M_4	W
M1	1	1/3	1	12/5	0.185 7
M2	3	1	3	7	0.552 9
M3	1	1/3	1	4/5	0.150 0
M4	5/12	1/7	5/4	1	0.111 2

表 3-7　M_1-N比较判断矩阵与特征向量

	N_{11}	N_{12}	N_{13}	W
N_{11}	1	1/5	1/3	0.115 9
N_{12}	5	1	6/7	0.456 4
N_{13}	3	3	1	0.427 6

表 3-8　M_2-N比较判断矩阵与特征向量

	N_{21}	N_{22}	N_{23}	N_{24}	W
N_{21}	1	1/2	1/3	1/6	0.101 7
N_{22}	2	1	3/2	2	0.339 5
N_{23}	3	2/3	1	9/8	0.263 5
N_{24}	4	1/2	8/9	1	0.295 0

表 3-9　M_3-N比较判断矩阵与特征向量

	N_{11}	N_{12}	N_{13}	W
N_{11}	1	0.3	2	0.246 4
N_{12}	3	1	3	0.592 9
N_{13}	0.5	0.333 3	1	0.160 6

表 3-10 M_4–N比较判断矩阵与特征向量

	N_{31}	N_{32}	N_{33}	W
N_{31}	1	5	10	0.757 6
N_{32}	1/5	1	3	0.175 3
N_{33}	1/10	1/3	1	0.066 9

（3）检验一致性。为保证各领域专家对影响因素打分的客观性，需要检验一致性。检验一致性结果取值只有在合理范围内，才能认可各因素权重是有效的。根据公式 $C.R. = \dfrac{C.I.}{R.I.}$ 计算的各判断矩阵的一致性取值，从而得出表 3-11。由该表可以看出，上述四个判断矩阵的 $C.R.$ 均小于 0.1，因此该判断矩阵检验一致性有效。

表 3-11   判断矩阵的检验一致性结果

	E–M	M_1–N	M_2–N	M_3–N	M_4–N
γ_{max}	4.154 3	3.049 4	4.249 7	3.027 4	3.018 3
$C.R.$	0.057 1	0.042 6	0.092 4	0.023 6	0.028 1

由表 3-12 可以看出，在四个准则层因素中，创新创业教育师资队伍建设影响因素权重最大，其次是创新创业教育课程体系改革，两者所占权重为 73.86%，这和实际调查结果一致。通过总的影响因素权重排序可以看出，师资队伍建设是否提升了大学生创新创业素养、师资队伍建设与创新创业教育课程改革的契合度、师资队伍建设是否提高了大学生创新创业成功比率、专业实践基地对创新创业小微企业孵化成功比例的影响、创新创业教育课程与专业课程改革的同步性五个影响因素权重依次排名为一至五位。因此，优化师资队伍结构、加快双师型教师队伍建设、提升大学生创新创业素养等因素应该作为大学生创新创业教育改革方案顶层设计的重要考虑因素。

表3-12　各影响因素权重

M 对 E 权重 0.185 7		B_1 0.552 9	B_2 0.150 0	B3 0.111 2	B_4	N 对 E 的权重
N 对 M 的权重	N_{11}	0.115 9	0	0	0	0.021 5
	N_{12}	0.456 4	0	0	0	0.084 7
	N_{13}	0.427 6	0	0	0	0.079 4
	N_{21}	0	0.101 7	0	0	0.056 2
	N_{22}	0	0.339 5	0	0	0.187 7
	N_{23}	0	0.263 5	0	0	0.145 6
	N_{24}	0	0.295 0	0	0	0.163 1
	N_{31}	0	0	0.246 4	0	0.030 6
	N_{32}	0	0	0.592 9	0	0.088 9
	N_{33}	0	0	0.160 6	0	0.024 1
	N_{41}	0	0	0	0.757 6	0.084 2
	N_{42}	0	0	0	0.175 3	0.019 5
	N_{43}	0	0	0	0.066 9	0.007 4

第三节　基于 AHP 法的高校学生创业意愿影响因素分析

一、高校学生创业意愿研究背景

近年来，在我国经济增速放缓和教育规模扩大的双重效应影响下，大学生就业成为一个受人瞩目的社会热点问题。相对其他群体而言，大学生是一个喜欢尝试新生事物、渴望成功并敢于闯荡拼搏的群体，因此创业成为大学生自主就业的重要途径。说起大学生的创业意愿其实是其实施创业行动的源头和直接动因。受相关因素与指标体系的影响，大学生创业具有一定的复杂性和不确定性。因此，分析大学生创业意愿影响因素具有重要的现实意义。

目前，已有很多学者对大学生创业意愿的影响因素进行研究。通过以部分高校大学生为样本的调查研究，得到个人特质、主观规划、创业文化和创业教育等因素对大学生创业意愿的影响较大。这些研究大多是从定性分析或心理学角度展开的，定量研究明显不足。以上述研究为基础，本节构建了大学生创业意愿影响因素指标体系，并运用层次分析法确定了各级指标权重，得到了影响大学生创业意愿的根本因素，并提出由国家、地方政府以及高校三方面共同努力\携手共建一个良好的大学生创业环境的建议。

二、具体分析步骤

（一）指标体系构建

根据业界同仁与相关专家学者的研究结果以及笔者的切身体验，经过缜密分析后，笔者认为构建大学生创业意愿影响因素指标体系主要从个人背景、人格特质、创业环境三个方面入手，如图 3-3 所示。

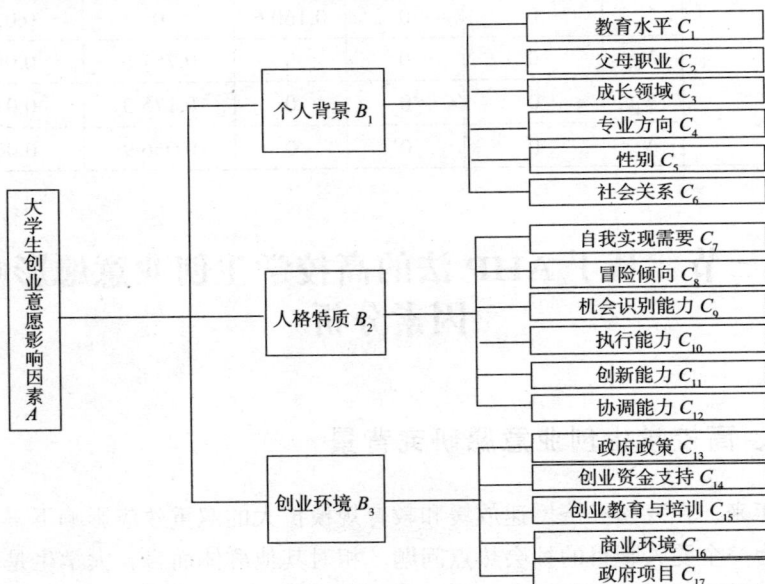

图 3-3　大学生创业意愿影响因素指标体系

1. 个人背景

结合我国国情，考虑到不同地区的创业文化不同，不同家庭教育对个人成长的影响不同，以及社会关系对个人拥有社会资源的重要影响，将成长地域、父母职业和社会关系作为充分体现个人背景的二级指标，它们对大学生创业意愿起着不容忽视的作用。同时，也将教育水平、专业方向以及性别纳入二级指标体系。

2. 人格特质

人格特质是指一个人在心理发展过程中形成的思维模式与行为模式的综合体，主要包含自我实现需要、冒险倾向、机会识别能力、执行能力、创新能力和协调能力二级指标。其中，自我实现需要是反映创业意愿的一个显著特质；冒险倾向与创业意愿呈正相关，创业者和非创业者在冒险倾向上存在显著差异；机会识别能力反映了个体主动适应环境，抓住机遇的能力；而执行能力、创新能力和协调能力是个体在成长中逐渐形成的个体特质，是影响大学生创业意愿的重要指标。

3. 创业环境

创业环境对大学生创业意愿的形成起着重要作用，创业环境的好坏可直接提升或降低大学生的创业意愿。借鉴以往的研究成果，创业环境主要包括政府政策、政府项目、创业资金支持、商业环境和创业教育与培训几个方面。其中，创业资金支持通过增强风险承担能力影响大学生创业意愿。

（二）构造判断矩阵

由于指数标度的一致性、均匀性和标度权重拟合度较好，适合指标较多、计算精度要求较高的问题，因此本书将采用标度类型构造判断矩阵。

表3–13为一级指标对总决策目标的判断矩阵。表3–14、表3–15、表3–16分别为二级指标对一级指标的判断矩阵。

表3-13　判断矩阵A–B（$C.R.$=0.004 3<0.10）

决策目标	B_1	B_2	B_3	$w_1^{(0)}$
B_1	1.000 0	0.670 3	1.221 4	0.305 7
B_2	1.491 8	1.000 0	1.491 8	0.426 7
B_3	0.818 7	0.670 3	1.000 0	0.267 6

表3-14　判断矩阵B_1–C（$C.R.$=0.005 7<0.10）

B_1	C_1	C_2	C_3	C_4	C_5	C_6	$w_1^{(1)}$
C_1	1.000 0	0.301 2	0.548 8	0.818 7	1.491 8	0.367 9	0.094 0
C_2	3.320 1	1.000 0	1.491 8	2.225 5	4.055 2	0.818 7	0.264 2
C_3	1.822 1	0.670 3	1.000 0	1.491 8	2.718 3	0.548 8	0.171 3

B_1	C_1	C_2	C_3	C_4	C_5	C_6	$w_1^{(1)}$
C_4	1.221 4	0.449 3	0.670 3	1.000 0	1.822 1	0.301 2	0.111 1
C_5	0.670 3	0.246 6	0.367 9	0.548 8	1.000 0	0.301 2	0.067 4
C_6	2.718 3	1.221 4	1.822 1	3.320 1	3.320 1	1.000 0	0.292 0

表3-15　判断矩阵B_2-C（C.R.=0.007 1<0.10）

B2	C7	C8	C9	C10	C11	C12	$w_i^{(1)}$
C7	1.000 0	2.225 5	1.491 8	2.225 5	2.718 3	4.953 0	0.316 8
C8	0.449 3	1.000 0	0.670 3	1.491 8	2.225 5	2.718 3	0.173 9
C9	0.670 3	1.491 8	1.000 0	1.491 8	2.225 5	2.718 3	0.212 4
C10	0.449 3	0.670 3	0.670 3	1.000 0	1.221 4	2.225 5	0.133 2
C11	0.367 9	0.449 3	0.449 3	0.818 7	1.000 0	1.221 4	0.095 4
C12	0.201 9	0.367 9	0.367 9	0.449 3	0.818 7	1.000 0	0.068 4

表3-16　判断矩阵B_3-C（C.R.=0.003 9<0.10）

B3	C_{13}	C_{14}	C_{15}	C_{16}	C_{17}	$w_i^{(1)}$
C13	1.000 0	1.491 8	4.953 0	2.225 5	3.320 1	0.377 4
C14	0.670 3	1.000 0	3.320 1	1.491 8	2.225 5	0.253 0
C15	0.201 9	0.301 2	1.000 0	0.301 2	0.548 8	0.067 6
C16	0.301 2	0.449 3	1.822 1	1.000 0	0.670 3	0.118 3
C17	0.449 3	0.670 3	3.320 1	1.491 8	1.000 0	0.183 7

（三）各级权重确定及一致性检验

一级指标对总决策目标的权重为：

$$w_{A-B}^{(0)} = (w_1^{(0)}, \ w_2^{(0)}, \ w_3^{(0)})$$

$$= (0.3057, 0.4267, 0.2676)^T$$

二级指标对一级指标 B_1 的权重为：

$$w_{B_1}^{(1)} = (w_1^{(1)}, \ w_2^{(1)}, \ w_3^{(1)}, \ w_4^{(1)}, \ w_5^{(1)}, \ w_6^{(1)})$$

$$= (0.0940, 0.2642, 0.1713, 0.1111, 0.0674, 0.2920)^T$$

二级指标对一级指标 B_2 的权重为:

$$w_{B_2}^{(1)} = (w_7^{(1)},\ w_8^{(1)},\ w_9^{(1)},\ w_{10}^{(1)},\ w_{11}^{(1)},\ w_{12}^{(1)})$$

$$= (0.3168, 0.1739, 0.2124, 0.1332, 0.094, 0.0684)^{\mathrm{T}}$$

二级指标对一级指标 B_3 的权重为:

$$w_{B_3}^{(1)} = (w_{13}^{(1)},\ w_{14}^{(1)},\ w_{15}^{(1)},\ w_{16}^{(1)},\ w_{17}^{(1)})$$

$$= (0.3774, 0.2530, 0.0676, 0.1183, 0.1837)^{\mathrm{T}}$$

所有判断矩阵全部通过一致性检验,全部满足 <0.10,如表 3-13 至 3-16 所示。

(四)组合权重确定及排序

将一级指标对总决策目标的权重与二级指标对一级指标的权重对应相乘,得到 17 个二级指标对总决策目标的组合权重及其排序,如表 3-17 所示。

表3-17 层次权重及总排序

二级指标	权 重	排 序
教育水平 C_1	0.028 7	15
父母职业 C_2	0.080 8	5
成长地域 C_3	0.052 4	9
专业方向 C_4	0.034 0	12
性别 C_5	0.020 6	16
社会关系 C_6	0.089 3	4
自我实现需要 C_7	0.135 2	1
冒险倾向 C_8	0.074 2	6
机会识别能力 C_9	0.090 6	3
执行能力 C_{10}	0.056 8	8
创造能力 C_{11}	0.040 7	11
协调能力 C_{12}	0.029 2	14
政府政策 C_{13}	0.101 0	2
创业资金支持 C_{14}	0.067 7	7
创业教育与培训 C_{15}	0.018 1	17
商业环境 C_{16}	0.031 7	13
政府项目 C_{17}	0.049 2	10

三、结果分析

以 AHP 法为依据，总结上述计算结果，可以得出：对于大学生创业意愿而言，指标自我实现需要影响最大；政府政策、机会识别能力、社会关系影响次之；创业教育与培训、性别、教育水平的影响对大学生创业意愿影响最小。其中，社会关系在 17 个指标中的排序位置充分体现了中国的本土特色。因此，所得的指标权重及其排序基本符合实际。

根据上述计算结果可以对大学生创业研究提出以下建议。

首先，作为国家经济的重要推动人才，大学生个人应当激发自我实现的需要，努力培养个人发现机会、识别机会的能力，才能增强创业的意愿。

其次，地方政府应当充分发挥其领导职能，进一步完善有利于大学生创业的相关机制，通过制定各种利于大学生创业的优惠政策，采取适当的政府项目、给予资金扶持等具体措施来提升大学生创业意愿，促进其自主创业。同时，地方政府相关部门也要加大创业相关内容的宣传，运用多种方法，逐渐引导社会形成较浓郁的创业文化氛围，优化创业环境。

最后，创业教育也是比较重要的环节，不可以低估与轻视。针对目前的创业教育现状，它排名靠后的原因与其培训的内容与大学生的实际需求不符有关。高校应结合大学生与区域地方实际进行科学论证，开设大学生真正需要的创业课程，有针对性地开展创业讲座并进行适当有效的创业培训，以促进和激发大学生创业意愿形成，为创业做好充分的准备。

第四节　基于 AHP 法的高校学生创业影响因素分析

一、大学生创业影响因素研究背景

近年来，我国大学生就业形势不容乐观。随着就业人数的扩增，大学毕业生的就业压力持续增加。在这种形势下，拓展新的就业渠道，鼓励大学生创业，以创业带动就业，成为缓解高校毕业生就业压力的重要途径之一。大学生自主创业越来越成为专家、学者重点研究的问题。

关于大学生群体的创业影响因素研究，张志华从大学生创业的背景入手，通过对大学生创业典型案例的剖析，认为影响大学生创业的因素主要有大学生自身因素、家庭因素、学校因素、社会因素、同学朋友因素、管理因素；赵帆、温亚飞、高贺斌、陶鑫等仅针对影响大学生创业的个人能力素质进行了探讨，如持久的创业热情、吃苦耐劳、坚持不懈、锲而不舍的坚毅品质，独特的个性，良好的心理素质、良好的团队协作能力，树立创新意识，培养创新思维和创业能力等，没有分析影响大学生创业的其他因素；闫明、安俊学认为影响大学生创业活动的因素分为主观因素和客观因素，主观因素包括兴趣、技能、能力、才能、动机、特征、经验等自身因素，客观因素包括家庭因素、学校因素、社会因素、项目选择等。

通过相关研究分析，笔者认为大学生创业成功率提高的主要原因是大学生创业胜任力、道德水平的提高以及大学生正确的创业动机。因此，高校应该多方面培养大学生应具备的创业能力和特质。关于大学生创业影响因素的分析，不仅便于大学生在校期间提升自身创业能力、培养创业技能、选择合适的创业项目、了解创业环境，而且有助于高等院校重视创业教育，在提升大学生创业能力的过程中做到整体提升、重点击破。

二、大学生创业影响因素分析

（一）指标体系建立

本部分依旧基于前文所沿用的层次分析法理论，结合相关资料以及调查结果总结了以往的创业影响因素，又联系大学生创业实际基础，认为大学生创业的影响因素应从社会支持、个人素质能力、创业项目选择、学校创业教育四个方面入手。下面建立如图3-4所示的指标体系，并对有关因素指标的选取进行解释。

大学生创业影响因素 A

社会支持 B_1 | 个人素质能力 B_2 | 创业项目选择 B_3 | 学校创业教育 B_4

| 社会的公共需求 C_{11} | 社会文化 C_{12} | 政府政策的支持 C_{13} | 企业的帮扶 C_{14} | 支持创业的法律法规 C_{15} | 创业知识 C_{21} | 创业的标准、道德 C_{22} | 创业技能 C_{23} | 创业的社会动机 C_{24} | 创业特质 C_{25} | 科技性 C_{31} | 公益性 C_{32} | 项目创业地点选择 C_{33} | 项目行业选择 C_{34} | 创业团队的选择 C_{35} | 融资能力 C_{36} | 与教育活动的结合 C_{41} | 与校园文化的结合 C_{42} | 与职业生涯规划和就业的结合 C_{43} | 与思想政治教育的结合 C_{44} | 与实践活动的结合 C_{45} |

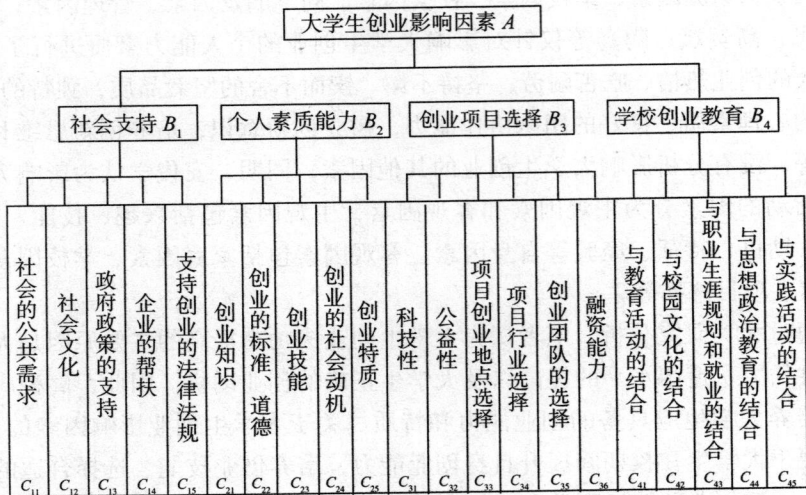

图 3-4　大学生创业影响因素指标体系

（二）基本影响因素

1. 社会支持

有关调查发现，大学生主要创业障碍有资金问题、创业信息支持问题、创业环境问题等。为了使创业者能顺利获得各种资源支持（如资金、产品、政策、环境保障等），社会支持体系的构建与整合利用就显得尤为重要。社会支持就是意识到的或实际的由社区、社会网络和亲密伙伴提供的服务性或表达性的资源。从社会支持的内容来看，本书将社会支持分为公共的社会需求、社会文化、政府政策支持、企业的帮扶、支持创业的法律法规 5 种。

2. 个人素质能力

目前，大学生自主创业成功率较低，对大学生创业胜任力进行研究将有利于创业大学生客观评估自身现阶段能力，明确努力方向，帮助在校大学生成功创业。大学生创业胜任力，即指大学生所具备的能够胜任企业创业任务，并取得提高创业绩效所要求的知识、技能、能力和特质。

3. 创业项目选择

据教育部的相关调查显示，学生创业失败很大一部分是由于项目选择错误，因此大学生创业项目的选定是创业基本影响因素之一。大学生选择创业项目时应着眼于项目科技性、公益性与项目创业地点选择、项目行业选择、创业团队的选择、融资能力等方面。

4.学校创业教育

大学生创业付诸实践的比例低有多方面的原因，既有社会的责任，也有学校、学生个人的因素，其中学校教育是影响学生创业发展的重要因素。因此，高校创业教育应着眼于与教学活动的结合、与校园文化的结合、与职业生涯规划和就业的结合、与思想政治教育的结合、与实践活动等人才培养全过程的结合。

三、具体分析步骤

（一）构造影响因素判断矩阵及一致性检验

为了可以更好地对高校学生创业影响因素进行分析，本书层次分析法采用 1～9 标度方法给出数量标度。

在获取数据时，为了比较各影响因素相对重要性程度，本节根据专家意见对同一层次的指标进行两两比较。而且专家填写的判断矩阵不可能完全满足一致性条件，为检验判断矩阵的一致性，需要计算它的一致性比例 $C.R.$。当 $C.R.<0.1$ 时，则认为判断矩阵具有满意的一致性，否则需要把判断矩阵表反馈到专家手中进行重新调整。

根据定义：

$$C.R.=\frac{C.I.}{R.I.}=\frac{\lambda_{max}-n}{(n-1)R.I.}\qquad（3-11）$$

其中，一致性指标 $C.I.=(\lambda_{max}-n)/n-1$；$\lambda_{max}$ 为矩阵最大特征值；n 为成对比较因子的个数。

权重的计算采用方根法，其中 $w_i^{'}=\sqrt[n]{a_{i1}a_{i2}\cdots a_{in}}$

给出 $A\sim B_i$，$B_1\sim C_i$，$B_2\sim C_i$，$B_3\sim C_i$，$B_4\sim C_i$ 各层次判断矩阵，计算指标值和一致性检验值，分别如表 3-18 所示。

表3-18　单层排序指标权重计算及检验结果

A	B_1	B_2	B_3	B_4	w_o	一致性检验指标值
B_1	1	1/5	1/3	1	0.099 2	λ_{max} =4.115
B_2	5	1	3	5	0.574 8	

A	B_1	B_2	B_3	B_4	w_o	一致性检验指标值
B_3	3	1/3	1	1	0.195 31	
B_4	1	1/5	1		0.130 6	

（二）层次总排序及一致性检验

所有单排序的 $C.R.<0.1$，每个判断矩阵的一致性检验都可接受。

计算同一层次所有因素对最高层次总目标相对重要性的排序权值，称为层次总排序。这一过程是从最高层次到最低层次逐层进行的，通过矩阵 A 的权重向量与矩阵 B_1，B_2，B_3，B_4 权重向量组合 $(w_1, w_2, w_3, w_4)^T * w_o^T$，大学生创业影响因素总排序计算结果如表 3-20 至表 3-24 所示。对总排序结果进行一致性检验，可知其计算结果具有满意的一致性。

根据大学生创业影响因素 AHP 模型计算结果可知，在大学生创业各个影响因素中，四个主要因素的相对重要性排序依次为个人素质能力、创业项目选择、学校创业教育、社会支持。其中，大学生道德水平、创业的社会动机、创业特质、创业团队的选择、融资能力是重要因素。因此，为有效提高大学生创业成功率，学校应该着重培养在校大学生创业胜任力，提升创业大学生道德水平，树立正确的创业社会动机，多方面培养大学生应具备的创业能力和特质；大学生应结合自身创业情况，选择合适的创业团队，通过亲友、社会企业、政府等渠道争取创业资金。

表3-19　单层排序指标权重计算及检验结果1

B_1	C_{11}	C_{12}	C_{13}	C_{14}	C_{15}	w_1	一致性检验指标值
C_{11}	1	5	1	7	1	0.337 965	
C_{12}	1/5	1	1	3	1/2	0.130 461	$\lambda_{max} = 5.292\ 4$
C_{13}	1	1	1	7	1	0.244 95	$C.I. = 0.073\ 1$
C_{14}	1/7	1/3	1/7	1	1/3	0.049 11	$R.I. = 1.12$
C_{15}	1	2	1	3	1	0.237 513	$C.R. = 0.065\ 3$

表3-20　单层排序指标权重计算及检验结果2

B_2	C_{21}	C_{22}	C_{23}	C_{24}	C_{25}	w_2	一致性检验指标值
C_{21}	1	1/5	1/2	1/3	1/4	0.063 455	
C_{22}	5	1	3	1	3	0.353 951	$\lambda_{max} = 5.197\,2$
C_{23}	2	1/3	1	1/4	1/3	0.092 736	$C.I. = 0.049\,3$
C_{24}	3	1	4	1	1	0.271 73	$R.I. = 1.12$
C_{25}	4	1/3	3	1	1	0.218 129	$C.R. = 0.044\,0$

表3-21　单层排序指标权重计算及检验结果3

B_3	C_{31}	C_{32}	C_{33}	C_{34}	C_{35}	w_3	一致性检验指标值
C_{31}	1	1	3	3	1/3	0.123 482	
C_{32}	1	1	3	3	1/3	0.123 482	$\lambda_{max} = 6.069\,8$
C_{33}	1/3	1/3	1	1/2	1/8	0.038 138	$C.I. = 0.014\,0$
C_{34}	1/3	1/3	2	1	1/5	0.056 201	$R.I. = 1.24$
C_{35}	3	3	8	5	1	0.329 348	$C.R. = 0.011\,2$
C_{36}	3	3	8	5	1	0.329 348	

表3-22　单层排序指标权重计算及检验结果4

B_4	C_{41}	C_{42}	C_{43}	C_{44}	C_{45}	w_1	一致性检验指标值
C_{41}	1	5	5	3	1	0.364 401	
C_{42}	1/5	1	1	1/2	1/5	0.070 271	$\lambda_{max} = 5.292\,4$
C_{43}	1/5	1	1	1/2	1/5	0.070 271	$C.I. = 0.000\,1$
C_{44}	1/3	2	2	1	1/3	0.130 656	$R.I. = 1.12$
C_{45}	1	5	5	3	1	0.364 401	$C.R. = 0.001\,1$

表3-23　总体排序及权重

层次	B_1 0.099 2	B_2 0.574 8	B_3 0.195 3	B_4 0.130 6	权重组合	排序
C_{11}	0.337 965	0	0	0	0.033 5	11
C_{12}	0.130 461	0	0	0	0.012 9	17
C_{13}	0.244 95	0	0	0	0.024 3	12
C_{14}	0.049 11	0	0	0	0.048 7	7
C_{15}	0.237 513	0	0	0	0.023 6	15

层次	B_1 0.099 2	B_2 0.574 8	B_3 0.195 3	B_4 0.130 6	权重组合	排序
C_{21}	0	0.063 455	0	0	0.036 5	10
C_{22}	0	0.353 951	0	0	0.203 5	1
C_{23}	0	0.092 736	0	0	0.053 3	6
C_{24}	0	0.271 73	0	0	0.156 2	2
C_{25}	0	0.218 129	0	0	0.125 4	3
C_{31}	0	0	0.123 482	0	0.024 1	13
C_{32}	0	0	0.123 482	0	0.024 1	14
C_{33}	0	0	0.038 138	0	0.007 4	21
C_{34}	0	0	0.056 201	0	0.011 0	18
C_{35}	0	0	0.329 348	0	0.064 3	4
C_{36}	0	0	0.329 348	0	0.064 3	5
C_{41}	0	0	0	0.364 401	0.047 6	8
C_{42}	0	0	0	0.070 271	0.009 2	19
C_{43}	0	0	0	0.070 271	0.009 2	20
C_{44}	0	0	0	0.130 656	0.017 1	16
C_{45}	0	0	0	0.364 401	0.047 6	9

第五节　基于 AHP 法的高校学生创业成熟度分析

一、高校学生创业成熟度研究背景

随着世界经济的不断发展，创业的活跃程度已经成为衡量一个国家或地区经济活力的重要指标，创业也无疑成为高校最为热门的话题之一。相比于世界其他国家，我国大学生的创业意愿不高，与世界大学生平均创业成功率相比较低。分析其中的原因，部分大学生群体将其总结为"创业过于理想化，各方面不够成熟""缺乏资金"等，而大学生创业教育工作者，仔细探究发现当前大学生群体对创业存在一定的未知恐惧心理，创业意愿不强烈，导致大学生实际创业的比例较低；同时，大学生创业的确存在不成熟现象，创业者本身的素质、创业技能，创业项目的技术水准、市场前景，创业氛围、创业环境等都影响着大学生创业的成功率。

高德纳咨询公司①（Gartner）在系统总结创业特质论研究成果的基础上，提出关注创业者特质的研究没有出路，认为应该关注创业者行为和创业过程的规律。从此，特质论的主导地位被动摇，关注创业过程的研究更受到学界的重视，但实际上创业者的特质和创业过程中的相关因素都不能被忽视。20世纪80年代美国高校学生创业行为兴起，又进一步推动了大学生创业的研究。而国内的大学生创业理论研究，目前主要集中在创业教育、创业实务操作、创业影响因素分析等方面。笔者根据本研究的目的将焦点进一步定位在大学生创业者和创业行为方面。根据相关学者的研究与分析，他们将大学生创业者素质概括为创业意识、创业精神、创业能力、创业品质、创业环境掌控力五个方面②。又从资金支持、商务环境、政府政策和工作程序、创业教育和培训、创业文化等方面评价了大学生创业环境，通过因素分析的方法做了定量研究③。后来一些学者又经过因子分析和回归方程总结了领导沟通能力、情绪控制能力、挫折抗压能力、自主学习能力、决策影响能力五个影响大学生创业能力的因子④。

综上所述，尽管近年来国内外学者对大学生创业相关领域进行了大量卓有成效的研究，但还是存在一些可以改进之处，如对大学生创业影响因素的研究维度不明晰，指标体系的建立主观性强，缺乏一定的依据等。本部分将利用从前人研究成果中得到的启发，根据相关文献以及与相关业内人士的访谈等研究方式，以"大学生创业成熟度"为主题进行相关研究，具体研究步骤以及相关研究结果将在下文有所体现。

二、具体分析步骤

笔者借鉴广泛运用于团队效能、项目管理方面的成熟度一词，提出"大学生创业成熟度"的概念，以描述大学生创业各方面条件的完备程度。如果一个大学生创业项目在相关指标加权得分上具有较高的评价，就可以认为该项目具有较高的成熟度，即该项目在创业实施的过程中具有较强的存活能力和持续发展能力。

---

① Gartner（NYSE：IT and ITB）是全球最具权威的IT研究与顾问咨询公司，成立于1979年，总部设在美国康涅狄克州斯坦福。

② 彭璐，张霞，吴建新，等.大学生创业素质指标体系初探[J].科技创业,2008(2):26-28.

③ 陈谷纲，朱慧，马声.大学生创业环境评价体系的建立——基于专家问卷数据分析的指标重构[J].出国与就业,2010(10):30-32.

④ 王饮寒，李伟.大学生创业能力指标构建及提升路径[J].人民论坛,2011(6):154-155.

（一）指标构建

为了可以更好地对大学生创业成熟度进行解读，笔者采取了文献检索和访谈等方法进行深入分析，将大学生创业成熟度一阶指标进行了相关界定，主要分为创业团队因素、创业项目因素、创业资金因素和创业环境因素。但是经过进一步的反馈与访谈，结合大量的实例与相关经验，在创业成熟度的一阶指标中删除了创业资金因素。

在二阶指标的确定方面，根据文献检索以及相关访谈等方式，提出了相应的二阶指标。①创业团队因素主要包括创业动机、创业意愿和创业能力。创业动机是指大学生创业的目的，是在价值观层面的因素；创业意愿是指大学生创业的渴望程度，或者说决心；创业能力是指创业团队所体现出的管理协调技能。②创业项目因素主要包括技术含量、市场机会、实施计划。技术含量是指项目在专利技术、研发难度等方面的优势或能力；市场机会是指项目所设计的产品在满足市场需求方面的能力，也包括与替代产品之间的相对优势；实施计划是指创业项目的商业计划设计完善程度，是否充分考虑项目实施的关键因素。③创业环境因素主要包括创业氛围、政策扶持、创业指导。创业氛围是指创业者所在地区对创业行为的支持和认同程度；政策扶持指创业者所在地区对创业行为的税收、法规、资金等方面的支持力度；创业指导是指创业者所在地区对大学生创业的培训、竞赛、教育等指导服务活动的力度。对于指标的确定，笔者主要是依据前人的研究成果和专家访谈反馈的意见，主要基于专家访谈的指标确定方式来确定指标体系，如图 3-5 所示。

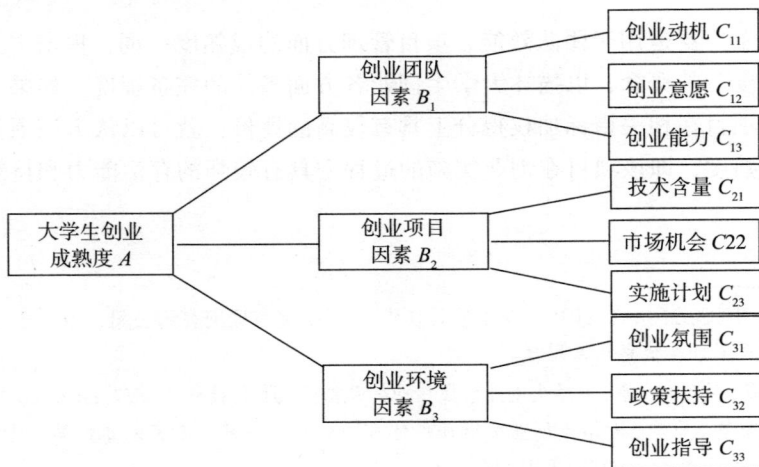

图 3-5　大学生创业成熟度指标体系

（二）基本步骤

基于层次分析法的相关步骤，首先根据判断矩阵确定指标权重（表3-24）。

表3-24 判断矩阵范例

C	A_1	A_2	…	A_n
A_1	A_{11}	A_{12}	…	A_{1n}
A_2	A_{12}	…	…	a_{2n}
…	…	…	…	…
A_n	a_{n1}	A_{n2}	…	a_{nn}

其次，假设目标 C 是由 A_1，A_2 … A_n 组成，对 n 个元素的重要程度做两两比较。其中 $a_{ij}=1$，3，5，7，9 以及 1/3，1/5，1/7，1/9，含义如表 3-25 所示。

表3-25 两两比较数字含义

a_{ij}	含义
1	元素 i 和元素 j 同等重要
3	元素 i 比元素 j 稍微重要
5	元素 i 比元素 j 明显重要
7	元素 i 比元素 j 强烈重要
9	元素 i 比元素 j 绝对重要

但是使用层次分析法可能会出现 A_1 比 A_2 重要，A_2 比 A_3 重要，A_3 又比 A_1 重要的现象。这样的矛盾判断，则称之为判断矩阵的不一致。如果不一致性在一定的范围以内，判断矩阵还是有效的 . 但如果不一致性超出一定的范围，就认为判断矩阵的有效性有问题。

（三）具体操作步骤

为了可以更好地对大学生创业成熟度结果进行展示，本研究邀请了 4 位创业研究和实践领域专家进行了一对一面谈，对指标所包含的意义进行咨询，并询问相关指标的两两比较的关系。这 4 位专家分别是从事创业管理的副教授、创投公司的副总、浙大科技园管理者、科技园创业企业主。通过 4 位专家的访谈结果，对判断矩阵进行了计算，相关结果如下（表3-26 至表3-29）。

表3-26 第1位专家计算结果

A	B_1	B_2	B_3	V_{11}	一致性检验
B_1	1	3	9	0.63	$\lambda_{max}=3.05$
B_2	1/3	1	5	0.31	$C.I.=0.03$
B_3	1/9	1/5	1	0.06	$C.R.=0.05$
B_1	C_{11}	C_{12}	C_{13}	V_{12}	一致性检验
C_{11}	1	1/9	1/3	0.07	$\lambda_{max}=3.05$
C_{12}	9	1	5	0.73	$C.I.=0.02$
C_{13}	3	1/5	1	0.20	$C.R.=0.04$
B_2	C_{21}	C_{22}	C_{23}	V_{13}	一致性检验
C_{21}	1	1/7	3	0.18	$\lambda_{max}=3.12$
C_{22}	7	1	9	0.75	$C.I=0.06$
C_{23}	1/3	1/9	1	0.06	$C.R=0.12$
B_3	C_{31}	C_{32}	C_{33}	V_{14}	一致性检验
C_{31}	1	5	3	0.61	$\lambda_{max}=3.06$
C_{32}	1/5	1	1/3	0.10	$C.I=0.03$
C_{33}	1/3	3	1	0.29	$C.R=0.05$

注：V_{11} 指根据第一位专家的判断矩阵所计算出的特征向量，即成熟度中创业团队因素、创业项目因素和创业环境因素所占的权重，以此类推。λ_{max} 为判断矩阵的特征根，进而可以算出 $C.R.$ 来判断一致性。

表3-27 第2位专家计算结果

A	B_1	B_2	B_3	V_{21}	一致性检验
B_1	1	5	9	0.73	$\lambda_{max}=3.05$
B_2	1/5	1	3	0.20	$C.I.=0.02$
B_3	1/9	1/3	1	0.07	$C.R.=0.04$
B_1	C_{11}	C_{12}	C_{13}	V_{22}	一致性检验
C_{11}	1	1/7	3	0.18	$\lambda_{max}=3.12$
C_{12}	7	1	9	0.75	$C.I.=0.06$
C_{13}	1/3	1/9	1	0.20	$C.R.=0.12$
B_2	C_{21}	C_{22}	C_{23}	V_{23}	一致性检验
C_{21}	1	1/7	1/3	0.09	$\lambda_{max}=3.01$
C_{22}	7	1	3	0.65	$C.I.=0.01$
C_{23}	3	1/3	1	0.26	$C.R.=0.01$

B_3	C_{31}	C_{32}	C_{33}	V_{24}	一致性检验
C_{31}	1	5	3	0.61	$\lambda_{max}=3.06$
C_{32}	1/5	1	1/3	0.10	$C.I.=0.03$
C_{33}	1/3	3	1	0.29	$C.R.=0.05$

表3-28　第3位专家计算结果

A	B_1	B_2	B_3	$V31$	一致性检验
B_1	1	7	9	0.73	$\lambda_{max}=3.12$
B_2	1/7	1	3	0.20	$C.I=0.06$
B_3	1/9	1/3	1	0.07	$C.R=0.12$

B_1	C_{11}	C_{12}	C_{13}	V_{32}	一致性检验
C_{11}	1	1/3	5	0.31	$\lambda_{max}=3.05$
C_{12}	3	1	9	0.63	$C.I.=0.03$
C_{13}	1/5	1/9	1	0.06	$C.R.=0.05$

B_2	C_{21}	C_{22}	C_{23}	V_{23}	一致性检验
C_{21}	1	1/7	1/5	0.07	$\lambda_{max}=3.11$
C_{22}	7	1	3	0.59	$C.I.=0.06$
C_{23}	5	1/3	1	0.34	$C.R.=0.11$

B_3	C_{31}	C_{32}	C_{33}	V_{34}	一致性检验
C_{31}	1	7	3	0.53	$\lambda_{max}=3.25$
C_{32}	1/7	1	1/7	0.06	$C.I.=0.13$
C_{33}	1/3	7	1	0.40	$C.R.=0.24$

表3-29　第4位专家计算结果

A	B_1	B_2	$B3$	V_{41}	一致性检验
B_1	1	3	9	0.58	$\lambda_{max}=3.16$
B_2	1/3	1	7	0.37	$C.I.=0.08$
$B3$	1/9	1/7	1	0.06	$C.R.=0.15$

B_1	C_{11}	C_{12}	C_{13}	V_{32}	一致性检验
C_{11}	1	3	5	0.61	$\lambda_{max}=3.05$
C_{12}	3	1	3	0.29	$C.I.=0.03$
C_{13}	1/5	1/3	1	0.10	$C.R.=0.05$

续　表

B_2	C_{21}	C_{22}	C_{23}	V_{43}	一致性检验
C_{21}	1	1/3	3	0.26	$\lambda_{max}=3.01$
C_{22}	3	1	7	0.65	$C.I.=0.01$
C_{23}	1/3	1/7	1	0.09	$C.R.=0.01$
B_3	C_{31}	C_{32}	C_{33}	V_{44}	一致性检验
C_{31}	1	1/9	1/7	0.06	$\lambda_{max}=3.41$
C_{32}	9	1	1/3	0.46	$C.I.=0.21$
C_{33}	7	3	1	0.49	$C.R.=0.39$

　　笔者剔除了一致性比较差的矩阵，对不同专家所计算出的权重计算平均数，得出各项指标的权重，根据平均权重计算结果，进一步计算了每个二阶维度相对于总体的权重，如表 3-30 所示。

表3-30　各指标对大学生创业成熟度权重

成熟度	二阶	动机	意愿	能力	技术	市场	实施	氛围	政策	指导
一阶	–	0.33	0.55	0.12	0.17	0.65	0.17	0.61	0.10	0.29
团队	0.68	0.22	0.37	0.08	–	–	–	–	–	–
项目	0.26	–	–	–	0.04	0.17	0.04	–	–	–
环境	0.07	–	–	–	–	–	–	0.04	0.01	0.02

　　表 3-30 中可以看出创业意愿对大学生创业成熟度的权重最大，直接展示出大学生在创业过程中有着背水一战的决心是非常重要的。另外，创业动机也对创业成熟度有着较大的影响。创业者如果有着较高的成就动机或者认为自己所做的事情非常有意义，那么其在一定程度上对创业的成熟度有着正向的影响。产品的市场机会决定了创业成功率，一个好的产品能够在更大程度上满足市场的需求，因此大学生的创业就会更加的积极，成熟度也就更高。

三、结论与建议

（一）结论

　　大学生创业成熟度主要构成因素包括三个方面：创业团队因素、创业项目因素和创业环境因素。从这三个大方面可以评判大学生的创业项目是否具有一定的可行性和成长性。

基于层次分析法，分别计算了9个因素的权重。其中，创业意愿、创业动机和市场机会三个方面对评价创业成熟度起到了非常关键的作用。资金、技术含量、创业指导等方面并没有起到最关键的作用，因此不是决定大学生创业成熟度的主要指标。

创业意愿对大学生创业成熟度影响最大，拥有强烈意愿的创业者往往在创业过程中表现出很强的坚韧性，不容易放弃自己的想法，创业意愿不是很强烈的创业者在遇到挫折时更容易放弃。尽管创业意愿的形成是一个复杂的过程，但是人们有理由相信创业意愿与创业者自身的性格（如有些逆反，想做标新立异的事情）以及经历的一些关键事件有着密切的关系。

创业动机也会从侧面对创业意愿产生影响。当大学生群体处于一个自我需求阶段时，该阶段逐渐建立起来的动机会增加他对事业的不懈追求。这种动机不断强化了创业意愿，让创业者在创业的过程中不断坚持下去。

产品的市场机会是一项非常重要的指标，找准一个能够满足市场需要的产品定位是创业成功的关键。这需要创业者对市场具有一定的敏感性，有些创业者从简单创业开始就不断积累市场经验，有些创业者通过从国际市场的比照来确定国内市场的容量。这个因素需要创业者对市场有一定的理解和想象能力，可以通过经管知识的学习培训进行提高。

（二）建议

对于大学生创业群体而言，在其准备创业过程中最应该思考自己的创业动机，为什么要创业？自己的创业意愿强烈吗？要设想自己陷入困境时所承受的压力，反复模拟验证自己的风险承受能力。同时，要进行详细的市场调研，确定产品的市场机会。如果在最主要的三个指标方面都比较强势，就可以考虑进一步实施。

大学生的创业教育应该逐渐地丰富与完善，不能片面地针对学校授课教育，而应该更加偏重开创性人格的塑造，尤其是在创业动机和创业意愿方面。在创业动机方面，高校要激励同学形成更高的成就动机，主要体现在想做事和把事情做好做大的动机培养。在创业意愿方面，高校应该让学生有更多独立承担项目的机会，让更多学生有在逆境中坚持的成长经历。未来的大学生创业教育不应该拘泥于一些具体的细节辅导，而应给学生创造一些锻炼的平台，多开展一些关于创业动机及创业意愿的讨论。

为了帮助学生有更好的市场机会把握能力，经济、管理类课程的开设可以更好地满足大学生创业的需要。对于一些创业意愿比较强烈的学生，这些课程可以丰富他们的认知，强化他们（尤其是理工科学生）对市场经济的理解，同还可以通过沙盘模拟等活动提高大学生创业者的管理规划能力。

第六节　基于直觉模糊 AHP 法的高校学生创业胜任力分析

一、高校学生创业胜任力现状

创业项目若想获得成功，就需要创业者或创业团队具备一系列的能力，这些能力的统称即为创业胜任力。在近些年，因为创业胜任力与创业成功积极相关，所以一直被相关学者、社会机构乃至政府进行研究，热度居高不下。随着"大众创业，万众创新"的提出，与创业有关的研究再次成为社会各个阶层的关注点。一些学者对其加以研讨探索，政府则是通过政策以及相关的指导、办法，为"双创"提供了根本的保障，如注册资本可以认缴而非实缴、一元注册资本可创办公司、为中小企业提供税收减免等；除了降低创业门槛，政府更是鼓励科技人员和大学生创业，如通过积极建设校内孵化园为大学生提供创业支持与指导平台，准许休学创业为大学生解决后顾之忧，以及为在校生和应届毕业生提供许多可申请的资金支持，等等。这些政策、指导的落实一方面可以缓解大学生毕业就业的巨大压力，另一方面更能够发挥大学生精力充沛、思路宽广的特长，使市场呈现一片繁荣景象。

不过就目前的创业形势来分析，我国创业胜任力依然存在很多问题。首先，大学生接触社会的时间尚短，经验和阅历都不够丰富，缺乏对市场动向的把握；其次，大学生群体热情有余，谨慎不足，容易头脑发热，跟风追潮流，易受到无关因素的干扰。最关键的是，目前我国大学生创业的资金来源主要以自筹为主，缺乏吸引社会资本的意识和能力。因此，对于大学生这个特殊的群体，在创业方面迫切需要引领与指导。相关部门加强理论基础建设，培养当代大学生的创业素质，科学地评价大学生创业者的创业胜任力，建立健全有效提高大学生创业胜任力的体系，从个人及团队层面出发，提升大学生创业能力和素质。

二、理论基础

（一）程序化扎根理论

扎根理论研究法是由哥伦比亚大学的 Anselm Strauss 和 Barney Glaser 两位学者共同发展出来的一种研究方法，是运用系统化的程序，针对某一现象来发展并归纳式地引导出扎根理论的一种定性研究方法。扎根理论方法是一种非常经典的质性研究方法，作为一种方法论，可以非常好地指导研究者对一个结论尚不明确的领域展开研究。扎根理论方法与其他方法最大的不同之处在于，当大部分社会学领域的研究方法都通过先建立假设、再分析论证的程序时，扎根理论却强调抛弃假设，甚至连文献回顾都不做，就以一张白纸的姿态投入研究中，从而使研究所得到的一切结论都来源于最朴素的现象与认识中。在使用扎根理论方法进行新理论开发时，每一个范畴都能够追溯到它的根源，并且通过不断比较，可以在现有的理论中找到支持，因此不论从研究的简便性上还是科学性上都具有很大的优势。这也就合理解释了为什么扎根理论自从提出以来，就被不断的使用、改进、发展，并从最初的社会学研究领域扩散到心理学、法学、教育学、应用经济学、管理科学与工程等多个领域，在质性研究领域具有不可撼动的地位的原因了。

扎根理论方法发展至今，逐渐形成了三大流派，分别是经典扎根理论、程序化扎根理论和建构型扎根理论。其中，应用最方便也最广泛的就是施特劳斯和科尔宾发表的专著《定性研究基础：扎根理论程序和技术》中所提出的程序化扎根理论方法。虽然该方法过于程序性，但是对于初步接触扎根理论的研究者来说，程序化的形式给予了研究者更清晰的指导，这在一定程度上弱化了研究者的个人素质的要求，给研究过程带来了更多的便利。因此，本书采取程序化的扎根理论方法来开发大学生创业胜任力的评价体系。

相比于其他方法，扎根理论更适合构建大学生创业胜任力评价体系。因为在不同阶段，不同研究者的研究成果存在比较明显的差异，而大学生创业胜任力模型的构建又随着具体情境和创业过程的不同发生改变，因此使用扎根理论方法更有利于挖掘适应于当下环境和阶段的评价体系。本书从我国具备创业意愿或者已经开始创业的大学生入手，以他们为调查原型，通过半结构化访谈的方式着手，逐渐深入。

扎根理论方法中的抽样调查与一般的问卷调查也有所不同，通常而言，问卷调查需要事先组织好调查对象、调查规模、调查方式等，而在扎根理论中，使用的抽样方法主要是目的性抽样，也可以称之为理论性抽样。相比较而言，理论性抽样的抽样方式更加灵活，它既不需要完全确定的研究对象，也不拘泥于文本的形态，甚至不需要预先规定样本的容量，只需要一边编码一边补充样本，直到达到理论饱和即可。因此，一旦从最初的调查中发现了适合的研究问题，就可以立刻着手研究，具备极强的机动性和自由度。

一般而言，程序化扎根理论的应用过程如图 3-6 所示。

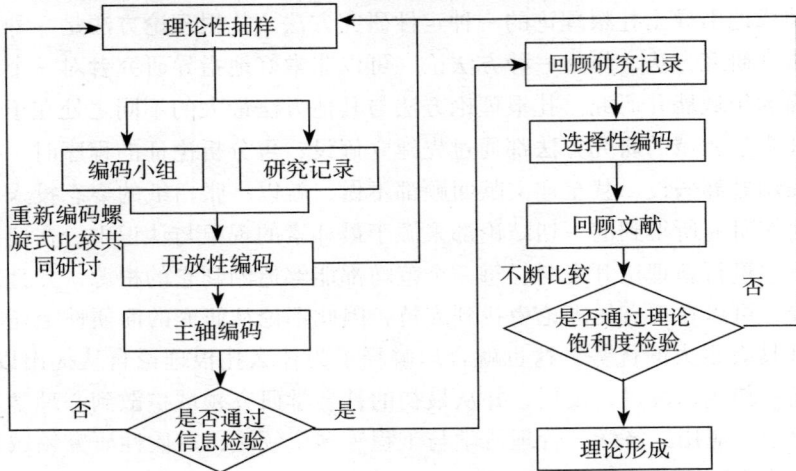

图 3-6 程序化扎根理论方法应用流程图

其中，编码小组的成立主要是为了避免由单个研究者编码所导致的主观倾向问题。编码小组通常由 3 人组成，小组内成员在编码过程中遵循相互独立的原则，直到主轴编码的程序完成。通过对比小组成员各自编码的结果，通过迈尔斯（Miles）提出的公式（信度＝一致编码数目／所有编码数目）进行信度检验。若通过，则进行下一步编码，否则需要重新返回数据再次编码，或者以螺旋式比较和共同研讨的方式得到一致结果。

研究记录也叫备忘录，在扎根理论的研究中占据着非常核心的地位，也发挥着十分重要的作用。在"扎根"的进程中，研究者面对的是庞大的信息量和复杂的结构关系，记录下自己在研究过程中的所思所想是一道十分必要的工序。对于个人而言，既能够有效避免遗忘，从而顺利完成研究，又有利于自身的积累和进步，增强个人对理论的敏感程度；对于研究而言，详细记录下个人研究思路、小组讨论情况，使每一个概念都可以追溯，使研究结果更加具有说服力。

开放性编码、主轴编码和选择性编码是编码工作的三个程序，开放性编码是指将原本完成的大段大段的访谈资料一一分解，变成一个个小短句、小标签的形式，从这些短小精炼的语句中抽取核心信息形成初始的范畴；主轴编码是编码工作的灵魂，主轴编码的背后是一套系统的典范模型："因果条件→现象→脉络→中介条件→行动／互动策略→结果"，通过这一典范模型，将开放式编码中形成的概念依据某一特定的"轴心"串联成一个个具有内在逻辑关联的"故事线"；选择性编码的目的主要是将前面得到的范畴进行综合处理，抽象出核心范畴用以解释和说明全部现象，从而系统地构建评价体系。

（二）层次分析法

在前文的叙述中，笔者对层次分析法进行了比较详尽的了解，在此不再作过多的赘述。

（三）直觉模糊集理论

传统的层次分析法中使用的是萨蒂教授给出的 1～9 标度法，其显著优势是评价过程直观明了，不需要更多的信息。不过这种方法也存在一些弊端，即在评价的过程当中，对于专家的个人经验和主观看法过分依赖。鉴于此，拉霍温和佩德里茨将萨蒂教授的方法进行了模糊化的拓展，而巴克利又在拉霍温和佩德里茨的研究基础上发展出模糊层次分析法。模糊层次分析法将原本的 1～9 标度转换成使用模糊数进行表示，构建模糊判断矩阵，可以为传统的层次分析法增加客观性。但是模糊集仅考虑了专家评价中的隶属度这一个方面，在保留评价信息方面仍然不甚全面。

（四）直觉模糊层次分析法

直觉模糊层次分析法是对直觉模糊集理论和层次分析法的有效结合与双重拓展，其与传统层次分析法最大的不同在于判断矩阵的构造以及一致性检验的过程。以直觉模糊数作为基础的评价标度更加全面地表达了决策者的意见，并且使一致性检验的过程变得更加简单。在直觉模糊层次分析法中，一致性检验通过构造一致性检验判断矩阵并计算原判断矩阵与一致性检验判断矩阵之间的距离来实现。当无法通过一致性检验时，便给出了一种参数调整的方法以便对原判断矩阵进行修正，减少了决策者的"返工"，使整体的评价过程更加高效、便捷。具体来说，直觉模糊层次分析法的应用流程如图 3-7 所示。

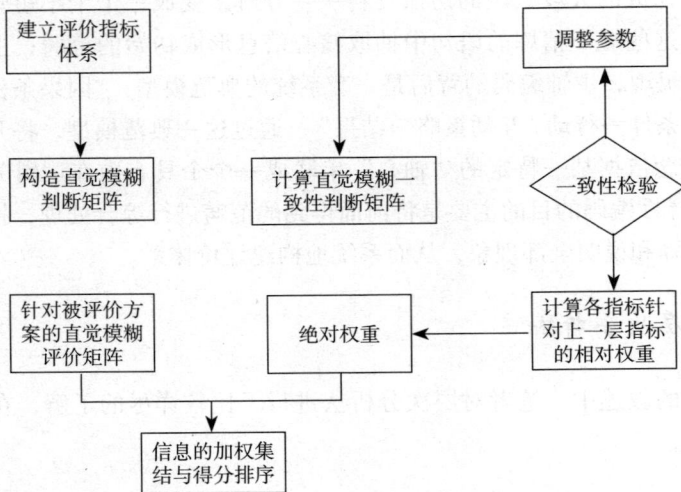

图 3-7　直觉模糊层次分析法的应用流程图

首先，通过恰当的研究方法构建起围绕研究目的的评价指标体系，并根据指标体系自然形成层次结构模型。其次，邀请相应的专家对各个指标之间的重要性程度进行两两比较，得到基于直觉模糊偏好关系的直觉模糊判断矩阵 $R = (r_{ij})_{n \times n}$，其中 i 和 j 分别表示直觉模糊判断矩阵中的行和列。矩阵中的 $r_{ij} = (\mu_{ij}, v_{ij})$，$\mu_{ij}$ 表示隶属度，v_{ij} 表示非隶属度，用这两个数值来形容第 i 个指标相对于第 j 个指标的重要程度；$\pi_{ij} = 1 - \mu_{ij}, v_{ij}$ 表示犹豫度，由 μ_{ij}、v_{ij} 决定。评分值可以以 Astanassov 给出的评价标度为参考，如表 3-31 所示。

表3-31　Astanassov评价标度

含义	标度（μ_{ij}，v_{ij}，π_{ij}）
两因素相比，i 比 j 极端重要	(0.90, 0.10, 0.00)
两因素相比，i 比 j 强烈重要	(0.80, 0.15, 0.05)
两因素相比，i 比 j 明显重要	(0.70, 0.20, 0.10)
两因素相比，i 比 j 稍微重要	(0.60, 0.25, 0.15)
两因素相比，i 比 j 同等重要	(0.50, 0.30, 0.20)
两因素相比，j 比 i 稍微重要	(0.40, 0.45, 0.15)
两因素相比，j 比 i 明显重要	(0.30, 0.60, 0.10)
两因素相比，j 比 i 强烈重要	(0.20, 0.75, 0.05)
两因素相比，j 比 i 极端重要	(0.10, 0.90, 0.00)

　　然后，为了使前述的直觉模糊判断矩阵通过一致性检验，对矩阵进行如下处理。

　　先根据最初的直觉模糊判断矩阵 $R = (r_{ij})_{n \times n}$，计算直觉模糊一致性判断矩阵 $\bar{R} = (\bar{r}_{ij})_{n \times n}$，具体规则如下：

　　当 $j > i+1$ 时，令 $\bar{r}_{ij} = (\bar{\mu}, \ \bar{v}_{ij})$；

　　当 $j = i+1$ 时，令 $\bar{r}_{ij} = r_{ij,}$；

　　当 $j < i+1$ 时，令 $\bar{r}_{ij} = (\bar{v}_{ij}, \ \bar{\mu}_{ij})$。

　　其中，

$$\bar{\mu}_{ij} = \frac{\sqrt[j-i-1]{\prod_{t=i+1}^{j-1} \mu_{it}\mu_{tj}}}{\sqrt[j-i-1]{\prod_{t=i+1}^{j-1} \mu_{it}\mu_{tj}} + \sqrt[j-i-1]{\prod_{t=i+1}^{j-1}(1-\mu_{it})(1-\mu_{tj})}} \qquad (3-12)$$

$$\bar{v}_{ij} = \frac{\sqrt[j-i-1]{\prod_{t=i+1}^{j-1} v_{it}v_{tj}}}{\sqrt[j-i-1]{\prod_{t=i+1}^{j-1} v_{it}v_{tj}} + \sqrt[j-i-1]{\prod_{t=i+1}^{j-1}(1-v_{it})(1-v_{tj})}} \qquad (3-13)$$

　　紧接着，运用一致性检验公式进行检验：

$$d(\bar{R}, \ R) = \frac{1}{2(n-1)(n-2)} \sum_{i=1}^{n} \sum_{j=1}^{n} \left(|\bar{\mu}_{ij} - \mu_{ij}| + |\bar{v}_{ij} - v_{ij}| + |\bar{\pi}_{ij} - \pi_{ij}| \right) \qquad (3-14)$$

　　当且仅当 $d(\bar{R}, \ R) < 0.1$ 时，一致性检验视为通过，否则为不通过。在传统层次分析法中，对于无法通过一致性检验的判断矩阵通常有两种处理办法，当专家人数较多时，可以直接予以剔除，而当专家人数较少时，则需要请专家重新进行评价。而在直觉模糊层次分析法中，这一过程可以通过调整参数的形式来代替，大大减少了专家评价的工作量，优化了评价流程。这一参数称为迭代参数，记为 σ，$\sigma \in [0,1]$。在实践中，具体的调整过程如下：

　　计算新的直觉模糊一致性矩阵 $\tilde{R} = (\tilde{r}_{ij})_{n \times n}$，$\tilde{r}_{ij} = (\tilde{\mu}_{ij}, \ \tilde{v}_{ij})$，令

$$\tilde{\mu}_{ij} = \frac{(\mu_{ij})^{1-\sigma}(\bar{\mu}_{ij})^{\sigma}}{(\mu_{ij})^{1-\sigma}(\bar{\mu}_{ij})^{\sigma} + (1-\mu_{ij})^{1-\sigma}(1-\bar{\mu}_{ij})^{\sigma}}, \quad (i, \ j = 1,2,..., \ n) \qquad (3-15)$$

$$\tilde{v}_{ij} = \frac{(v_{ij})^{1-\sigma}(\bar{v}_{ij})^{\sigma}}{(v_{ij})^{1-\sigma}(\bar{v}_{ij})^{\sigma} + (1-v_{ij})^{1-\sigma}(1-\bar{v}_{ij})^{\sigma}}, \quad (i, \ j = 1,2,..., \ n) \qquad (3-16)$$

　　代入公式重新进行一致性检验，通过反复改变迭代参数的取值，直到所有直觉模糊判断矩阵通过一致性检验为止。

当所有的判断矩阵处理妥当后，就可以进行相对权重的计算。而相对权重可以进一步地换算为绝对权重，结合专家针对方案评分得到的直觉模糊评价矩阵，可以集结为加权的评价信息。信息的加权与整合可以根据下述的直觉模糊数运算法则来进行：

$$a_1 \oplus a_2 = (\mu_{a1} + \mu_{a2} - \mu_{a1} \cdot \mu_{a2}, \ v_{a1} \cdot v_{a1}) \quad\quad （3-17）$$

$$a_1 \otimes a_2 = (\mu_{a1} \cdot \mu_{a2}, \ v_{a1} + v_{a1} - v_{a1} \cdot v_{a2}) \quad\quad （3-18）$$

排序函数：

$$p(a) = 0.5(1 + \pi_a)(1 - \mu_a) \quad\quad （3-19）$$

至此，便完成了直觉模糊层次分析的全部过程，根据所得到的结论可以进行进一步的综合解释与分析，以回答最初提出的研究问题，达到研究的最终目的。

三、基于程序化扎根理论的体系构建

（一）理论性抽样

秉承着扎根理论的精神，本节进行了较为全面的理论性抽样。理论性抽样又被称为目的性抽样，指研究人员基于某一研究目的，持续地进行抽样，一边研究一边补充，直到达到理论性饱和为止。首先，在本节的研究中，为了切合大学生创业胜任力的评价目标，本节选取了高校创业孵化园中运营较好的 10 家企业的主创人员进行了半结构化访谈，并对整个访谈结果进行了详细的记录；其次，因为不同层面的大学生创业群体的价值观、理解能力等差异，对于创业胜任力的分析与社会视角下的普遍观点也可能形成反差，本节又通过网络调查的方式，获取了主流新闻媒体对一些成功创业的企业家进行采访报道的文章，从中选取了部分与创业胜任能力相关的内容进行研究；最后，为了了解高校对大学生创业胜任力的看法，本节通过承办过创业竞赛的社团的支持，获得了一部分评委参考的评分标准，这些评分标准可以直接反映高校评委老师对大学生创业胜任力的关注点。

（二）编码过程

1. 开放式编码

开放式编码也称为一级编码。开放式编码作为编码的第一步，是编码过程中奠基性的工作，它将所获得的资料进行逐段逐句的编码，先化整为零，使成段的描述被分解为一个个小短句，再化零为整，提炼每个短句的核心信息，将表达类似信息的短句归纳到同一个初始范畴中。为了更清晰地表达这一环节的具体工作，以 A 类中第一位受访者的第一段访谈记录为例，其开放式编码结果的示例如表 3-32 所示。

表3-32　开放式编码示例

原始材料 A1	开放式编码	
	标签化	初始范畴
专注在创业中是很重要的一种能力，与古人所言的"格物致知"是类似的道理。在创业的初期，只有专注于"格物"才能够有所发现，从而找到优质的创业项目。优质的创业项目都有一个能够打动消费者的切入点，这个切入点不需要很大，因为受制于初创者的精力和经验，创业项目指向的目标越大，则越难以完成，所以在选择创业项目的时候要用"一根针捅破天"的思想来指导。	A1-1 专注在创业中是很重要的一种能力	专心致志
	A1-2 与古人所言的"格物致知"是类似的道理	
	A1-3 在创业的初期，只有专注于"格物"才能够有所发现	
	A1-4 优质的创业项目都有一个能够打动消费者的切入点	找准切入点
	A1-5 受制于初创者的精力和经验	
	A1-6 创业项目指向的目标越大，则越难以完成	
	A1-7 一根针捅破天	

2. 主轴编码

主轴编码也称为二级编码。在上一步中，已经产生了众多初始范畴，在这些初始范畴之间包涵着一些内在的逻辑与关联。主轴编码，即以"因果条件→现象→脉络→中介条件→行动/互动策略→结果"的逻辑为编码思路，以抽取出的核心范畴为主轴，将开放性编码中所得到的一个个分散的初始范畴进行有机整合。仍然以 A 类中第一位受访者的访谈记录为例，其主轴编码结果的示例如表 3-33 所示。

表3-33 主轴编码结果示例

主 轴	性格品质	创新思维	工作习惯	资源掌控
因果条件	A1-1，A1-10，A1-11，A1-16，A1-17，A1-19，A1-22，A1-26，A1-28，A1-30，A1-36，A1-37，A1-44	A1-9，A1-12，A1-15，A1-23，A1-31，A1-38，A1-39，A1-40，A1-41，A1-42，A1-43	A1-13，A1-21，A1-32，A1-33，A1-34，A1-35	A1-14，A1-27，A1-39，A1-48
现象	创业需要的性格品质	创业需要的创新思维	创业需要的工作习惯	创业需要的资源掌控能力
脉络	专心致志；谦虚包容；锐意进取	关注客户；洞察敏锐；清晰定位	时间管理；协同合作	融资能力；成本控制
中介条件	坚韧品质；健康心态	颠覆思考；痛点突破；洞察市场；独立创新	执行力强	树立竞争目标
行动策略	通过专心致志的品质、谦虚包容的豁达以及锐意进取的闯劲，不断激发坚韧不拔的品质和良好健康的心态，以满足创业所需的性格品质	通过时刻关注客户的具体需求，结合敏锐的观察力和对自我清晰的定位，从而进行颠覆性的思考，找准痛点，洞察市场，进行独立的创新，以达到创新思维能力的要求	具备高效的时间管理能力和协同合作能力，培育优良的执行能力，以培养创业成功必备的工作习惯	较强的融资能力和成本控制能力，使自身在竞争环境中处于优势地位，树立合适的竞争目标，实现资源掌控
结果	性格品质方面胜任创业活动	创新思维方面胜任创业活动	工作习惯方面胜任创业活动	掌控资源方面胜任创业活动

主轴编码完成后，需要对所得结论进行信度检验，以保证结论的可靠性。这里的信度通过计算两两一致率来衡量，其内涵是考量面对相同的原始资料，不同的编码人员进行编码所得到的结论是否一致。如果一致率较低（低于80%），则说明不同研究者所得编码结果差异较大，该结论受编码人员的学科背景、认知水平、理论敏感度等主观因素的影响较大，因此得到的结论缺乏客观性与可靠性；而一致率较高时则说明编码结果受编码人员主观影响较小，从而推断出结论是客观可靠的。

根据计算，编码小组内3名编码人员编码的两两一致率分别为88.2%、90.7%和83.4%，均高于一般要求的80%。这就视为通过研究信度检验，所构建的范畴具有较好的信度，可以进行下一步的选择性编码工作。

3.选择性编码

选择性编码也称为三级编码。选择性编码更加宏观，要求研究者站在一个更加系统的层面上对之前的编码进行重新审视，将上述结论归纳概括为一个完整的理论。通过对全部研究工作的总结以及对学术研究文献的回顾，本节在进行选择性编码并整理语言表达后，构建了大学生创业胜任力的评价体系（表3-34）。

表3-34　选择性编码结果

核心范畴	子范畴	简要解释
性格品质	专心致志	创业成功需要专注和坚持的品质，专心致志是创业胜任力的重要品质之一。
	谦虚包容	要想成功创业需要创业者具备谦虚好学和开放包容的态度，不断总结和学习前人的经验，兼听各方面的声音，切忌盲目自信，闭门造车。
	锐意进取	成功创业者必须具有上进心、进取心、拼搏意识和拼搏精神，才能够在激烈的市场竞争中存活。
	坚韧不拔	坚韧不拔在创业实践中是一项重要的能力，因为创业道路中总会遇到各种阻碍，提前放弃是很多创业者失败的元凶。
	健康心态	创业势必面临成功或失败的结果，胜不骄、败不馁的良好心态是创业者重要的品质。只有保持平和的心态才能够在面对问题时保持冷静的判断。

核心范畴	子范畴	简要解释
创新思维	关注客户	时刻关注客户的需求，以解决客户的个性化需要为创新创业的出发点，才能开发出被市场欢迎的产品或服务。
	观察敏锐	成功创业者大多具备敏锐的观察力，他们对各类的政策信息、社会环境变化都十分关注，成功的机会就在这之中与他们不期而遇。
	定位清晰	在思考创业实践中需要创业者对自身主客观条件有着清楚的定位，明白什么事情能够完成，什么事情需要依靠外力等，从而在有限的精力和条件下发掘创新的机会。
	颠覆思考	创新创业的成功总是伴随着颠覆性的思考，跳出原有的桎梏，才能创造性地解决问题。
	痛点突破	优秀的创业项目往往立足于用户的某一个痛点，如果能够有效突破痛点，就能发掘出一块新市场。
	洞察市场	创业成功的另一大条件即为洞察市场中的机会，毕竟机会稍纵即逝，需要创业者抢占先机才不会有失之交臂的遗憾。
	独立创新	独立创新是构建企业核心竞争力的关键，要求创业者不盲目跟风，不随意模仿。这既是对他人权利的保护，也是对自身可持续发展的保障。
工作习惯	时间管理	即指创业者能否做到高效的管理时间，争分夺秒地完成工作任务，在创业实践中快人一步。
	协同合作	在复杂市场中与他人和组织进行合作是十分必要的，创业者是否具备良好的协同合作能力是评价其能否胜任创业活动的关键因素之一。
	执行力强	创业成功需要极强的执行力，拖延是这一领域的大忌，及时发现问题、解决问题才是正道。
资源掌控	融资能力	无论什么样的企业都需要充足的资金作为支持，创业者能否吸引足够的资本资源是评价其是否具备创业胜任力的指标之一。
	成本控制	开源节流，开源固然重要，节流也必不可少。
	竞争优势	创业过程中应注意培植自己的竞争优势，以优秀的竞争对手为超越目标，才能不断进步，持续发展。

（三）理论饱和度检验

理论饱和度检验是停止理论构建的标准。本书在初步构建起大学生创业胜任力评价体系之后，对现有的文献进行了系统性的回顾，经过不断的比较和分析，没有发现某一范畴的进一步发展，也没有出现不能被解释到已有范畴当中的概念。因此，可以得出现有理论的内涵已经足够丰富，该体系在理论上已经达到了饱和。

（四）评价体系结果分析

通过运用程序化扎根理论，对大学生创业胜任力进行了系统的分析与研究，最终构建了如下评价体系：对大学生创业胜任力的评价可以从性格品质、创新思维、工作习惯和资源掌控四个维度进行。根据这一评价体系，可以对大学生创业胜任力做出较为全面的评价，具体如下所述。

1.性格品质

作为一种先天性的因素，性格品质在大学生创业胜任力中占据着重要的地位，这种基本已经固化的因素受个人基因以及个人早期的教育环境的影响尤为明显，很难通过后天的学习彻底改变。一个人的性格特质在面对同样机会时所做出的选择显然不同，冒险型或者是保守型人格都会影响一个人的决策与判断。在高校的职业生涯规划课程中，也鼓励学生通过九型人格测试来评测适合自己的工作领域。这都是性格这一重要因素在发挥着作用。而品质也是经过长期的积累沉淀下来的，具备高品质、高素养的人在创业活动中会赢得更多的青睐。

根据本书的研究，将胜任创业活动的性格品质总结为专心致志、谦虚包容、锐意进取、坚韧不拔和健康心态五个方面。专心致志要求大学生创业者在创业过程中能够做到持之以恒，不轻言放弃；谦虚包容要求创业者不恃才傲物，善于听取意见；锐意进取要求创业者果敢、拼搏、有上进心，这是顺境中保障发展的重要品质；坚韧不拔要求创业者面对挫折不气馁，面对失败不消沉，这是在逆境中克服困难的重要品质；健康心态是健康体魄的有力保证，同时要求创业者宠辱不惊，时刻保持冷静的判断。

2.创新思维

说起创业活动中不可或缺的因素，创新思维是其中关键的一点。因为不管是开创新事业，开辟新天地，创新与创业都是息息相关、相伴而生的。有创新精神的创业才能更容易地从差异化中获得稳定的客户与市场、才能更有效地培育难以复制的核心竞争力、才能开拓出符合国家战略发展需求的创新业态。要达到这些，必然要求大学生创业者具备相应的创新思维。创新思维作为一种思考问题的角度与方式，是可以通过进行针对性的训练与培养形成的。

根据本书的研究，将创新思维的来源划分为以下七个方面：关注客户、观察敏锐、定位清晰、颠覆思考、痛点突破、洞察市场、独立创新。关注客户要求大学生创业者从实际出发，关注客户切实需求；观察敏锐要求创业者有一双发现的眼睛，发现问题才能解决问题；定位清晰要求创业者对自身条件与客观情况有清醒认知，从而脚踏实地地开拓事业；颠覆思考要求创业者转变角度、发散思维，是寻求差异化发展的重要因素；痛点突破要求创业者抓住关键、扼住喉咙，做第一个吃螃蟹的人；洞察市场要求创业者审时度势，透过现象看本质，是开拓新市场的重要因素；独立创新要求创业者独立思考、不盲从，是培植核心竞争力的重要因素。

3. 工作习惯

良好的工作习惯是保证创业活动有条不紊地进行的前提，是创业者在创业中不可或缺的一项因素。根据本节的调查研究，成功的创业者普遍有着良好的工作习惯，这些工作习惯也为他们带来了许多益处。其中，比较核心的是良好的时间管理、有效的协同合作以及超强的执行力。时间管理要求大学生创业者能够合理地分配工作时间，有效利用碎片时间，从而得以在有限的时间内妥善地完成更多工作；协同合作要求创业者妥善处理与共事者之间的关系，这是可持续发展的重要因素；执行能力要求创业者重视行动，以免在犹豫和拖延中错失良机。

4. 资源掌控

大学生创业者在创业初期由于涉世未深，并没有相应的资金支持，创业过程中所依靠的资本来源往往是亲戚朋友的资助，因此在其创业中对资源的掌控能力非常重要，一般那些懂得吸引和利用社会资本的大学生创业者更容易成功。本节将资源的掌控概括为三点：开源、节流和竞争。开源即指融资能力，资金是创业的第一大支撑，在足够的资金支持下，才能够专注于研发、创新、运营等领域，从而收到成效；节流即成本控制，创业初期的精打细算是辛勤创业的人所给予初期大学生创业者的忠告；竞争对手也是一笔无形的资源。古人云：法乎其上，得乎其中，找到优秀的竞争对手，在一次次较量中成长，不断培育自身的竞争优势。

四、创业胜任力评价——个人层面

（一）基本步骤分析

为了评价大学生创业者个人层面的创业胜任力情况，本节基于直觉模糊层次分析法，构建起个人层面的大学生创业胜任力评价模型，邀请相关领域的专家对大学生创业胜任力指标体系中的指标进行两两比较判断，并对待评价的创业者在各个指标下的表现进行打分，通过对这些判断与评价矩阵的处理得到待评价者的创业胜任力得分。该模型应用流程如图 3-8 所示。

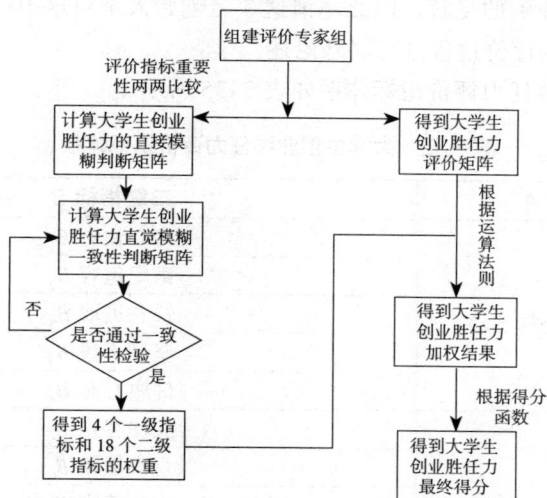

图 3-8　基于直觉模糊层次分析法个人层面大学生的创业胜任力评价模型

第一步：组建大学生创业胜任力评价专家组，并邀请专家组对评价体系所包含的每一层下指标的重要性进行两两比较，得到大学生创业胜任力的直觉模糊判断矩阵。为方便专家组工作，请专家组同时对待评价的大学生创业者在每一项指标下的表现运用直觉模糊数进行评价，从而得到大学生创业胜任力直觉模糊评价矩阵。

第二步：对第一步中得到的直觉模糊判断矩阵进行一致性检验，通过调整参数使第二步中获得的所有直觉模糊判断矩阵得以通过一致性检验。

第三步：根据公式 3-16 的运算，得出第二层指标相对于第一层指标的权重和第一层指标相对于总目标的权重，再通过计算得到第二层指标在总目标下的绝对权重。

第四步：根据公式 3-17，集结大学生创业胜任力评价矩阵的信息，使原本的评价矩阵转变为赋权后的结果。

第五步：根据公式 3-18，计算每一位大学生创业者的综合得分情况。

（二）算例分析

为了更好地说明图 3-8 是如何被应用到实际的大学生创业胜任力评价中的，本书通过一个算例来进行详细的说明。在该算例中出现的 10 名大学生创业者均来源于第六届全国大学生电子商务"创新、创意及创业"挑战赛的省赛获奖团队，专家组的 3 名组成成员则为北京某创业公司的创始人。他们在创业方面具备深刻的体会与独到的见解，因此邀请这 3 名创始人来对这 10 名创业者进行评价。下面将具体的评价过程进行展开论述。

大学生创业胜任力评价指标体系如表 3-35 所示。

表3-35　大学生创业胜任力评价指标体系

一级指标 A	二级指标 B
性格品质 A_1	专心致志 B_1
	谦虚包容 B_2
	锐意进取 B_3
	坚韧不拔 B_4
	健康心态 B_5
创新思维 A_2	关注客户 B_6
	观察敏锐 B_7
	定位清晰 B_8
	颠覆思考 B_9
	痛点突破 B_{10}
	洞察市场 B_{11}
	独立创新 B_{12}
工作习惯 A_3	时间管理 B_{13}
	协同合作 B_{14}
	执行力强 B_{15}
掌控资源 A_4	融资能力 B_{16}
	成本控制 B_{17}
	竞争优势 B_{18}

第一步：3名专家老师共同针对每一层指标的重要程度进行研究和讨论，最终得到两两比较的结果，打分如表3-36到表3-40所示。

表3-36 第一层指标的直觉模糊偏好关系

A_1	A_2	A_3	A_4
(0.50, 0.30)	(0.20, 0.75)	(0.40, 0.45)	(0.40, 0.45)
(0.80, 0.15)	(0.50, 0.30)	(0.40, 0.45)	(0.60, 0.25)
(0.60, 0.25)	(0.60, 0.25)	(0.50, 0.30)	(0.80, 0.15)
(0.60, 0.25)	(0.40, 0.45)	(0.20, 0.75)	(0.50, 0.30)

表3-37 性格品质指标下的直觉模糊偏好关系

B_1	B_2	B_3	$B4$	B_5
(0.50, 0.30)	(0.20, 0.75)	(0.40, 0.45)	(0.40, 0.45)	(0.40, 0.45)
(0.80, 0.15)	(0.50, 0.30)	(0.40, 0.45)	(0.60, 0.25)	(0.30, 0.60)
(0.60, 0.25)	(0.60, 0.25)	(0.50, 0.30)	(0.80, 0.15)	(0.40, 0.45)
(0.60, 0.25)	(0.40, 0.45)	(0.20, 0.75)	(0.50, 0.30)	(0.30, 0.60)
(0.60, 0.25)	(0.70, 0.20)	(0.60, 0.25)	(0.70, 0.20)	(0.50, 0.30)

表3-38 创新思维指标下的直觉模糊偏好关系

B_6	B_7	B_8	B_9	B_{10}	B_{11}	B_{12}
(0.50, 0.30)	(0.20, 0.75)	(0.30, 0.60)	(0.40, 0.45)	(0.40, 0.45)	(0.60, 0.25)	(0.10, 0.90)
(0.80, 0.15)	(0.50, 0.30)	(0.80, 0.15)	(0.70, 0.20)	(0.60, 0.25)	(0.70, 0.20)	(0.40, 0.45)
(0.70, 0.20)	(0.20, 0.75)	(0.50, 0.30)	(0.30, 0.60)	(0.60, 0.25)	(0.70, 0.20)	(0.10, 0.90)
(0.60, 0.25)	(0.30, 0.60)	(0.70, 0.20)	(0.50, 0.30)	(0.30, 0.60)	(0.60, 0.25)	(0.10, 0.90)
(0.60, 0.25)	(0.40, 0.45)	(0.40, 0.45)	(0.70, 0.20)	(0.50, 0.30)	(0.60, 0.25)	(0.10, 0.90)
(0.40, 0.45)	(0.30, 0.60)	(0.30, 0.60)	(0.40, 0.45)	(0.40, 0.45)	(0.50, 0.30)	(0.10, 0.90)
(0.90, 0.10)	(0.60, 0.25)	(0.90, 0.10)	(0.90, 0.10)	(0.90, 0.10)	(0.90, 0.10)	(0.50, 0.30)

表3-39 工作习惯指标下的直觉模糊偏好关系

B_{13}	B_{14}	B_{15}
(0.50, 0.30)	(0.30, 0.60)	(0.20, 0.75)
(0.70, 0.20)	(0.50, 0.30)	(0.10, 0.90)
(0.80, 0.15)	(0.90, 0.10)	(0.50, 0.30)

表3-40　资源掌控指标下的直觉模糊偏好关系

B_{16}	B_{17}	B_{18}
(0.50，0.30)	(0.30，0.60)	(0.20，0.75)
(0.70，0.20)	(0.50，0.30)	(0.10，0.90)
(0.80，0.15)	(0.90，0.10)	(0.50，0.30)

　　然后请 3 名专家分别对本次算例中的 10 名大学生创业者在各个指标下的表现进行评价，为方便后续计算，取 3 位专家打分的平均数为最终的评价结果。其中，μ_{ij} 越大即该名大学生创业者对该指标的隶属度越大，v_{ij} 越小即代表该名创业者在该指标下的非隶属度越小。简单来说，μ_{ij} 越大，v_{ij} 越小则表示被评价人越符合指标体系中的描述。最终得到的大学生创业胜任力直觉模糊评价矩阵如表 3-41 所示。

表3-41 被评价大学生创业者直觉模糊评价矩阵

$\omega_{1j}^{(2)}$	$\omega_{2j}^{(2)}$	$\omega_{3j}^{(2)}$	$\omega_{4j}^{(2)}$	$\omega_{5j}^{(2)}$	$\omega_{6j}^{(2)}$	$\omega_{7j}^{(2)}$	$\omega_{8j}^{(2)}$	$\omega_{9j}^{(2)}$	$\omega_{10j}^{(2)}$
(0.24, 0.56)	(0.31, 0.61)	(0.12, 0.75)	(0.37, 0.57)	(0.03, 0.91)	(0.07, 0.90)	(0.68, 0.18)	(0.18, 0.75)	(0.04, 0.82)	(0.60, 0.25)
(0.74, 0.16)	(0.37, 0.52)	(0.09, 0.90)	(0.86, 0.03)	(0.21, 0.70)	(0.32, 0.58)	(0.57, 0.35)	(0.90, 0.06)	(0.20, 0.75)	(0.54, 0.31)
(0.46, 0.44)	(0.49, 0.42)	(0.44, 0.50)	(0.49, 0.39)	(0.39, 0.59)	(0.58, 0.30)	(0.96, 0.01)	(0.28, 0.66)	(0.60, 0.33)	(0.68, 0.21)
(0.51, 0.39)	(0.30, 0.65)	(0.42, 0.48)	(0.05, 0.90)	(0.40, 0.52)	(0.01, 0.91)	(0.74, 0.10)	(0.31, 0.58)	(0.49, 0.41)	(0.56, 0.35)
(0.23, 0.65)	(0.08, 0.89)	(0.23, 0.65)	(0.79, 0.11)	(0.60, 0.32)	(0.50, 0.41)	(0.56, 0.29)	(0.86, 0.05)	(0.05, 0.85)	(0.95, 0.02)
(0.17, 0.72)	(0.22, 0.71)	(0.24, 0.71)	(0.53, 0.34)	(0.15, 0.78)	(0.53, 0.36)	(0.70, 0.22)	(0.03, 0.86)	(0.11, 0.82)	(0.63, 0.28)
(0.45, 0.40)	(0.42, 0.51)	(0.34, 0.63)	(0.73, 0.15)	(0.23, 0.65)	(0.41, 0.47)	(0.75, 0.10)	(0.40, 0.50)	(0.13, 0.75)	(0.44, 0.44)
(0.34, 0.52)	(0.08, 0.90)	(0.28, 0.70)	(0.37, 0.52)	(0.65, 0.22)	(0.84, 0.11)	(0.59, 0.26)	(0.38, 0.57)	(0.97, 0.01)	(0.81, 0.08)
(0.16, 0.80)	(0.32, 0.60)	(0.46, 0.50)	(0.11, 0.79)	(0.15, 0.77)	(0.34, 0.58)	(0.52, 0.29)	(0.43, 0.55)	(0.23, 0.68)	(0.60, 0.28)
(0.27, 0.65)	(0.06, 0.90)	(0.48, 0.45)	(0.93, 0.01)	(0.16, 0.71)	(0.60, 0.33)	(0.73, 0.12)	(0.12, 0.77)	(0.28, 0.60)	(0.96, 0.01)
(0.92, 0.03)	(0.01, 0.94)	(0.21, 0.78)	(0.68, 0.26)	(0.27, 0.61)	(0.74, 0.21)	(0.62, 0.23)	(0.37, 0.54)	(0.83, 0.05)	(0.34, 0.55)
(0.04, 0.91)	(0.30, 0.57)	(0.21, 0.72)	(0.53, 0.33)	(0.93, 0.02)	(0.07, 0.88)	(0.60, 0.13)	(0.72, 0.19)	(0.08, 0.80)	(0.74, 0.11)
(0.15, 0.78)	(0.41, 0.48)	(0.31, 0.66)	(0.64, 0.22)	(0.31, 0.60)	(0.32, 0.60)	(0.72, 0.18)	(0.06, 0.88)	(0.59, 0.26)	(0.82, 0.08)
(0.50, 0.50)	(0.36, 0.62)	(0.39, 0.52)	(0.63, 0.27)	(0.97, 0.01)	(0.56, 0.34)	(0.62, 0.20)	(0.04, 0.90)	(0.68, 0.19)	(0.84, 0.05)
(0.90, 0.06)	(0.54, 0.42)	(0.48, 0.43)	(0.12, 0.78)	(0.60, 0.30)	(0.50, 0.42)	(0.73, 0.11)	(0.53, 0.40)	(0.06, 0.80)	(0.49, 0.37)
(0.91, 0.02)	(0.14, 0.79)	(0.34, 0.62)	(0.40, 0.51)	(0.80, 0.12)	(0.53, 0.32)	(0.90, 0.06)	(0.72, 0.18)	(0.77, 0.11)	(0.86, 0.05)
(0.70, 0.23)	(0.23, 0.72)	(0.15, 0.75)	(0.41, 0.55)	(0.82, 0.08)	(0.85, 0.02)	(0.78, 0.10)	(0.56, 0.40)	(0.56, 0.28)	(0.57, 0.23)
(0.25, 0.68)	(0.26, 0.70)	(0.29, 0.65)	(0.51, 0.38)	(0.11, 0.80)	(0.79, 0.09)	(0.51, 0.41)	(0.12, 0.75)	(0.23, 0.66)	(0.79, 0.03)

第二步：将评价矩阵先作为备用，继续处理第一步中的直觉模糊判断矩阵。将表数据带入公式进行变换，对未通过一致性检验的通过公式继续变换，直至最终得到满意一致性矩阵，如下所示。

$$\bar{R}_1 = \begin{bmatrix} (0.5000,0.3000) & (0.2000,0.7500) & (0.3055,0.5321) & (0.4295,0.3939) \\ (0.7858,0.1638) & (0.5000,0.3000) & (0.4000,0.4500) & (0.6406,0.2059) \\ (0.6349,0.2131) & (0.5557,0.2910) & (0.5000,0.3000) & (0.8000,0.1500) \\ (0.4984,0.3167) & (0.2964,0.5384) & (0.1838,0.7658) & (0.5000,0.3000) \end{bmatrix}$$

$$\bar{R}_2 = \begin{bmatrix} (0.5000,0.3000) & (0.2222,0.7500) & (0.3055,0.5322) & (0.4295,0.3939) & (0.3288,0.4976) \\ (0.7858,0.1638) & (0.5000,0.3000) & (0.4000,0.4500) & (0.6406,0.2059) & (0.3141,0.5299) \\ (0.6349,0.2131) & (0.5557,0.2910) & (0.5000,0.3000) & (0.8000,0.1500) & (0.4695,0.3684) \\ (0.4984,0.3167) & (0.2964,0.5384) & (0.1838,0.7658) & (0.5000,0.3000) & (0.3000,0.6000) \\ (0.6022,0.2317) & (0.6056,0.2390) & (0.4713,0.3527) & (0.6714,0.2271) & (0.5000,0.3000) \end{bmatrix}$$

$$\bar{R}_3 = \begin{bmatrix} (0.5000,0.3000) & (0.2000,0.7500) & (0.3956,0.4712) & (0.3184,0.5076) & (0.3433,0.4547) & (0.5338,0.2626) & (0.0926,0.8763) \\ (0.7760,0.1736) & (0.5000,0.3000) & (0.8000,0.1500) & (0.6667,0.2046) & (0.6572,0.1820) & (0.7577,0.1199) & (0.2962,0.5738) \\ (0.5264,0.3333) & (0.1736,0.7760) & (0.5000,0.3000) & (0.3000,0.6000) & (0.3442,0.4641) & (0.6262,0.1953) & (0.1062,0.8642) \\ (0.5826,0.2483) & (0.2520,0.6159) & (0.6517,0.2466) & (0.5000,0.3000) & (0.3000,0.6000) & (0.4955,0.2899) & (0.0905,0.8833) \\ (0.5303,0.2699) & (0.2394,0.5860) & (0.5505,0.2794) & (0.6517,0.2466) & (0.5000,0.3000) & (0.6000,0.2500) & (0.1198,0.8386) \\ (0.3349,0.4582) & (0.1513,0.7148) & (0.2412,0.5732) & (0.3660,0.4204) & (0.3204,0.5256) & (0.5000,0.3000) & (0.1000,0.9000) \\ (0.8763,0.0926) & (0.6458,0.2293) & (0.8642,0.1062) & (0.8833,0.0905) & (0.8386,0.1198) & (0.1000,0.9000) & (0.5000,0.3000) \end{bmatrix}$$

$$\bar{R}_4 = \begin{bmatrix} (0.5000,0.3000) & (0.3000,0.6000) & (0.1320,0.8249) \\ (0.6714,0.2271) & (0.5000,0.3000) & (0.1000,0.9000) \\ (0.8521,0.1064) & (0.9000,0.1000) & (0.5000,0.3000) \end{bmatrix}$$

$$\bar{R}_5 = \begin{bmatrix} (0.5000,0.3000) & (0.3000,0.6000) & (0.1320,0.8249) \\ (0.6714,0.2271) & (0.5000,0.3000) & (0.1000,0.9000) \\ (0.8521,0.1064) & (0.9000,0.1000) & (0.5000,0.3000) \end{bmatrix}$$

第三步：由公式计算得到各层指标的相对权重，再根据公式将各层指标权重相乘，得到总权重：

$$\omega_1^{(1)} = \omega^{(1)}A_1 \otimes \omega^{(1)}B_1 = (0.0235,0.9105) \quad \omega_2^{(1)} = \omega^{(1)}A_2 \otimes \omega^{(1)}B_2 = (0.0352,0.9347)$$
$$\omega_3^{(1)} = \omega^{(1)}A_1 \otimes \omega^{(1)}B_3 = (0.0395,0.9436) \quad \omega_4^{(1)} = \omega^{(1)}A_1 \otimes \omega^{(1)}B_1 = (0.0237,0.9109)$$
$$\omega_5^{(1)} = \omega^{(1)}A_1 \otimes \omega^{(1)}B_5 = (0.0380,0.9405) \quad \omega_6^{(1)} = \omega^{(1)}A_2 \otimes \omega^{(1)}B_6 = (0.0258,0.9566)$$
$$\omega_7^{(1)} = \omega^{(1)}A_2 \otimes \omega^{(1)}B_7 = (0.0482,0.9760) \quad \omega_8^{(1)} = \omega^{(1)}A_2 \otimes \omega^{(1)}B_8 = (0.0279,0.9584)$$
$$\omega_9^{(1)} = \omega^{(1)}A_2 \otimes \omega^{(1)}B_9 = (0.0311,0.9611) \quad \omega_{10}^{(1)} = \omega^{(1)}A_2 \otimes \omega^{(1)}B_{10} = (0.0345,0.9642)$$
$$\omega_{11}^{(1)} = \omega^{(1)}A_2 \otimes \omega^{(1)}B_{11} = (0.0218,0.9531) \quad \omega_{12}^{(1)} = \omega^{(1)}A_2 \otimes \omega^{(1)}B_{12} = (0.0596,0.9860)$$
$$\omega_{13}^{(1)} = \omega^{(1)}A_3 \otimes \omega^{(1)}B_{13} = (0.0618,0.9094) \quad \omega_{14}^{(1)} = \omega^{(1)}A_3 \otimes \omega^{(1)}B_{14} = (0.0843,0.9242)$$
$$\omega_{15}^{(1)} = \omega^{(1)}A_3 \otimes \omega^{(1)}B_{15} = (0.1493,0.9672) \quad \omega_{16}^{(1)} = \omega^{(1)}A_4 \otimes \omega^{(1)}B_{16} = (0.0367,0.8486)$$
$$\omega_{17}^{(1)} = \omega^{(1)}A_4 \otimes \omega^{(1)}B_{17} = (0.0500,0.8735) \quad \omega_{18}^{(1)} = \omega^{(1)}A_4 \otimes \omega^{(1)}B_{18} = (0.0886,0.9453)$$

第四步：根据上一步的计算结果，通过公式对表3-41列出的大学生创业胜任力评价矩阵进行赋权的信息集结。结果如下所示。

对于大学生创业者1：

$$W_1 = \oplus_{j=1}^{18} (\omega_j^{(1)} \otimes \omega_j^{(2)})$$
$$= (0.24,0.56) \otimes (0.0235,0.9105) \oplus (0.74,0.16) \otimes (0.352,0.9347)$$
$$\oplus (0.46,0.44) \otimes (0.0395,0.9436) \oplus (0.51,0.39) \otimes (0.0237,0.9109)$$
$$\vdots$$
$$\oplus (0.70,0.23)(0.0500,0.8735)(0.25,0.68)(0.0866,0.9453)$$
$$= (0.3570,0.4929)$$

同理可得：

$$W_2 = \oplus_{j=1}^{18} (\omega_j^{(1)} \otimes \omega_{2j}^{(2)}) = (0.2513,0.6984) \quad W_3 = \oplus_{j=1}^{18} (\omega_j^{(1)} \otimes \omega_{3j}^{(2)}) = (0.2550,0.6622)$$
$$W_4 = \oplus_{j=1}^{18} (\omega_j^{(1)} \otimes \omega_{4j}^{(2)}) = (0.3505,0.5119) \quad W_5 = \oplus_{j=1}^{18} (\omega_j^{(1)} \otimes \omega_{5j}^{(2)}) = (0.3576,0.5195)$$
$$W_6 = \oplus_{j=1}^{18} (\omega_j^{(1)} \otimes \omega_{6j}^{(2)}) = (0.3601,0.5069) \quad W_7 = \oplus_{j=1}^{18} (\omega_j^{(1)} \otimes \omega_{7j}^{(2)}) = (0.3310,0.4680)$$
$$W_8 = \oplus_{j=1}^{18} (\omega_j^{(1)} \otimes \omega_{8j}^{(2)}) = (0.2911,0.5708) \quad W_9 = \oplus_{j=1}^{18} (\omega_j^{(1)} \otimes \omega_{9j}^{(2)}) = (0.2627,0.5148)$$
$$W_{10} = \oplus_{j=1}^{18} (\omega_j^{(1)} \otimes \omega_{10j}^{(2)}) = (0.4574,0.3834)$$

第五步：运用得分函数，将前一步中得到的用直觉模糊数组表示的个人评价信息转换为大学生创业胜任力的具体得分，以方便对他们胜任能力的水平进行进一步的分析。

对大学生创业者1：

$$H_1 = \frac{1-v_1}{1+\pi_1} = 0.4409 。$$

同理可得：

$$H_2 = \frac{1-v_2}{1+\pi_2} = 0.2871 \quad H_3 = \frac{1-v_3}{1+\pi_3} = 0.3120 \quad H_4 = \frac{1-v_4}{1+\pi_4} = 0.4291$$

$$H_5 = \frac{1-v_5}{1+\pi_5} = 0.4279 \quad H_6 = \frac{1-v_6}{1+\pi_6} = 0.4352 \quad H_7 = \frac{1-v_7}{1+\pi_7} = 0.5349$$

$$H_8 = \frac{1-v_8}{1+\pi_8} = 0.3711 \quad H_9 = \frac{1-v_9}{1+\pi_9} = 0.3969 \quad H_{10} = \frac{1-v_{10}}{1+\pi_{10}} = 0.5315$$

（三）大学生创业胜任力评价分析

根据图 3-8，计算了各个指标的相对权重与绝对权重，并通过相应的聚合算式集结了权重信息与专家对创业者的评价信息，最后运用得分函数得到了大学生创业胜任力直觉模糊评价的最终结果，如表 3-42 所示。

表3-42 大学生创业胜任力直觉模糊评价结果

大学生创业胜任力直觉模糊评价矩阵

一级指标	二级指标	绝对权重	创业者1	创业者2	创业者3	创业者4	创业者5	创业者6	创业者7	创业者8	创业者9	创业者10
性格品质	专心致志	(0.023 5, 0.910 5)	(0.24, 0.56)	(0.31, 0.61)	(0.12, 0.75)	(0.37, 0.57)	(0.03, 0.91)	(0.07, 0.90)	(0.68, 0.18)	(0.18, 0.75)	(0.04, 0.82)	(0.60, 0.25)
	谦虚包容	(0.035 2, 0.934 7)	(0.74, 0.16)	(0.37, 0.52)	(0.09, 0.90)	(0.86, 0.03)	(0.21, 0.70)	(0.32, 0.58)	(0.57, 0.35)	(0.90, 0.06)	(0.20, 0.75)	(0.54, 0.31)
	锐意进取	(0.039 5, 0.943 6)	(0.46, 0.44)	(0.49, 0.42)	(0.44, 0.50)	(0.49, 0.39)	(0.39, 0.59)	(0.58, 0.30)	(0.96, 0.01)	(0.28, 0.66)	(0.60, 0.33)	(0.68, 0.21)
	坚韧不拔	(0.023 7, 0.910 9)	(0.51, 0.39)	(0.30, 0.65)	(0.42, 0.48)	(0.05, 0.90)	(0.40, 0.52)	(0.01, 0.91)	(0.74, 0.10)	(0.31, 0.58)	(0.49, 0.41)	(0.56, 0.35)
	健康心态	(0.038 0, 0.940 5)	(0.23, 0.65)	(0.08, 0.89)	(0.23, 0.65)	(0.79, 0.11)	(0.60, 0.32)	(0.50, 0.41)	(0.56, 0.29)	(0.86, 0.05)	(0.05, 0.85)	(0.95, 0.02)
	关注客户	(0.025 8, 0.956 6)	(0.17, 0.72)	(0.22, 0.71)	(0.24, 0.71)	(0.53, 0.34)	(0.15, 0.78)	(0.53, 0.36)	(0.70, 0.22)	(0.03, 0.86)	(0.11, 0.82)	(0.63, 0.28)
	观察敏锐	(0.048 2, 0.976 0)	(0.45, 0.40)	(0.42, 0.51)	(0.34, 0.63)	(0.73, 0.15)	(0.23, 0.65)	(0.41, 0.47)	(0.75, 0.10)	(0.40, 0.50)	(0.13, 0.75)	(0.44, 0.44)
	定位清晰	(0.027 9, 0.958 4)	(0.34, 0.52)	(0.08, 0.90)	(0.28, 0.70)	(0.37, 0.52)	(0.65, 0.22)	(0.84, 0.11)	(0.59, 0.26)	(0.38, 0.57)	(0.97, 0.01)	(0.81, 0.08)
	颠覆思考	(0.031 1, 0.961 1)	(0.16, 0.80)	(0.32, 0.60)	(0.46, 0.50)	(0.11, 0.79)	(0.15, 0.77)	(0.34, 0.58)	(0.52, 0.29)	(0.43, 0.55)	(0.23, 0.68)	(0.60, 0.28)
	痛点突破	(0.034 5, 0.964 2)	(0.27, 0.65)	(0.06, 0.90)	(0.48, 0.45)	(0.93, 0.01)	(0.16, 0.71)	(0.60, 0.33)	(0.73, 0.12)	(0.12, 0.77)	(0.28, 0.60)	(0.96, 0.01)
	洞察市场	(0.021 8, 0.953 1)	(0.92, 0.03)	(0.01, 0.94)	(0.21, 0.78)	(0.68, 0.26)	(0.27, 0.61)	(0.74, 0.21)	(0.62, 0.23)	(0.37, 0.54)	(0.83, 0.05)	(0.34, 0.55)
	独立创新	(0.059 6, 0.986 0)	(0.04, 0.91)	(0.30, 0.57)	(0.21, 0.72)	(0.53, 0.33)	(0.93, 0.02)	(0.07, 0.88)	(0.60, 0.13)	(0.72, 0.19)	(0.08, 0.80)	(0.74, 0.11)
工作习惯	时间管理	(0.061 8, 0.909 4)	(0.15, 0.78)	(0.41, 0.48)	(0.31, 0.66)	(0.64, 0.22)	(0.31, 0.60)	(0.32, 0.60)	(0.72, 0.18)	(0.06, 0.88)	(0.59, 0.26)	(0.82, 0.08)
	协同合作	(0.084 3, 0.924 2)	(0.50, 0.50)	(0.36, 0.62)	(0.39, 0.52)	(0.63, 0.27)	(0.97, 0.01)	(0.56, 0.34)	(0.62, 0.20)	(0.04, 0.90)	(0.68, 0.19)	(0.84, 0.05)
	执行力强	(0.149 3, 0.967 2)	(0.90, 0.06)	(0.54, 0.42)	(0.48, 0.43)	(0.12, 0.78)	(0.60, 0.30)	(0.50, 0.42)	(0.73, 0.11)	(0.53, 0.40)	(0.06, 0.80)	(0.49, 0.37)
掌控资源	融资能力	(0.036 7, 0.848 6)	(0.91, 0.02)	(0.14, 0.79)	(0.34, 0.62)	(0.40, 0.51)	(0.80, 0.12)	(0.53, 0.32)	(0.90, 0.06)	(0.72, 0.18)	(0.77, 0.11)	(0.86, 0.05)
	成本控制	(0.050 0, 0.873 5)	(0.70, 0.23)	(0.23, 0.72)	(0.15, 0.75)	(0.41, 0.55)	(0.82, 0.08)	(0.85, 0.02)	(0.78, 0.10)	(0.56, 0.40)	(0.56, 0.28)	(0.57, 0.23)
	竞争优势	(0.088 6, 0.945 3)	(0.25, 0.68)	(0.26, 0.70)	(0.29, 0.65)	(0.51, 0.38)	(0.11, 0.80)	(0.79, 0.09)	(0.51, 0.41)	(0.12, 0.75)	(0.23, 0.66)	(0.79, 0.03)
最终得分			0.440 9	0.287 1	0.312 0	0.429 1	0.427 9	0.435 2	0.534 9	0.371 1	0.396 9	0.531 5

根据得分，最终排序为：$H_7 > H_{10} > H_1 > H_6 > H_4 > H_5 > H_9 > H_8 > H_3 > H_2$。因此，可以很明显地比较出这 10 名创业者之间的优劣关系，即创业者 7> 创业者 10> 创业者 1> 创业者 6> 创业者 4> 创业者 5> 创业者 9> 创业者 8> 创业者 3> 创业者 2。同时，利用上述结果也可以对单独的大学生创业者个体进行进一步评价。以创业者 1 为例，可以根据得分函数，计算创业者 1 在第一个指标下的评价值：

$$H_1^{[1]} = \frac{1 - \nu_1^{[1]}}{1 + \pi_1^{[1]}} = \frac{1 - 0.56}{1 + 0.24} \approx 0.367。$$

相似地，得到所有人在全部指标下的评价值，如表 3-43 所示。

表3-43　被评价者各指标下的评价值

指标类别	$H^{[1]}$	$H^{[2]}$	$H^{[3]}$	$H^{[4]}$	$H^{[5]}$	$H^{[6]}$	$H^{[7]}$	$H^{[8]}$	$H^{[9]}$	$H^{[10]}$
专心致志	0.367	0.361	0.221	0.406	0.085	0.495	0.719	0.234	0.158	0.652
谦虚包容	0.764	0.432	0.099	0.874	0.275	0.382	0.602	0.904	0.238	0.600
锐意进取	0.509	0.532	0.472	0.545	0.402	0.625	0.762	0.321	0.626	0.712
坚韧不拔	0.555	0.333	0.473	0.095	0.444	0.083	0.776	0.378	0.536	0.596
健康心态	0.313	0.107	0.313	0.809	0.630	0.541	0.617	0.872	0.136	0.951
关注客户	0.252	0.271	0.276	0.584	0.206	0.577	0.722	0.126	0.168	0.661
观察敏锐	0.522	0.458	0.359	0.759	0.313	0.473	0.783	0.455	0.223	0.500
定位清晰	0.421	0.098	0.294	0.432	0.690	0.848	0.643	0.410	0.971	0.829
颠覆思考	0.192	0.370	0.481	0.191	0.213	0.389	0.597	0.441	0.294	0.643
痛点突破	0.324	0.096	0.514	0.934	0.257	0.626	0.765	0.207	0.357	0.961
洞察市场	0.924	0.057	0.218	0.698	0.348	0.752	0.670	0.422	0.848	0.405
独立创新	0.086	0.381	0.262	0.588	0.933	0.114	0.685	0.743	0.179	0.774
时间管理	0.206	0.468	0.330	0.684	0.367	0.370	0.745	0.113	0.643	0.836
协同合作	0.500	0.373	0.440	0.664	0.971	0.600	0.678	0.094	0.717	0.856
执行力强	0.904	0.558	0.523	0.200	0.636	0.537	0.767	0.561	0.175	0.553
融资能力	0.916	0.196	0.365	0.450	0.815	0.591	0.904	0.745	0.795	0.872
成本控制	0.720	0.267	0.227	0.433	0.836	0.867	0.804	0.577	0.621	0.642
竞争优势	0.299	0.288	0.330	0.559	0.183	0.813	0.546	0.221	0.306	0.822

横向地对比每一项创业胜任力评价指标，可以得到该项指标下创业者表现从优到劣的排序，以第一个指标"专心致志"为例，排序结果如表 3-44 所示。

表3-44　指标"专心致志"下的创业者表现排序结果

创业者	7	10	6	4	1	2	8	3	9	5
专心致志	0.719	0.652	0.495	0.406	0.367	0.361	0.234	0.221	0.158	0.085

由此可知，针对"专心致志"这一指标而言，表现较好的 3 名创业者分别

是创业者 7、创业者 10 和创业者 6；表现较差的 3 名创业者是创业者 5、创业者 9 和创业者 3。相似地，可以通过对所有指标下的创业者得分值进行排序，分析出每一项指标下表现最优和最劣的创业者。

纵向地，对每个人的评价值进行从大到小的排序，可以得到该名创业者创业胜任力从优到劣的排序，仍然以创业者 1 作为分析对象，对创业者 1 在各个指标下的评价值进行排序，如表 3-45 所示。

表3-45　创业者1 各项创业胜任力指标下的表现排序

洞察市场	融资能力	执行力强	谦虚包容	成本控制	坚韧不拔	观察敏锐	锐意进取	协同合作
0.923 8	0.915 9	0.9038	0.763 6	0.719 6	0.554 5	0.521 7	0.509 1	0.500 0
定位清晰	专心致志	痛点突破	健康心态	竞争优势	关注客户	时间管理	颠覆思考	独立创新
0.421 1	0.366 7	0.324 1	0.312 5	0.299 1	0.252 3	0.205 6	0.192 3	0.860

由此可知，对创业者 1 自身而言，其最优势的 3 个条件为洞察市场、融资能力和执行力强；最劣势的 3 个条件为独立创新、颠覆思考和时间管理。因此，创业者在寻求合作时可以多展现自己的优势，注意选择具备独立创新、颠覆思考和较强时间管理能力的人进行合作与学习；识别到自身不足后还可以通过阅读、实践来不断提升自己。同样，相关部门可以对所有创业者进行各项指标的具体分析，针对不同创业者的短板，提供相应的培训和锻炼。

（四）创业胜任力水平划分

基于直觉模糊层次分析法的大学生创业胜任力评价模型，可以有效地对大学生创业者的创业胜任力进行科学可靠的评分，但是通过得分只能够比较创业者创业胜任力的大小，而难以通过独立的得分情况来表达创业者创业胜任力处在何种水平。比如，在上一节的算例结果中可以清晰地得出 $H_7 > H_{10} > H_1 > H_6 > H_4 > H_5 > H_9 > H_8 > H_3 > H_2$，从而可以推测出在这 10 名创业者当中，第 7 名创业者的创业胜任力水平最高，第 10 名次之，第 1 名再次之……而第 2 名创业者的创业胜任力水平最低的结论。但是，单看其中的某一名创业者，并不能准确地说出其个人创业胜任力水平在群体中处于什么级别，因此还需要对大学生创业胜任力水平进行相应的等级划分。

根据以往学习的经验，本节认为大学生创业胜任力的得分很有可能符合正态分布，如果其得分情况经验证确实符合正态分布，就可以应用正态分布函数的一些性质对等级进行划分。正态分布函数的特点如下：关于 μ 对称，在 μ 处达到最大值，在正（负）无穷远处取值为 0，在 $\mu\pm\sigma$ 处有拐点。若将得分情况的概率分布拟合成为正态分布函数，那么其拐点 $\mu\pm\sigma$ 即可作为等级划分的分界线。得分 $\geqslant \mu+\sigma$ 的创业者创业胜任力水平可定义为高级，得分 $\leqslant \mu-\sigma$ 创业者创业胜任力水平可定义为低级，而中间的则定义为中级。

为了验证大学生创业胜任能力是否符合正态分布，又运用 MATLAB 2016b 软件进行了模拟仿真实验。即使用 MATLAB 2016b 随机生成了 1 000 组直觉模糊数，用来模拟专家对 1 000 个创业者的直觉模糊评价，然后通过之前计算得到的权重为这些评价矩阵进行赋权，再根据得分函数计算出这 1 000 名模拟创业者的具体得分。根据 1 000 个具体的得分值绘制出统计分布直方图，可以观察到其形态类似于正态分布函数图形。经过函数拟合，其结果如图 3-9 所示。

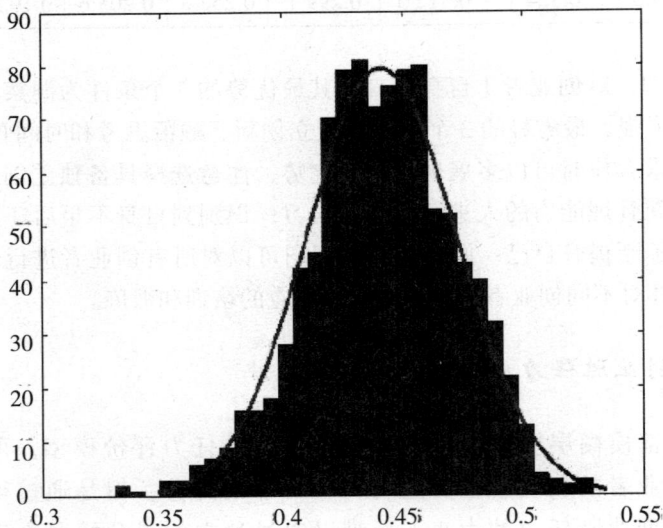

图 3-9　大学生创业胜任能力模拟仿真实验函数拟合结果图

其中，正态分布函数的 μ =0.441 2，σ =0.031 1。结合正态分布函数的特点，人们可以对大学生创业胜任力等级进行如下划分：（0，0.410 1]对应的大学生创业胜任力水平为低级；（0.410 3，0.472 3）对应中级；[0.472 3，1）对应高级。通过计算可以得出：被评价的创业者中 2、3、8、9 的创业胜任力水平处于低级，1、4、5、6 处于中级，7、10 处于高级。

五、创业胜任力评价——团队层面

(一) 改进的模型构建

就目前的大学生创业现状而言,分析其胜任能力是比较薄弱的环节。通过对文献的回顾与整理,发现关于团队创业胜任力研究,尤其是定量化研究较为匮乏的问题。为了丰富这一研究领域内的研究,同时使收集整理来的信息可以"物尽其用",本节将继续开发团队层面的基于直觉模糊层次分析法的大学生创业胜任力评价算法模型。

1. 模型 3-10

首先考虑比较简单的情况。即前述的研究过程完全不变,依然根据直觉模糊层次分析法建立起来的图 3-8 对每个创业者个人进行评价,在个人得分计算完毕后,绘制代表团队创业胜任力雷达图,通过比较不同团队内成员在雷达图中所围成的面积大小来比较团队胜任力的高低。改进的模型如图 3-10 所示。

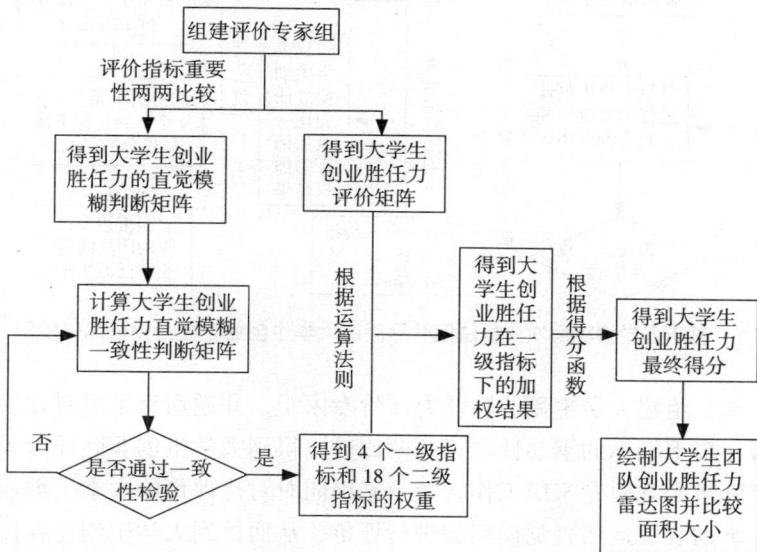

图 3-10 基于直觉模糊层次分析法团队层面的大学生创业胜任力评价改进模型 3-10

改进的理论基础在于,团队是由一个个独立的个人组合而成的,因此当团队中每一个人都被评价完毕,则可以视为整个团队的评价工作宣告完成。通过增加这样的步骤,可以较为粗略和简便地对团队创业胜任力进行评价。但是,该模型存在一些缺陷。比如，在之前的评价中，每个人的最终评分是其在每一个指标下的评分被经过加权平均后才形成的结果。换言之，每个人的得分展示的是其个人的综合创业胜任力水平。而团队中并不需要每个人的创业胜任力综合水平都很高，而是可以通过各自的优势互补达到良好的效果，这也是需要团队合作的重要意义。因此，仅靠平均实力并不能准确地表达团队的创业胜任力，取人之长补己之短才是团队存在的更大价值。为了弥补这一缺陷，接下来提出模型 3-11，考虑每一个团队成员在每个核心的一级指标下的能力水平，取每个一级指标下表现最好的成员的得分作为团队得分，进而比较团队创业胜任力水平的高低。

2.模型 3-11（图 3-11）

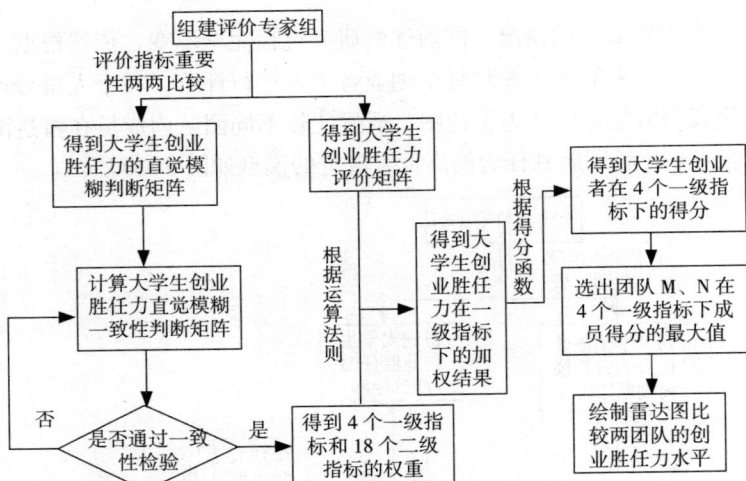

图 3-11　基于直觉模糊层次分析法团队层面的大学生创业胜任力评价优化模型 3-11

第一步：组建大学生创业胜任力评价专家组，并邀请专家组对评价体系所包含的每一层下指标的重要性进行两两比较，得到大学生创业胜任力的直觉模糊判断矩阵。为方便专家组工作，请专家组同时对待评价的大学生创业者在每一项指标下的表现运用直觉模糊数进行评价，从而得到大学生创业胜任力直觉模糊评价矩阵。

第二步：通过公式 3-2 至公式 3-6，使第一步中获得的所有直觉模糊判断矩阵得以通过一致性检验。

第三步：根据公式 3-7 的运算，得出第二层指标相对于第一层指标的相对权重和第一层指标的绝对权重，再通过计算得到第二层指标的绝对权重。

第四步：根据公式 3-8 和公式 3-9 针对每一个一级指标集结大学生创业胜任力评价矩阵的信息，使原本的评价矩阵转变为 4 个一级指标下赋权后的结果。

第五步：根据公式 3-10 计算每一位大学生创业者在 4 个一级指标下的得分情况。

第六步：针对团队 M 和团队 N，在其内部选择 4 个一级指标下表现最好的成员得分作为团队在该指标下的得分，然后绘制雷达图比较面积大小。

（二）算例分析

为了更加清楚地展示模型 3-10 和模型 3-11 在实践中是如何操作的，同时检验两个模型的有效性，在这一节继续用算例对大学生创业团队的创业胜任力进行评价与分析。

1.算例1

通过已经获得的 10 名创业者在创业胜任力方面的综合评分，可以进行如下假设：假设创业者 1、2、3、4、5 同属于团队 M，而创业者 6、7、8、9、10 同属于团队 N。他们每一个人的得分可以绘制成一张雷达图。雷达图是一种以二维形式展示多维数据的图形，可以很直观地比较指标间的差异，一般在财务报表分析中应用比较多，其特点也比较适合对团队胜任力分析比较的应用。因此借鉴雷达图来描述大学生创业团队的创业胜任力，而团队中每个人得分围成的面积则可以视为是这个团队的综合胜任力，最终的结果如图 3-12 所示。

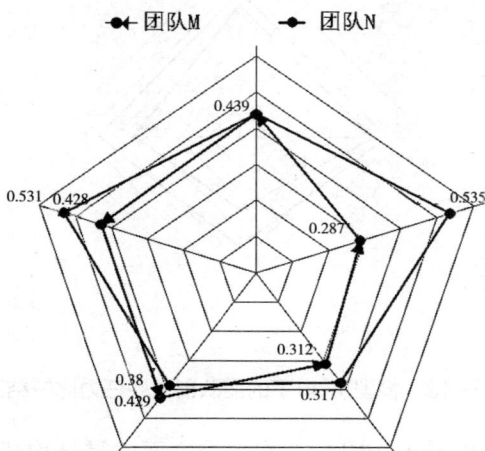

图 3-12　模型 3-10 下的团队创业胜任力比较结果

通过图形比较容易看出，团队 N 中 5 名成员的综合得分围成的面积显然大于团队 M，因此可以推断出团队 N 的综合创业胜任力水平优于团队 M。

2. 算例 2

根据公式 3-8 和公式 3-9 将大学生创业胜任力评价矩阵的信息集结到第一层指标下，运算结果如表 3-46 所示。

表3-46　团队创业胜任力一级指标下的得分表

一级指标	团队 M					团队 N				
	创业者 1	创业者 2	创业者 3	创业者 4	创业者 5	创业者 6	创业者 7	创业者 8	创业者 9	创业者 10
性格品质得分	0.167	0.120	0.110	0.168	0.119	0.159	0.225	0.166	0.116	0.215
创新思维得分	0.105	0.055	0.084	0.145	0.098	0.141	0.174	0.091	0.117	0.165
工作习惯得分	0.095	0.096	0.087	0.126	0.136	0.105	0.162	0.040	0.126	0.170
掌控资源得分	0.212	0.078	0.099	0.145	0.208	0.225	0.230	0.177	0.198	0.235

其中，团队 M 和团队 N 在每一个指标下的最好得分已经被标注出来，即对团队 M 和团队 N 整体在性格品质、创新思维、工作习惯和掌控资源这 4 个方面的得分绘制相应的雷达图，如图 3-13 所示。

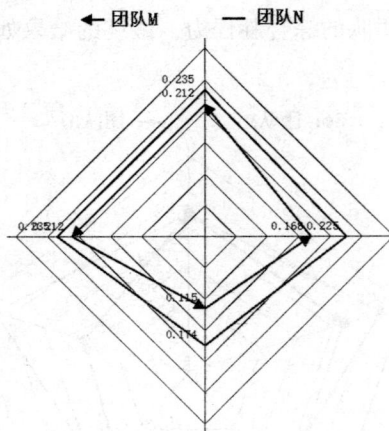

图3-13　模型3-11下的团队创业胜任力比较结果

从图 3-13 中可以看出，团队 N 在 4 个方面的得分均超过团队 M，围成的面积也更大，因此团队 N 的团队创业胜任力优于团队 M。该模型在此算例中得到的结论与模型 3-10 相同，结论得到相互的验证，说明这两种模型在一定程度上都可以被用来评价团队的胜任力水平。

同时，人们可以发现，被评价为高级水平的创业者 7 和创业者 10 都分在了团队 N，而被评价为低水平的创业者 2 和创业者 3 则分在了团队 M。这应该是不论应用综合模型还是单一指标模型，团队 N 都获得更好表现的原因。下面对这 10 名创业者进行重新分组，将创业者 1、2、6、7、8 和创业者 3、4、5、9、10 分别归入团队 P 与团队 Q，观察团队胜任力水平的变化，如表 3-47 所示。

表3-47　重组团队创业胜任力一级指标下的得分表

一级指标	团队 P					团队 Q				
	创业者 1	创业者 2	创业者 3	创业者 4	创业者 5	创业者 6	创业者 7	创业者 8	创业者 9	创业者 10
性格品质得分	0.166	0.120	0.159	0.225	0.163	0.110	0.168	0.119	0.116	0.215
创新思维得分	0.105	0.055	0.141	0.174	0.091	0.084	0.145	0.098	0.117	0.165
工作习惯得分	0.095	0.096	0.105	0.162	0.040	0.087	0.126	0.136	0.126	0.170
掌控资源得分	0.212	0.078	0.225	0.230	0.177	0.099	0.145	0.208	0.198	0.235
最终得分	0.441	0.287	0.435	0.535	0.377	0.312	0.429	0.428	0.397	0.532

根据模型 3-10，得到图 3-14。

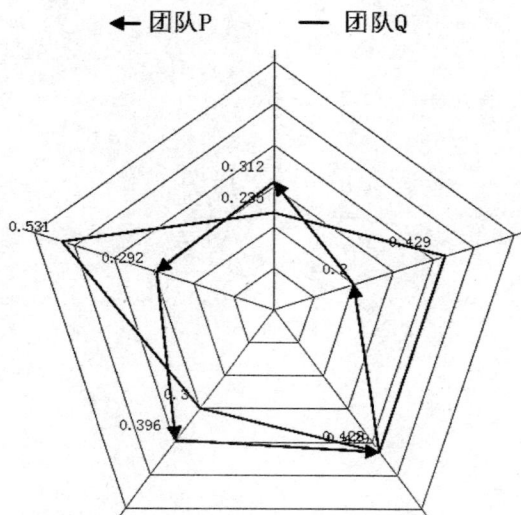

图 3-14　模型 3-10 下的重组团队创业胜任力比较结果

此时，仅凭肉眼观察已经很难区分两个团队创业胜任力水平的高低，需要进一步计算面积来进行区分。这一过程给予人们的启发是，要想提高团队的创业胜任力水平，可以通过两种方式：一是可以吸纳综合实力较强的成员；二是可以着重寻找与自己形成优势互补的成员，补齐团队的短板。从这一角度来看，本研究成果在组建创业团队时也具有指导性的作用，创业个人可以通过评价自身素质条件找到需要弥补的短板，也可以通过评价其他人来吸纳合作伙伴。

第四章 高校创业教育课程体系建设

创业教育课程体系建设是创业教育实施环节中的重点，高校作为创业教育的主要实施者，如何构建一套适合高校开展创业教育的课程体系，并依托这个载体对大学生实施有效的创业教育，是当前高校亟待解决的问题。本章从高校创业教育课程探索出发，了解国际视野下的创业教育课程体系建设经验，分析我国当下的创业教育课程体系现状，进一步形成有针对性的高校课程体系建设策略，为高校创业课程体系建设明确方向。

第一节 当前高校创业教育课程探索

一、国内高校创业教育现状

1998 年以来，伴随大学生创业大赛的出现，大学生创业现象在我国兴起，并且引发了社会各界的热切关注。随之，早在 20 世纪 80 年代末期就进入国内学者视野的创业教育也开始备受青睐，有关创业教育的研究也蓬勃展开。2002年，教育部确定了清华大学等 9 所院校为创业教育试点高校，一部分非试点高校的创业教育也发展得有声有色。综观国内创业教育活动，大致可以分为以下三种模式。

（1）以中国人民大学为代表的"以学生整体能力、素质提高为重点的创业教育"。这种创业教育是创业教育与素质教育的交融，强调创业教育"重在培养学生的创业意识，构建创业所需的知识结构，完善学生的综合素质"，并且将第一课堂与第二课堂相结合来开展创业教育。

（2）以北京航空航天大学为代表的"以提高学生的创业知识、创业技能为侧重点的创业教育"。这是一种商业化运作，设置专门机构，开设创业教育课程，建立大学生创业园，教授学生如何创业，并为学生创业提供资金资助以及咨询服务的教育模式。

（3）以上海交通大学为代表的"综合式创业教育"。这种创业教育模式一方面将创新教育作为创业教育的基础，在专业知识的传授过程中注重学生基本素质的培养；另一方面也为学生提供创业 (创办公司) 所需资金和必要的技术咨询。

作为我国高校创业教育的基本模式，这三种都与学校教育文化有相通之处。不论哪一种模式的推行都要以设置一个合理的创业教育课程体系为基础。国内高校的创业教育大部分先是从一门课程（如《创业管理学》或《创业基础》）开始，根据学校各自的特色设置相应课程。例如，哈尔滨工程大学的《创业基础》、华中科技大学的"科技创业"选修课等。形成课程体系的如北京航空航天大学等，该校为本科生开设了必修课和选修课，必修课包括《创业管理入门》、《商务沟通与交流》(基础篇)、《创业实务》3 门课程，选修课包括《团队训练》《拓展训练》《创业市场调查》《公司法与合同法》《创业财务基础》5 门课程。目前，我国高校创业教育依然处于不断发展、不断完善的阶段。

二、国外高校创业教育课程规划

相比于国内教育，创业教育在国外开展已经有近 60 年的历史。追溯国外创业教育的源头，莫过于 1947 年哈佛大学商学院的迈尔斯·梅斯（Myles Mace）教授率先开设的《新创企业管理》课程。现在，在创业教育理念、创业教育目标及课程设置、教学模式等方面都形成了越发完善、较为合理的课程体系。了解国外高校创业教育的有关情况，对建立国内高校的创业教育课程有着积极的作用。

国外高校创业教学计划内容各有侧重，百森学院、哈佛商学院、斯坦福大学以及哥伦比亚大学等实行综合型的创业教育计划；仁斯里尔理工大学、麻省理工大学以及伯克利大学的创业教育面向高科技创业；印第安纳大学布卢明顿分校、锡拉丘兹大学、科罗拉多大学博尔德分校着重新企业的创立和创新；路易斯安纳州立大学巴顿鲁日分校强调的是家族企业、连锁经营以及妇女创业；华盛顿大学圣路易斯分校的创业教育计划重点是生命科学应用、大型机构的创新和创业。

（一）百森商学院

作为创业教育计划的佼佼者，百森商学院自 1919 年成立以来，始终是创业学领域的领导者，并以创业教育方面的特色与专长为世界所公认，其本科创业教育课程屡获《美国新闻和世界报道》的第一名。百森商学院为未来人才设定"创业遗传代码"的教育理念，通过系统化的创业教育课程设计展示了新理念的价值与生命力。

百森创业教育的课程体系共分为五部分：战略与商业机会、创业者、资源需求与商业计划、创业企业融资和快速成长，共 14 门课程。所有课程内容采用了模块化的结构，主要由基本理论、案例分析和模拟练习等模块组成。"战略与商业机会"课程教学内容主要阐述发现和挑选创业机会的过程，如何充分发掘自己的创造性才智，如何制订个人创业计划，如何模仿成功创业者的行动、态度、习惯和战略。"创业者"课程主要阐述创业者应具有的基本素质，分析创业团队在成功创建风险企业中的重要作用，以及创业者们应当如何处理在组建新型风险团队时遇到的关键性问题和障碍。

（二）仁斯里尔理工学院

仁斯里尔理工学院的创业课程体系如下。①2 门必修课：创业原理和新企业创立。②必选"启动一个新企业"和"技术创业实验"2 门实验课中的 1 门。③必选下列 6 门课程中的 2 门：发明创新和创业、金融市场和机构、工业营销、技术创新管理、创新设计和研发管理。④全体创业学生（包括所有的 MBA）选修以下 7 门核心的创业课程：设计制造营销 I，设计制造营销 II，设计开发建立高绩效组织 I，设计开发建立高绩效组织 II，技术与竞争优势，战略、技术和创业以及财务管理与公司评价。

（三）耐基梅隆大学

耐基梅隆大学在创业教育上向研究生开设 8 门课程，向本科生开设 3 门课程，所有都是选修课程，即便是创业方向的学生也是选修性的。部分创业课程是"小"课程或是半学期的课程。

（四）纽约大学

纽约大学的 5 门创业课程都是选修课，课程包括创业模式、小企业管理、创业财务管理、启动一个新企业、大型机构风险投资和创业。

（五）德州大学奥斯汀分校

该校学生要求至少选修 6 门创业课程中的 5 门，补充到核心课程和功能交叉的选修课中。创业必修课共 5 门课程、15 个学分，课程包括创业入门、创业者对商机的确认、MOOT CORP[①]、启动运营和成长、实习或创业与新企业的设立。

（六）新加坡南洋理工大学

该校特别设立了科技创业中心，将创业学由管理教育中的一个分支发展成为一门硕士专业，教学重点放在如何创办企业，如何把中小企业做大做强上。该校的课程设置可以帮助学生了解如何解决创业过程中需要迫切解决的问题，如融资、财务管理、知识产权的评估、领导力、人力资本、收购兼并等。同时课程也有一套帮助学生培养团队协作能力，提高逆商[②] 指数的独到方法。

三、国内高校创业教育课程规划新思路

对学生进行创业教育，要先让学生了解将一个创意发展成为具体的创业的流程，以及这一过程中所有的相关影响因素，因此类似于《创业管理学》《创业基础》《创业原理》之类的入门课程对所有学生都应该是没有区别的。课程要把从发现和识别创业机会一直到新创企业成长管理的过程简要地介绍给学生。

创业精神教育对所有学生也是必需的，创业教育非常重要的目标之一是培养具有创新和创业意识的学生，而不是要每一位学生在校或毕业后都去创办新企业，况且创业教育的研究领域已经延伸到公司创业（CE）。该课程研究个体层次的企业家精神和组织层次的企业家精神，强调识别、发现机会的重要作用，研究影响个体创办新企业的因素、创业者特征、创业职业设计以及企业家精神对企业可持续发展的贡献和作用等。

以上课程都属于通识类课程，适用于全体学生，可以作为必修课程推荐给高校内选择创业类课程的学生。

按照一般的创业过程，发现或识别创业机会是创业的第一步。而学生的发

---

① MOOT CROP：全球商学院竞赛。

② 逆商（AQ）全称逆境商数、厄运商数，一般被译为挫折商或逆境商，是指人们面对逆境时的反应方式，即面对挫折、摆脱困境和超越困难的能力。

展根据科目等因素又可以划分为不同阶段。所以，对于理工科学生，应该根据专业领域的不同，开设新的科目与课程。以价值创新和技术创新两个角度为课程基础，分别开设课程，让课程适用于有意尝试或开展创业活动的学生学习。

发现了商业机会，就进入创建一个新企业的起步阶段。因此，创办新企业这门课程是面向所有学生的一门通识课程。该课程应主要包括确定商业模式、制定商业计划、寻找和确定创业资金来源、组建创业团队等内容。该课程适用于有志作为创业团队一员参与创业的学生学习。

创业企业的成长管理是所有新创企业面临的关键问题。该课程应主要包括新创企业的战略管理、财务管理、营销管理、风险管理等内容，也可分解为企业初创期管理和成长期管理2门课程。该类课程适用于有志于创办一个新企业或在新创企业中从事管理工作的学生学习。

鉴于目前创业教育研究已经延伸到公司创业领域，高校应该面向那些不准备创办一个新企业的学生开设公司创业课程。该课程应主要包括公司创业的模式及过程，创新种类及速度的决定因素，已成立公司实现创新目标的优势和劣势，企业中不同层次的管理决策对创新及其成功开发的影响，等等。

四、用层次分析评价课程体系

对于一般的院校，按照一般的创业过程开设创业教育课程体系是比较适用的。可是对刚开始或正准备开始创业教育的学校来讲，有些课程没有条件开成学期课，可以开成半学期课程或20学时左右的小课程。因此，在师资和其他条件缺乏的情况下，如何选择课程成为一个比较艰难的抉择。用层次分析法进行讨论，可以得出一个比较明确的结果，即合理调整各门课程的开设顺序，笔者经过研究后认为合理的课程顺序如下：首先进行创业精神以及新创企业管理相关知识的摄入，其次是机会识别与把握的能力，最后是公司创业、创办新企业相关课程的开展。

高校开设创业教育的目的不是为了让学生都去开办新公司，而是建立一个适应学生创业教育需求的课程体系，培养学生的创业意识，丰富学生的创业知识，提高学生的创业能力。由此建立创业教育课程体系建设层次结构模型，如图4-1所示。

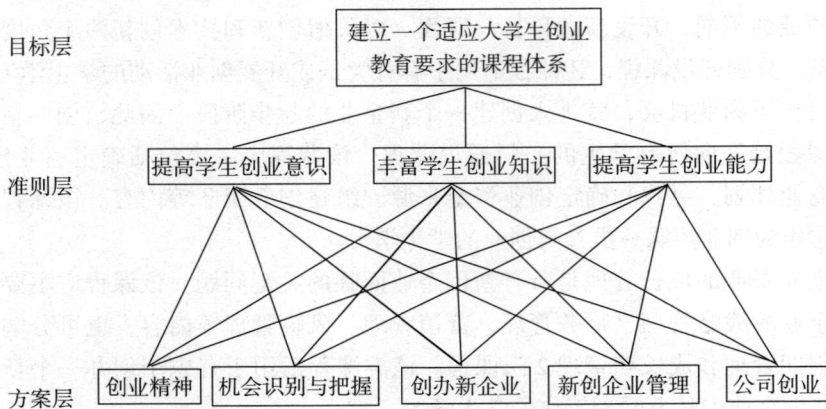

图 4-1　创业教育课程体系建设层次结构模型

（一）建立准则层对目标层的判断矩阵

第一，准则层对目标层的判断矩阵：

$$G = \begin{bmatrix} 1 & 3 & 5 \\ 1/3 & 1 & 2 \\ 1/5 & 1/2 & 1 \end{bmatrix}$$

第二，方案层对基准层的判断矩阵：

$$C_1 = \begin{bmatrix} 1 & 3 & 5 & 2 & 3 \\ 1/3 & 1 & 3 & 2 & 2 \\ 1/5 & 1/3 & 1 & 2 & 1/2 \\ 1/2 & 1/2 & 1/2 & 1 & 1/2 \\ 1/3 & 1/2 & 2 & 2 & 1 \end{bmatrix} \quad C_2 = \begin{bmatrix} 1 & 1/3 & 1/5 & 1/7 & 1/3 \\ 3 & 1 & 1/2 & 1/7 & 1/3 \\ 5 & 2 & 1 & 1/2 & 1/2 \\ 7 & 7 & 2 & 1 & 5 \\ 3 & 3 & 2 & 1/5 & 1 \end{bmatrix}$$

$$C_3 = \begin{bmatrix} 1 & 1/3 & 1/4 & 1/7 & 1/2 \\ 3 & 1 & 1/2 & 1/3 & 1 \\ 4 & 2 & 1 & 1/2 & 3 \\ 7 & 3 & 2 & 1 & 3 \\ 2 & 1 & 1/3 & 1/3 & 1 \end{bmatrix}$$

（二）判断矩阵的一致性检验

第一，计算准则层对目标层层判断矩阵最大特征根。过程如下：对 G 进行归一化处理，得 G'。

$$G' = \begin{bmatrix} 0.652 & 0.667 & 0.625 \\ 0.217 & 0.222 & 0.25 \\ 0.130 & 0.111 & 0.125 \end{bmatrix} \quad 求行平均： \quad W = \begin{bmatrix} 0.648 \\ 0.230 \\ 0.122 \end{bmatrix}$$

$$GW = \begin{bmatrix} 1 & 3 & 5 \\ 1/3 & 1 & 2 \\ 1/5 & 1/2 & 1 \end{bmatrix} \begin{bmatrix} 0.648 \\ 0.230 \\ 0.122 \end{bmatrix} = \begin{bmatrix} 1.948 \\ 0.230 \\ 0.367 \end{bmatrix}$$

$$\lambda_{max} = (1.948 / 0.648 + 0.69 / 0.23 + 0.366 / 0.122) / 3 = 3$$
$$C.I. = 0$$

$C.R. = C.I. / R.I. = 0 / 0.58 = 0 < 0.1$，准则层对目标层判断矩阵通过一致性检验。

第二，为简便起见，下面只列出方案层对准则层判断矩阵的计算结果。

$$C.I.: \lambda_{max} = 5.343 \quad C.I = 0.0858 \quad C.R = 0.076$$
$$C.I.: \lambda_{max} = 5.338 \quad C.I = 0.0858 \quad C.R = 0.076$$
$$C.I.: \lambda_{max} = 5.053 \quad C.I = 0.013 \quad C.R = 0.012$$

以上三个判断矩阵 $C.R.$ 均小于 0.1，因此通过一致性检验。

（三）计算单个判断矩阵权重向量

其结果如下：

$$W_G = [0.648, 0.230, 0.122]^T$$
$$W_{C_1} = [0.4141, 0.2194, 0.1055, 0.1063, 0.1548]^T$$
$$W_{C_2} = [0.0462, 0.0878, 0.1820, 0.4891, 0.1948]^T$$
$$W_{C_3} = [0.0572, 0.1394, 0.2645, 0.4129, 0.1195]^T$$

（四）计算全体判断矩阵的合成权重向量

其结果如下：

$$\begin{bmatrix} 0.4141 & 0.0462 & 0.0572 \\ 0.2194 & 0.0878 & 0.1349 \\ 0.1055 & 0.1820 & 0.2645 \\ 0.1063 & 0.4891 & 0.4192 \\ 0.1548 & 0.1948 & 0.1195 \end{bmatrix} \begin{bmatrix} 0.648 \\ \\ 0.230 \\ \\ 0.122 \end{bmatrix} = \begin{bmatrix} 0.2863 \\ 0.1792 \\ 0.1475 \\ 0.2325 \\ 0.1596 \end{bmatrix}$$

在层次分析法的不断演进下，可以明确在不具备条件开设所有课程的情况下，各门课程的开设顺序为创业精神、新创企业管理、机会识别与把握、公司创业、创办新企业。笔者没有把创业管理或创业基础课程纳入判断矩阵的原因在于创业基础或创业原理类的课程是必须开设的。

第二节　国际视野下创业教育课程体系建设经验

一、创业教育课程的理论模式

创业教育课程理论研究既是对课程实践的总结和反思，也是建立创业学学科规范的基础。创业教育课程理论主要包括课程内容和教学方法两方面。

（一）课程内容设置

"创业教育课程应该包括哪些内容"是创业教育要解决的首要问题。作为美国两所知名大学创业教育教席的主持人，盖瑞（Gray）教授根据多年教学和理论研究经验，并结合对美国几十所高校创业教育课程的调研，提出本科生、创业证书项目和 MBA 等不同层次的创业教育课程内容设置和要求。

创业教育起源于商业教育，但又有别于商业教育。凯文（Kevin）根据两者的区别建立了创业教育课程的内容范式。他对传统商业教育的课程模式进行了归纳，如图 4-2 所示。

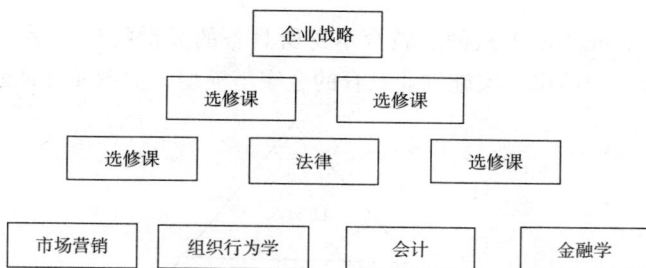

图 4-2 传统商业教育的课程模式

这种课程模式未关注不同知识之间的关联，传授的是分散和零星的知识。每一门课程的知识相互独立，没有打破彼此之间的界限，缺乏连续性。而对于创业教育来说，如何利用外部条件有效整合各种资源是最为关键的环节。凯文教授从哲学的高度对创业课程进行创新性构建，并给出了课程设计的环形理念，把创业所涉及的因素列成环形图，如图 4-3 所示。

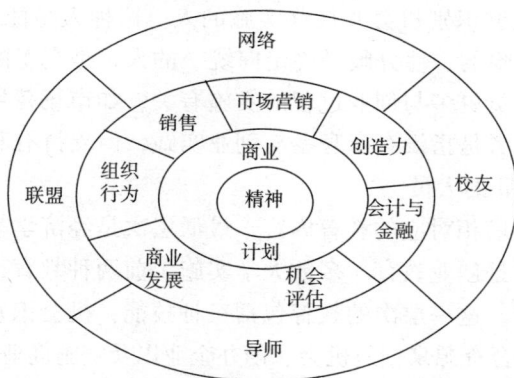

图 4-3 创业教育课程设置环形图

第一层是外部因素，使创业教育与外部世界建立联系；第二层是与创业相关的课程，与金字塔模型相比，打破了学科界限，实现了学科交叉和融合；第三层是商业计划，开展创业的设计和评估；最中间的核心部分是附加领域，附加领域不是学习的一部分，而是大学的办学思想。大学的创业教育不仅仅是在商学院教给学生技术或进行职业训练，更是要发挥学生的创造力、想象力。创业教育不仅要教会学生如何赚钱、创办企业，更要让其充满想象力，学到哲学层面的东西，这样才能使学生终身受益。这种环形模式不仅将创业与外界联系起来，还实现了不同学科的融合。其反映了创业教育开放性、包容性的特质，是创业教育成功实施的重要保障。

考斯凯（Kourilsky）从创业教育本身所具备的关键特质入手，对创业教育内容进行分析。他给出了实施创业教育的金字塔模型，如图 4-4 所示。

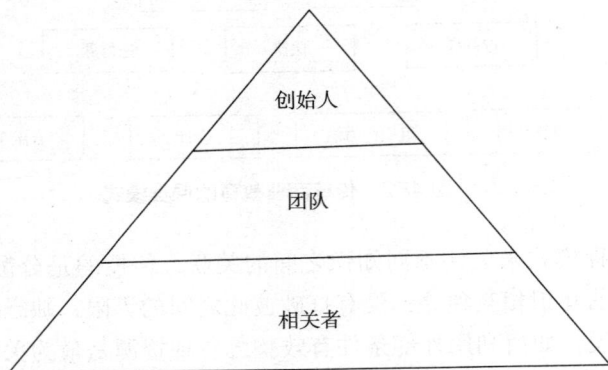

图 4-4　创业教育金字塔模型

创始人是能够识别机会并最终实施的人。这种人是能够承受不确定性的、坚韧的、承担风险的、使分歧最终走向统一的人，是真正的发起人。团队由创始人招募，其成员更多与创业过程的实施有关，如市场营销、销售、发展、质量监控等。相关者是指没有亲身参与创业实践，但支持有利于创业的政策，并与企业文化相关联的人员。

与这个金字塔相对应的教育内容，最低层次是经济学教育，第二层次是管理学教育，顶层是创业教育。多数大学实施了前两种教育，缺少顶层教育，即真正的创业教育。这一层次的教育包括三种技能：机会识别和商业创意、在面临危机时如何整合资源来创造机会、创办企业以及实施商业创意。

机会识别是创业教育的基础，包括敏锐的观察力、市场或客户的观察、创意、适应等；资源整合是指在正确识别机会之后，在有风险的情况下对未来坚定信心，并充满激情地投入精力、时间和资源等去追求成功；实施商业创意是指将创业意向付诸实践，即开创企业，包括人力资源管理、资金筹措、市场营销、销售、质量管理等。

由于创业教育处于发展初期，关于课程内容的争论也一直存在。上述 3 类课程设置理念代表了创业教育课程研究的 3 种不同视角：企业、学科和人。盖瑞教授是从企业创办和发展的视角设置创业教育课程内容的；凯文从学科差异和教育目的的角度出发，设计环形模式，强调关联和互动；考斯凯则从创业中不同的人所要具备的核心素质出发，构建创业教育的金字塔模式。这些理念都有其合理性和适切性，都可以为创业教育课程设置提供参照。

（二）教学方法研究

与课程内容同样重要的还有教学方法，即"怎么教"的问题。在目前的创业课堂中，多样化的教学方法正在被广泛使用，其中既有传统的讲授法、讲座和案例分析法，也有个人展示、视频、小组讨论、角色扮演、实践训练和项目学习等。

创业教育源于商学院，其教学方法也是沿用了商学院的传统模式。但是，由于创业教育自身的独特性，传统商学院的方法受到了批判。传统教学方法和创业教学方法的差异如表4-1所示。

表4-1　传统教学方法和创业教学方法的差异

传统教学方法	创业教学方法
关注内容	关注过程
教师主导	学生主导
传授确定性知识	教师作为引导者
强调内容	强调做"做"和"谁来做"
学生被动接受知识	学生主动发现知识
确定性目标	灵活性目标
强调理论	强调实践
聚焦学科	聚焦问题
有严格的时间安排	根据需要灵活调整

从表4-1中可以看出，与传统教学方法相比，创业教学方法更注重过程，强调学生主导，以问题为中心，以实践能力培养为目标，这些都与创业教育的自身属性密切相关。

盖比（Gibb）提出根据真实的创业情景进行教学方法改革。他通过对创业教育课堂教学和实际创业环境的比较发现，课堂教学更多关注的是过去，大量时间都花在对信息的理解、反馈和分析上。而在实际创业中，创业者关注的是现在，很少有时间关注批判性分析，而是通过实践和过往经验去学习。课堂教学多依据学者权威的观点，即盖比所说的"专家的逻辑"。而在实际创业中，创业者主要根据自身知识和个人价值进行判断。表 4-2 分析了两者的区别。

表4-2　课堂教学与真实创业情景的区别

大学 / 商学院—课堂教学	创业—现实世界
在分析大量数据后的判断	在有限信息下的直觉决策
认识和回忆信息	对信息传输和过滤的价值理解
假定目标	识别多样的目标
通过研究信息来确认事实	通过对人的能力和信任作出决定
在理论意义上理解社会原则	通过现实社会原则应用和调试
寻求正确的答案并实施	在压力环境下找出最合适的解决方案
在课堂中学习	边做边学
通过专家和权威人士的资源进一步查漏补缺	通过任何可能的途径对信息查漏补缺
通过书面反馈进行评价	通过对人和事的直接反馈进行评价
通过基于知识的测试评价成败	通过解决问题和从失败中学习评价成败

　　因此，创业课堂的教学方法应该根据实际的创业情景进行调整，不应该停留在所谓的"专家逻辑"或"学科思维"上，而是应该根据时间和地点的不同灵活变通。通过实际经验的学习，鼓励学生获得关于问题的更为宽泛的理解。通过失败教训的学习，更少依赖外部信息资源和专家建议，更多依靠自己去思考和解决。

　　任何一种教学方法的有效性都依赖于目标、受众和内容等多方面因素的共同作用，所以教学方法只有是否具有适宜性的区别。为了使创业教育从技艺走向科学，创业教学方法必须有其合理性依据。根据不同的学习内容对创业教学模式进行分类才能达到预期的教学效果。创业学习过程可以分为三大类：理论学习（成为创业领域的研究者）、实践学习（成为创业者）、创业精神的习得（成为有创业精神的个人）。每一种类型的学习都有不同的教学模式及相关的概念和理论。创业教学模式如表 4-3 所示。

表4-3 创业教学模式

类 型	教学模式的关键维度	相关的概念和理论
成为有创业精神的人	广义的创业概念：聚焦于精神维度 期待的改变：看待创业的态度、认知和意向 最大受众：商学院和非商学院的学生	创业意向 创业事件 计划行为理论 创业自我效能感 创业定向
成为创业者	狭义的创业定义和专业界定（个体创业和合伙创业） 聚焦于实践和专业领域 "在做中学"的哲学逻辑 期待的改变：技能、实际知识、实际操作的技术／技能、创业能力的发展 最大受众：想成为创业者的人、有实际和具体创业项目的人	创业过程理论 在做中学 通过失败学习 创业认知（启发式、风险觉知） 创业管理和增长
成为创业领域的研究者	创业的学术界定 聚焦于理论维度 教育学模式 方法：课堂上对于研究问题的讨论 受众：博士、教师和研究者 期待获得理论与科学知识	作为研究领域的创业看待 在这个领域内，去教和做

从表4-3中可以看出，在实际创业教学中，要依据学生学习内容的不同对教学模式做出相应调整，才能收到良好效果。

二、创业教育课程的实践发展

（一）美国高校创业教育体系

从1947年美国麦尔斯·梅斯（Myles Mace）教授在哈佛大学商学院为工商管理硕士（MBA）开设第一门MBA课程"小企业管理"开始，创业课程正式进入大学课程体系。1985年，只有253所学院或大学提供关于小企业管理或创业的课程。到1993年，对创业感兴趣的学生可以选择441种不同的创业教育课程。截至目前，美国已经有1 800多所大学和学院提供不同类型的创业教育课程。美国的创业教育课程已经从早期的商学院主导模式发展为全校模式，其数量与质量都处于世界领先地位，成为全世界学习的典范。

1. 美国高校创业教育目标

美国的创业教育目标可以分为两类：一类是培养创业者，认为创业教育的目的是培养更多的创业者，从而推动社会经济发展；另一类则是以激发人的创业精神为目标，认为创业教育旨在培养学习者的创新精神和实践能力，以更好地适应工作的需求，适应社会变革。其实这种目标分类源于对创业概念的不同理解：第一种是狭义的创业概念，即创办新企业；第二种是广义的创业概念，即关注人的素质，激发和启迪人的创业精神。创业教育的目的如图 4-5 所示。

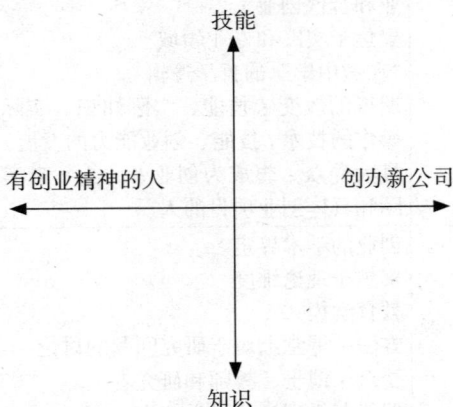

图 4-5　创业教育的目的

依据这种分类可以总结不同的归类矩阵，如图 4-6 所示。

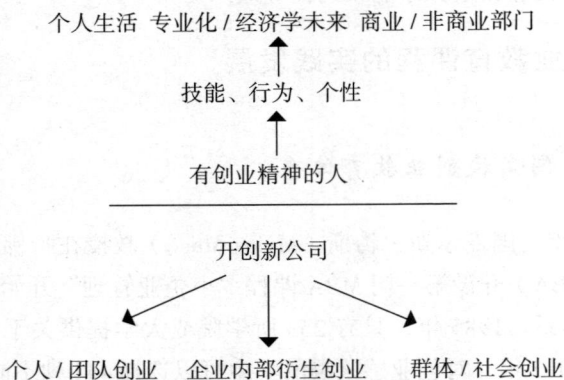

图 4-6　创业教育的结果

2. 美国高校创业教育课程内容

基于丰富的创业教育实践，美国创业教育联盟在 2004 年发布了《创业教育的国家内容标准》（以下简称《国家标准》）。《国家标准》是一个基于终身学习过程的内容总括，包括从 K12 教育（从幼儿园到十二年级的教育）到高等教育乃至成人教育的整个过程。《国家标准》是由多方力量参与制定的，其中包括各类企业代表、各级各类学校和社会其他力量等。《国家标准》主要包括 3 大部分、15类标准及具体的表现性指标，如表 4-4 所示。

表4-4　创业教育国家标准的具体内容

3 大部分	15 类标准	具体的表现性指标
创业能力	创业过程 创业特质 商业基础 沟通与人际交往能力	发现、概念发展、资源整合、实现、收获 领导办、个人评价、人事管理 商业观念、商业活动 沟通原则、职员交际、伦理规范、团队合作、冲突处理
准备能力	数字化能力 经济学知识 财务能力 专业发展能力 财务管理 人力资源管理 信息管理	计算机基本技能、计算机应用 基本概念、成本与利润关系、经济指标/趋势、经济体系、国际概念 货币基础、金融服务、个人理财 个人规划、求职技巧 会计、金融、理财能力 组织、人事、培训/发展、信念/动机、评价 记录保存、技术、信息获取
商业能力	市场营销 商业运营 风险管理 战略管理	产品/服务、销售信息管理、促销、定价、销售 商业系统、渠道管理、采购、日常运营 商业风险、合法取酬 驾花、控制

其中，15 类标准是对整体创业能力的描述。为了更清晰地表达对具体知识和能力的要求，每一类标准又被分为若干个表现性指标，如创业能力部分的创业过程中的第一个小类"发现"包括 8 个具体指标：解释创业发现的必要性、讨论创业发现过程、评价全球趋势和机会、确定新企业创办的计划、评估新企业创办的计划、描述创意产生的方法、产生新创意和确定创意的可行性。

《国家标准》（15 类标准）贯穿 K12 教育、高等教育及成人教育，在 3 大部分内容的设置上保持了一定的连续性和衔接性。比如，早期的创业能力是指创业者的素养和对创业的基本认识，准备能力阶段以经济、金融和人力资源等为主，最后是商业运营和管理能力，在具体指标上也呈现出逐步深化和逐级拓展的趋势。《国家标准》只是一个纲领性文件，不是专门为某一阶段课程或某一项目而设计的。学校可以按照自身的特点来制订相应的教学计划并设计课程内容。

作为创业教育最为发达的国家，美国的创业教育课程体系非常丰富，而这其中又以百森商学院的创业教育课程体系最具代表性。下面以美国百森商学院的创业教育课程体系为例进行深入分析。

作为一所以创业教育见长的学校，百森商学院在《美国新闻与世界报道》公布的全美最佳大学排行榜中，连续 12 年获得创业领域第一名。自 1919 年成立以来，百森商学院一直追求卓越的创业精神。在百森商学院，创业不仅是一门学科，更是一种生活方式。早在 1967 年，百森商学院就为 MBA 开设了创业课程。秉承追求卓越的理念，百森商学院已经形成了完整的创业课程体系，其主要包括本科生课程体系与 MBA 课程体系。

百森商学院的本科生创业课程体系采用的是杰弗里·蒂蒙斯的创业学框架，如表 4-5 所示。

表4-5　杰弗里·蒂蒙斯的创业课程体系

名　称	内容
创业者	创业者应该具备的素质，分析团队在新企业创办中的重要作用，以及如何处理一些关键问题
战略与商业机会	识别机会，促成高发展潜力企业的创建；如何充分发掘自己的创造性；如何制订个人创业计划；如何模仿成功创业者的行动、态度、习惯和战略等
资源需求与商业计划	成功创业者如何制订商业计划、寻找资金来源、发展战略联盟、获得商业运营许可证等创业知识
创业企业融资	新企业融资的各种关键问题，如债务资本市场的新现实情况；如何部署融资和筹资战略；如何寻找股权投资者并与其打交道；如何在资本市场中获取债务融资
新企业成长	新建的风险企业在成长过程中会遇到的具体问题和危机；解释风险企业所经历的发展阶段及其独特性；避免及摆脱困境的方法；创业型风险企业在领导和管理上的突破性方法的特征

上述 5 个部分是按照创业过程进行编排的。这种编排可以帮助学生厘清创业的整个过程和每一个过程中可能遇到的问题，并提供相应的解决方案。

百森商学院的 MBA 课程是由 4 个整合模块和 22 门课程组成的。其中，模块1为"组织的创造性管理"，模块2为"商业机会评估"，模块3为"设计和管理传递系统"，模块4为"全球化背景下的企业发展"。每个模块又由一系列选修课程组成。

百森商学院的创业选修课程主要分为三大类：①基础级：以全局视角讲授创业基本技能，向所有对创业感兴趣的学生开放；②专业级：针对不同学科的创业活动，提供更深入的创业知识和技能；③支撑级：专门针对创业学习的某一特殊领域，提供极为深入的创业知识和技能。由于创业选修课程的广大覆盖量，有90%左右的MBA学生在毕业前能够完成基础级的所有课程，包括撰写完整的创业计划，超过63%的学生选择继续专业级和支撑级的学习[1]。表4-6中列出了百森商学院的创业选修课程模块。

表4-6　百森商学院创业选修课程模块

模　块	基础级	专业级	支撑级
理念	介绍基本技能	提供深入的知识和技能	针对特殊领域，提供深层学习机会
模块1：组织的创造性管理	创业与商业计划	公司内部创业	社会创业
模块2：商业机会评估	创业企业融资	社会创业	家族企业发展
模块3：设计和管理传递系统	创业成长战略	家族创业者	小企业并购
模块4：全球化背景下的企业发展	企业管理与发展	创业者、待许经营、科技创业、创业强化路径	技术商业化、融资、创业与资金发展、市场营销、专利许可、创业独立研究

美国创业教育课程形式非常多样。除了上述学科课程之外，创业计划大赛、创业咨询和创业辅导等都可以提升学生的学习兴趣，满足其多元化需求。美国的创业大赛形式多样，可以为学生的创新、创意提供很好的展示空间。德州大学奥斯汀分校商学院曾举办创业计划大赛，开创了世界创业计划大赛的先河。随后，圣地亚哥州立大学举办了全国性的创业计划大赛（表4-7）。目前，美国排名前100的大学中，共有78所大学提供专门的创业计划教育，尤其是在创业管理或小企业管理领域[2]。

---

① 梅伟惠.美国高校创业教育研究[M].杭州：浙江教育出版社，2010：151.

② 梅伟惠.美国高校创业教育研究[M].杭州：浙江教育出版社，2010：197-198.

表4-7 美国高校主要创业计划大赛一览

主办高校	主要特征
维克森林大学	寻求最佳创意
鲍尔州立大学	针对本科生的创业计划大赛
佐治亚大学	主要针对东南部的大学
西安大略湖大学	对加拿大的研究生也开放
卡内基梅隆大学	竞赛强调新技术
得州大学奥斯汀分校	大部分的参赛团队是从其他的创业计划大赛中连选出来的获胜团队
内布拉斯加大学	分别针对研究生和本科生
俄勒冈大学	强调学习和反馈
克拉克亚特兰大学	主要针对东南部的大学
女王大学商学院	由学生组织，参赛团队具有国际性
赖斯大学	大量的投资商和创业者作为评委
印第安纳大学	主要针对中西部大学
加州大学伯克利分校、哥伦比亚大学	创业计划必须具有积极的社会影响
旧金山大学	许多来自硅谷的风险资本家作为评委
科罗拉多州立大学	针对本科生的创业计划大赛
圣地亚哥州立大学	有 15 年的历史

3. 美国高校创业教育课程实施

美国创业教育课程在实施中形成了独特的模式，主要有商学院主导、创业中心主导和全校式实施模式。商学院主导是一种传统的课程实施模式，即创业课程由商学院负责实施，主要对本院学生开放。课程内容呈现出高度系统化和专业化的特点。这种课程实施模式是早期创业教育发展的必然。作为商学院学科中的分支，创业教育在发展初期是在商学院中进行的。这种课程模式能够保证创业知识传授的系统性和高效性，学生毕业后创业率较高。但是，在创业教育逐步发展的同时，这种模式的局限性也逐渐凸显，如创业教育受众单一、创业课程内容缺乏独立性和专业性等。

创业中心主导是在大学内筹建独立的创业教育中心，整合资源来吸引不同专业背景学生的参与，力图将创业教育拓展至商学院之外，希望更多的学生接受创业教育。在这种课程模式下，课程内容及设置都有所变化，如会根据学生不同的专业背景设置交叉融合性课程、增加选修课的比例、学生可根据兴趣修习大量课程等。这种模式往往是由统一的创业教育中心负责规划和协调的。这样就有利于整合更多资源，加速创业教育的普及。目前，这种模式在高校中被广泛采用。

全校式实施是创业教育发展到一定阶段的必然产物。这种模式旨在创设良好的氛围，为不同专业的学生提供创业课程，鼓励全校师生积极参与其中。它的实施涉及管理体制和权责等方面的改革。在管理体制方面，学校先成立创业教育委员会，负责协调和指导全校范围内创业教育的开展；在运行过程方面，鼓励不同学院的参与，这些参与学院负责实质性的创业活动，并根据专业特征筹措资金、开发课程等。全校式实施强调不同学院的通力合作，学生可以互选创业课程，从而打破学科界限、实现资源共享。这种模式有利于整合各种资源，鼓励创业教育的交流与合作，从而最大限度地提升学习的有效性。

上述 3 种课程实施模式是创业教育发展到不同阶段的产物。现阶段，美国的创业教育课程实施模式以全校式实施为主，这也从侧面反映了创业教育的重要性和影响力的不断提升。

（二）英国高校创业教育体系

在英国，随着创业教育的开展，大学开设的创业课程也在逐年增加，并从商学院扩展到其他学院。2003—2004 年，在英国大学中，一年级本科生可以选修的创业学分课程大概有 92 种（不包括和其他课程模块相配套的创业课程），商业课程有 4 456 种，课外相关创业活动多达 24 种。如在商学院中，创业课程占其课程总数的 61%，在工程学院中，这一比例也达到 9%，其他如艺术和设计类学院、纯科学类学院与计算机科学类学院中，创业课程也分别占 8%、6% 和 4%。各学院中创业教育课程都占有一定比例。有的学院甚至还计划开设 1 门以上新创业课程以补充原有创业课程的不足。这些数据都表明：英国的创业课程正在快速发展，并取得了显著成效。

1. 英国高校创业教育目标

英国创业教育的开展深受政府教育发展理念与政策的影响。21 世纪以来，英国政府的执政重点在于兼顾效率与公平，表现在教育上就是提高质量和促进公平。其中，在提高质量的举措中就将创新提升到了战略高度，将学校教育以及高等学校的创业教育直接纳入了国家创新战略。

在英国，高失业率成为政府最为头疼的问题。20 世纪 80 年代到 90 年代初，英国高等教育经历了大众化发展阶段。2004—2005 年，英国大学生人数达到 230 万，其中，本科生 170 万、研究生 53 万。从 1999—2006 年，英国的大学生人数增长了近 51 万，增长率达到 35%。高等教育大众化进程引发了大学毕业生人数攀升与市场所提供的就业岗位有限之间的矛盾。英国 2008 年的失业率为 5.7%，2009 年 6 月失业率为 7.8%，失业人口 244 万，为 1995 年以来最高水平。发展高等学校创业教育可以同时达成高等教育发展变革和降低失业率的双重目标。总的来看，英国创业教育的目标包括培养学生的创业技能，实现以创业带动就业的目的；培养学生与创业相关的商业知识、企业家素养，实现培养创业型人才的目的；培养学生的创业精神，增强学生的社会责任感，实现培养创新型人才的目的。

2. 英国高校创业教育课程内容

英国各大学的创业教育在课程教学实践中形成了不同的内容结构和方式：一种是创业课程与专业课程的结合；另一种是创业教育课程选修的形式。第一种方式以诺丁汉大学为代表，将创业教育与专业教育有机融合，从而培养专业类创业人才；第二种方式以伦敦商学院为代表，广泛开设创业选修课，从而推动创业教育的全校式发展。下面以两所高校为例，对英国高校创业教育课程内容进行深入分析。

诺丁汉大学的创业教育由校内多种机构共同承担，包括创业教育组织机构、教与学优异中心、创新创业研究中心和工商管理学院等。其中，教与学优异中心承担创业教育和个人职业发展规划的工作；创新创业研究中心和工商管理学院承担的是课程设计、组织与实施等方面的工作。诺丁汉大学的创业教育课程主要有两大方面：一是面向理学硕士研究生的创业课程，其中又分为 3 种类型，即面向理学专业研究生广泛开设的创业选修课、创业理学硕士课程、交叉学科理学硕士创业课程；二是创业工商管理硕士课程。下面就其具体课程内容进行分析。诺丁汉大学理学专业硕士研究生的创业课程包括两大部分：一是创业学方向的理学硕士必修课程，二是与创业内容相关的选修课程。创业课程既包括传统商业课程，也包括将商业与创业相结合的新课程，如表 4-8 所示。

表4-8　理学专业硕士研究生创业课程

课程名称	公司社会责任、公司战略与管理、金融与投资、全球供给链管理、工业经济、创新与政策、工业工程和操作管理、国际贸易、物流与供应链管理、人力资源管理、当代中国管理及其新兴市场、营销学、运营管理、运营管理与生产体系、市场风险、供应链与操作管理

创业学硕士研究生核心课程以培养创业学专业人才为目标，课程设计及课程内容遵循创业学的基本原理、方法和规律，更具针对性和专业性，对培养学

生的创业精神、发展学生的创业技能具有重要作用，如表 4-9 所示。

表4-9 创业学硕士研究生核心课程模块

模块名称	模块内容
创业与创造力	创业理论、在实践中对创业的认识
创业项目设计	创业过程的内容、一般过程和规律
创业金融财会	创业者如何融资、吸引投资者、财务管理技能
创新与技术转移	技术转移的政策、应用
创新管理	构建创新网络、将创意付诸实践
营销学	营销技能与理论
社会创业	社会创业的价值、意义
创业管理	新企业的管理、战略学

交叉学科理学硕士创业课程是将创业知识与专业密切结合，以达到专业化创业的目的。已有的学科交叉课程包括：化学与创业，电子、电子工程与创业，作物生物技术与创业，可持续能源与创业，计算机科学与创业，文化研究与创业，交流与创业。

化学与创业教育注重学生实践能力的培养，具有灵活的结构，使学生能够从其涵盖的较为宽泛的课程模块中进行选择。该课程已成为当前诺丁汉大学化学学科中较为前沿的课程，也成为商业与创业教育领域最佳的实践内容。

创业工商管理硕士课程分为逐级递进的 3 个部分：基础模块、精深模块和语言模块。表 4-10 列出了课程模块的主要构成情况。

表4-10 创业工商管理硕士课程

层次	模块	模块构成
层次一	基础模块	创业与创造力 创业实践 社会创业
层次二	精深模块	创业与创造力 社会创业
层次三	语言模块	法语、西班牙语、阿拉伯语、汉语

由表 4-10 可知，前两个层次的内容有很大的相似性，都包含创业与创造力、社会创业，但两者也存在很大的差异。基础模块更加注重学生对创业基本理论的研习、对创业意义的把握、对自身是否具有创业潜质的初步分析与判定，精深模块侧重学生分析、思考和探究能力的培养，促进学生对创业实践的体验，

对创业项目的设计、参与和实施等。

伦敦商学院的创业教育在全球享有盛誉，卓越的创业文化和敢于打破传统的创新精神是其重要的价值追求。长期以来，伦敦商学院致力于领导型人才的培养，学科领域主要涵盖经济、会计、财经、市场学、管理及营运、组织行为及国际性策略管理等。伦敦商学院创业教育的国际化程度较高，学生来源遍布全球，拥有面向多国的创业教育课程和项目。伦敦商学院依托其全球化的网络体系，为创业教育的发展提供了更为广阔的国际化视野。

长期以来，伦敦商学院聚焦创业教育，并开设大量的创业选修课以推动创业教育的发展。2009 年到 2010 年期间，伦敦商学院在创业领域开设了 8 类创业选修课程，如表 4-11 所示。

表4-11 伦敦商学院创业选修课程模块

创业课程模块	课程目标	课程内容
创业夏令营	机会识别、创业意识、可行性商业模式	机会评估、创业者素质评价、商业模式的可行性分析、消费群体分析、法律和资金问题、沟通表达能力
创业企业融资	掌握企业融资基本知识、分析判断融资过程的问题	对可利用技术和方法的评估、权益资本问题、融资定价及结构、多轮融资及资产权益、风险投资、商业销售、非金融影响因素的评估
企业成长管理	熟悉成长性企业的发展框架、了解成长性企业的发展阶段和问题	成长性企业发展策略与障碍、企业利益相关者问题、成长性企业组织架构、成长性企业适应性、演变和管理变迁
新创造性企业	增进对有较强创造性企业的了解、理解创新创业者面临的问题、学会将创意应用于商业实践中	创造性企业的认识、新创造性企业的商业计划书、创造性企业的财政与管理、知识产权保护
新技术企业	学会将技术转化为商业产品、构建在技术创业方面的核心竞争力、掌握新技术企业的发展问题与解决方案	评价新技术产品、商业生态、合作竞争与伙伴关系、技术初创公司的营销、知识产权的保护，创造与评价策略选择
新企业成长	了解全新企业创建的相关过程与挑战、学会撰写商业计划、识别新企业所需资源、为从事创业生涯做准备	商业计划的撰写、利用金融形势筹集资本、开办新企业的过程与困境、新企业的管理和运营

创业课程模块	课程目标	课程内容
新革命：21世纪的社会创业	了解社会创业主要构成和基本过程、理解社会创业创造价值过程与纯商业价值的区别、改进对创业的传统认知	社会创业的目的、社会创业的主要内容、社会创业者以及他们将面临的领导力挑战、社会创业的可持续性财政模型、企业金融机构以及政府的角色定位
创业管理	依据市场变化开发新产品和发展策略的能力、测评企业发展与管理的能力	新企业的资助及商业计划、新企业的支持与成长、适应新工业背景条件的有关问题

在学科课程之外，英国的大学也提供了多样的创业活动供学生选择，如创业论坛或研讨会、商业计划大赛及创业夏令营等，如图4-7所示。

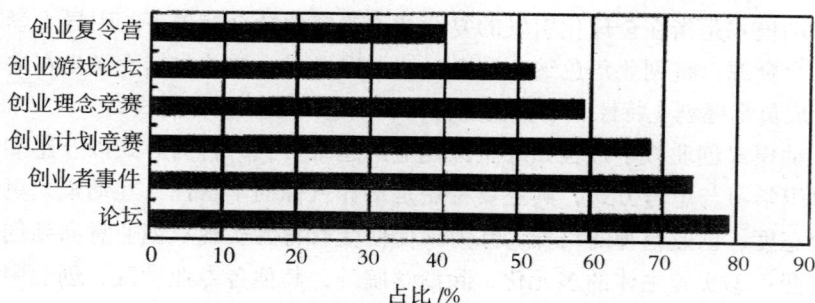

图4-7　英国开展创业教育活动的类型及学生参与比例

创业讲座、研讨会形式的活动在英国大学中开展较多。由于其易于组织性和有利于长期开展，同时有利于发挥大学生优势的特点，在学生中广受好评。创业竞赛活动是英国大学主流的创业活动。2010年，英国大学生创业委员会面向127所高校的一项调查研究显示，有68%的大学开展了商业计划大赛，有59%的大学开展了意向竞赛。创业竞赛以其独特的吸引力成为大学创业活动的重要形式。英国大学采取竞赛形式推广创业活动的方式较为多样，如利物浦大学科学创业中心、纽卡斯尔大学等均设有不同类型的商业计划大赛，同时经费资助、创业课程、研讨会和咨询指导等均成为创业竞赛的支持方式[①]。

3.英国创业教育课程实施

在多年的发展中，英国创业教育课程体系形成了多样化的实施模式，可以

[①]　胡瑞.新工党执政时期英国高校创业教育研究[M].北京：高等教育出版社，2013：144.

分为传统模式和互动模式。

传统模式由商学院主导，面向大学所有专业的学生，主要依托创业课程和创业教育项目实现创业教育培养的目标。

这一模式主要有以下特点：创业教育课程的目标在于培养基于商业背景的创业者。创业课程通常以商业原则来讲授，力求使学生掌握创业的基本过程和面临的问题，为今后的创业实践提供指导；创业教育的实施主体有明确的规定，主要由商学院实施，包括课程开设、项目设置、创业活动和师资供给等具体问题；培养对象为在校各专业的大学生，力求通过整合各种资源和技术吸引来自全校的、有着不同专业学习背景的学生参与其中，但是对社会其他成员的吸纳程度不高。创业教育的主要载体是创业课程、创业项目和商业计划。大多数创业教育项目将商业计划的设计作为教学重点，同时将撰写商业计划书作为向学生灌输知识的主要途径。

互动模式是指在全球化引发的复杂和不确定的社会背景下，引导大学积极利用社会资源，将创业角色纳入社会系统加以考虑，培养包括大学生在内的诸多社会成员掌握创业特性、学会创业行为和技能的创业教育模式。

互动模式创业教学过程始终贯穿创业的思维方式，行为方式以及感知、交流、组织学习与思考方式，其主要特点是培养目标的丰富性。互动模式更加注重创业态度、创业精神的培养，并力求促使受教育者实现从创业意向到创业行动的转变：①实施主体的多元化。除商学院外，其他各专业学院、创业中心等都成为了推动创业教育的主体，各方参与的方式使创业教育成为全校性任务，从而扩大了其影响力。②培养对象的扩展。互动模式的创业教育面向全体学生、所有学科领域，甚至是校外组织及社会各界人士，这不仅有利于吸纳校外力量参与创业教育，也有利于提升创业教育在整个社会中的地位和作用。

（三）印度高校创业教育体系

为了推动大学生创业，促进高校知识成果转化，加强高校与企业间的合作，印度政府启动了一系列措施，如设立创业项目、提供资金保障、建立管理机构、开展教学研究、服务大学生创业等来推动创业教育发展。在创业教育蓬勃发展的同时，印度的创业教育课程逐渐形成了丰富的体系。

1.创业教育课程：以学校为主

印度创业发展学院属于独立自治的非营利性组织，致力于创业教育、研究及培训。1988年，印度创业发展学院在印度率先开设创业教育课程。其两年全日制企业创业和管理毕业文凭课程为学生提供了量化的、分析的、战略的技能，涵盖商业与管理实践，享有一定的国际知名度。其开设创业课程的专业包括新企业创建、家族企业管理、农业创业和服务管理，约75%的学生成功创业。创业发展学院也为社会部门提供了非政府组织管理研究生文凭[①]。

印度商学院的瓦德瓦尼创业发展中心为学生提供的创业项目包括组织商业计划或新创企业大赛；组织启动初创企业工作坊；从评估创业观点、制订业务计划开始指导学生，并支持其初始实施阶段；与风险投资商、技术提供商、企业促进机构、商业银行及其他金融机构建立关系和加强互动；创建来自不同领域的外部导师提供指导的具体项目生态系统。印度商学院支持学生扩大视野，包括开设新兴的培养创业与家族企业领导者课程，使学生在实际应用中受益。瓦德瓦尼创业发展中心为准备创业的学生提供了不同的课程：①创业研究生文凭课程，学制为9个月，面向的对象为本科毕业生；②创业管理研究生文凭，传授学生中层管理经验，学制9个月；③面向本科毕业生的6个月创业管理研究生文凭课程。此外，还有国际贸易物流证书课程、工商管理学硕士课程、行政管理研究生项目、国际贸易行政硕士、中小企业管理硕士文凭、管理研究计划（博士）等专业学历、学位课程等[②]。

2.创业课堂：与企业家互动

当时，"企业家大使"的形象成为学校培养创业精神的榜样与楷模。印度创业发展学院的企业家互动是指定期邀请来自不同行业的杰出企业家，与学生分享创业经验。通过著名的创业家讲述他们的创业之旅，分享创业过程中的酸甜苦辣，启发学生如何开始适合自己的创业之路。同时，印度创业发展学院鼓励学生参与由各创业发展中心和其他机构在艾哈迈达巴德举办的活动和研讨会，便于学生最大限度地了解目前的经济情况和国家、国际的发展态势。另外，为了帮助学生了解实际的工作环境，直接与部门主管进行简单互动，印度创业发展研究所（EDII）每3个月为学生提供一次引导性的企业参观活动，为学生提供进入企业实地考察与参观的机会，从而为学生进行后期创业活动提供有利的实践支持。

3.创业见习课程：与地方企业合作

地方企业合作性创业见习课程具有重要意义。对于将来要从事创业的学习者来说，在风险企业中的实习意义重大。特别是到成长显著的风险企业中见习

---

① 徐小洲，李娜.印度高校创业教育发展动因与模式 [J].比较教育研究，2013，35（5）：59-62，96.

② 徐小洲，李娜.印度高校创业教育发展动因与模式 [J].比较教育研究，2013，35（5）：59-62，96.

对培养学生的企业家精神非常重要，对学生将来从事创业也大有裨益。

体验式学习是印度创业发展学院创业教育的实践环节，包括暑期实习和其他具体项目。

暑期实习是在第一年学习结束后，学生完成第一年 8～10 周的工作实习实践。印度创业发展学院设置了实习安置中心，工作重心是推动学生和行业间的互动。一般来说，实习安置中心会参考学生的专业和兴趣，将其安置在较为合适的工作机构。通常，实习安置中心会先考虑中小型企业。这点与印度政府倾向满足中小型企业人才需要的政策相关，也是印度高校创业教育课程发展历史脉络中不容忽视的部分。

印度高校体验式学习的另外一种表现形式是项目参与体验。在印度创业发展学院，这类项目是指由学院发起的"详细项目投资报告"和"五年远景规划报告"的体验项目。在参与项目的过程中，参与者在进行了周密的市场调研和 IT 应用程序二级数据的基础研究后，需要准备"详细项目投资报告"。对于家族企业管理专业的学生来说，需要准备"五年远景规划报告"，其主要涉及家族企业的成长。项目报告评估组由教师、行业专家和银行家组成。学生通过项目结业典礼的形式完成最终报告。值得一提的是，上述两类报告将有可能提交给印度工业发展银行有限公司及印度小型工业发展银行，作为未来企业运营资金及短期贷款的参考报告。这类项目体验式学习更受学生欢迎，尤其是对于具有强烈创业意愿的学生群体更有吸引力。

第三节　高校创业教育课程体系建设的现状

经过多年的发展，我国的创业教育课程已经实现普及。无论体系建设、内容设置，还是学校的重视程度、学生的参与度等都取得了长足发展。但是，由于地域理念、不同类型高校的传统和现实情况的差异，创业教育课程建设也面临着亟须解决的问题。

一、创业教育课程体系初步形成

随着"大众创业，万众创新"口号的提出，我国高校也越来越重视创业教育工作，创业教育课程体系已经初具规模：课程覆盖面广、学生自主创业率逐年增长；注重大学生创业意识、创业精神和创业能力的培养，形成了多样化的课程体系；积极探索融合性课程，为培养高素质、高技能创业型人才提供新模式。

（一）课程普及度越来越高

由于高校对创业教育的高度重视，创业教育课程已经在学校范围内广泛开设。根据部分高校调研结果显示：我国开展创业教育课程越来越多，在对"本校是否开展创业教育"的回答中，70%的学生选择"有"；在对"以何种形式开展"的回答中，43%的学生选择"选修的创业课程"，22%的学生选择"必修的创业课程"[1]。据统计，有90%以上的浙江高校开设了不同形式的创业教育课程，其中70%左右的高校是以选修课的形式进行教学[2]。根据近几年的相关调查，从研究型大学到高职高专类院校，都已经开设了创业教育相关课程，尤其是在面向全体学生的公共选修课中加入了创业教育模块，使更多学生有机会接受创业教育，培养创业意识。

这种广泛普及的创业教育使越来越多的学生走上了自主创业之路。自主创业比例逐年增加，越来越多的学生开始接受创业教育，并且开始积极投身于创业实践活动中。据麦可思中国大学生就业报告显示，大学生创业人数正在稳步增长，自主创业比例从2010年的1.5%逐年递增，到2014年自主创业比例达到2.9%。虽然2018年2.7%的自主创业率有些衰减，但创业教育理念越来越被大学生所认可，大学生的自主创业比例也将会越来越高。

（二）课程体系开设多样

目前，我国部分高校已经形成了多样化的创业教育课程体系，大致可以分为三类：第一类是面向全体学生的创业通识课程，以培养学生的创业精神和创业意识为目的；第二类是以创业强化班和精英班为主的创业教育课程，以颁发创业学学位和鼓励学生成为自主创业者为目的；第三类是由国际劳工组织设立的创业教育课程，如"大学生 KAB 创业基础""创办你的企业（start your business，SYB）课程"等，以普及创业知识和技能为目的。同时，在近些年的发展下，有一种微创业培育平台走进高校学生的视野，这种课程针对创业成功的学生，旨在提高学生经营或运营方面的能力。这些不断建立的课程体系在培养学生的创业意识、创业精神和创业能力等方面都已初见成效。

---

[1] 侯慧君，林广彬.中国大学生创业教育蓝皮书[M].北京：经济科学出版社，2011：105.
[2] 黄兆信，施永川.浙江省大学生创业教育现状研究［J］.高等教育研究，2010（3）：85.

（三）创业课程与专业课程有机融合

在培养学生创业精神和创业意识的同时，将创业教育课程与专业课程进行有机融合，符合当前创业教育的发展趋势，也将创业教育推向了更高的水平。在我国现有的课程体系中，部分高校在专业教育中融合创业教育，加强了本学科专业领域的前沿知识、相关交叉学科专业的前沿信息、相关行业与产业发展的前沿成果的不断反馈；以创业活动为出发点，强化实践环节，全面深入地掌握专业技能，为学生提供了所需的与创业活动直接相关的专业技能。在这种融合下，国内高校开始了积极探索。以温州大学为例，本校依托其创业人才培养创新实验区的优势，在服装设计、法学、汽车工程等专业方面探索创业教育课程与专业课程的融合。温州大学在推进创业教育的过程中，鼓励专业教师开设专业类创业教育选修课，现已经在经济学、国际经济与贸易、市场营销、财务管理等专业设置了"中小企业创业实务""温州企业家创业案例分析"等专业选修课；在汉语言文学、广告学、艺术设计、服装设计与工程、汽车服务工程、工程管理等专业分别开设了"媒介经营与管理""鞋类产品市场营销""服装市场营销""服装企业管理""汽车营销学""汽车服务经营与管理""建筑企业管理"等专业选修课 [①] 。

二、创业教育课程实施效果欠佳

受到多种因素的影响，在我国高校创业教育课程推行阶段，课程体系的整合度不高，课程内容编排不够合理，教学方法有效性不足，创新创业教育还有很大的发展空间。

（一）对创新创业教育的认识不足

在我国高校创业教育起步阶段，很多院校虽然已经开展创业教育课程建设，但是院校对创新创业教育的认识依然不足。部分高校对创新创业教育的作用和价值认知不足，重视程度达不到要求。由于深受"学而优则仕"的思想影响，学生和家长在毕业时纷纷会优先将眼光转向稳定的工作，学生创业意识淡薄。对于很多高校来说，其开设创业课程的内涵旨在解决学生就业难题，过分重视创业大赛成绩，导致创业教育具有浓厚的功利色彩，与创业教育的目标背道而驰。

---

① 黄兆信，曾尔雷，施永川，等.以岗位创业为导向：高校创业教育转型发展的战略选择[J].教育研究，2012，33（12）：46-52.

（二）课程体系的整合度不高

国内高校中普遍存在创业教育课程体系整合度不高的问题。为了全面落实创业教育的方针政策，各高校开设了多种形式的创业教育课程，但是不同的课程隶属于不同的管理和实施主体，彼此之间缺乏关联和整合，资源呈现条块分离。这些都造成了创业教育的资源利用率较低、重复和浪费现象突出。

高校普遍存在多重管理主体的问题。创业教育强化课程一般是由管理学院和经济学院提供，专业化创业教育课程隶属于不同的专业学院，SYB"创办你的企业"、KAB"了解企业"等课程则由团委和学生处等单位负责，各类创业课程相互独立、分散实施，缺乏联动机制。例如，在对上海高校的调研中发现，创业教育挂靠学生处和团委的学校各占40%，挂靠产业处和相关专业（或学院）的学校各占10%。这就造成不了必要的人力、物力浪费，同时不利于统一管理和资源整合。导致这一现象的原因有很多，其主要原因是很多高校的创业教育实施是基于行政指令，抱着完成教育部任务的心态来开设创业教育课程，属于"任务主导型"，缺乏内在的发展动力，创业教育没有成为学校的自发性需要。一些重点高校以追求"高精尖"的学术研究为导向，容易忽视创业教育，没有将其纳入人才培养的整体规划中。

（三）课程内容编排不够完善

课程内容作为课程实施的核心，其编排合理尤为重要。科学合理的教材是培养高素质创业人才的关键。绝大多数开设创业教育课程的高校都没有规范、权威的教材和教学内容标准，有的教材是对国外教材的翻译或简单移植，缺乏与中国实际的结合；有的教材是将零碎的创业活动实践进行简单整理，理论深度不够，缺乏合理性；也有少量结合当地和学校自身实际情况所开发的校本教材，但是缺乏科学论证，大多只是简单的拼凑。这些教材不能很好地展示创业教育的理论深度和实践发展，不具备普遍指导意义。

根据一些相关的调研，现在部分学生在学习创业教育教材时，接受程度都比较低。这与教材内容的编排有着非常紧密的关系。目前，高校的创业教育教材参差不齐、缺乏理论合理性，没有形成针对不同类型高校的统一教材体系。而且除了高校自行编制相关教材外，授课教师也基本上依据个人认知和经历进行教学。当然，这一现象的存在是由于我国创业教育整体发展还不够成熟，同时与我国创业教育师资匮乏密切相关。

（四）教学方法单一、有效性不足

作为实施创业教育的手段，教学方法也非常重要。而在实施创业教育的高校中，普遍存在教学方法单一、实践性和有效性差等问题。在我国大多数高校中，创业教育从属于就业指导，课程的课时只占其中一小部分，创业专职必修课程安排较少，都属于公共选修课的形式。在教学内容层面，学校仅关注理论的灌输，轻视学生的实践操作能力，致使创新创业教育与社会实践严重脱离。设立的创业课程也没有具体的课程计划作为指导，与实际脱离，教学形式较单一。

而且，除了就业指导这种模式，一些高校中的通识类创业教育教学大都以讲授法为主，每学期安排 1 ~ 2 次实地参观科技园、公司企业等；在专业类创业教育教学或创业强化班中，活动以讲授创业理论知识为主，辅以专家讲座、实习参观等活动。这些方法都是以理论知识的传授为主，与传统经管类、商学院教学方法并无差异，缺少实践操作类的教学方法。即使开设实践课，也都是流于形式，创业理论脱离实践。例如，以项目为中心的教学方法不能很好地体现创业教育的专业特色，更谈不上创业教育教学中的针对性。

第四节　建设高校创业教育课程体系的对策

依据我国经济发展、产业转型升级和高校创业教育开展的实际情况，高校应该建立"分类定位、结构优化、内容合理、实施有效"的创业教育课程体系，其主要包括三个方面：确立分层互动、学生需求导向的课程目标；依据创业教育课程的定位，形成制度合理、内容丰富的课程体系；针对不同课程内容进行有效教学，采用多元灵活、能力导向的教学方式。

一、确立分层互动、学生需求导向的课程目标

（一）分层互动的目标定位

创业教育课程体系的构建与实施主要围绕培养什么样的人才、如何培养人才以及如何达到高校培养目标的要求来展开。因此，创业教育课程体系的定位应以不同类型高校的人才培养目标为基本依据。我国高等院校大致可以划分为研究型大学、教学型大学和职业型院校。根据高校人才培养目标的差异，创业

教育及其课程建设也有不同定位，如表4-12所示[①]。

表4-12　大学类型与创业教育定位

创业教育	研究型大学	教学型大学	职业教育类院校
目标	创新与创业结合	市场化指向：拉动区域经济发展	企业化指向：推动社区发展
人才类型	精英型人才	复合型人才	应用型人才
课程重点	创业原理与方法	创业知识与技能	创业知识与单项技术的结合

不同的高校依据自身的发展现状，结合区域和院校优势，打造不同的课程特色，最终形成不同层次、有区别、有特色的创业教育课程体系。

研究型大学拥有最优秀的教师和学生群体、最充足的经费保障和最便捷的资源渠道，以培养研究型人才为目的。这类院校要在发挥自身理论和科研优势的基础上不断提升创业教育的整体层次和水平，培养更多领导型创业人才，促进高科技成果的转化，成为创业教育的领航者；教学型大学则要结合当地产业结构，立足区域特色，为本地区的经济社会发展培养大量复合型人才，如以第二产业为主的地区，可以结合当地制造业密集的优势培养大量制造行业的创业型人才，为当地的创业结构升级作贡献；而职业教育类院校则以培养实用型、应用型创业人才为目标，如农业类院校可以加强现代农业技术的开发应用，打造生态农业、绿色农业等新兴产业，培养大批懂技术、会生产、善运营的新型农民。

高等教育的发展方向应该是错落有致、多元共存的，绝非同质化、趋同化。创业教育也要遵循这一规律，发挥不同院校的优势，形成"百花齐放"的良性体系。

（二）学生需求导向的目标定位

由于高校内学生群体的创业教育诉求不尽相同，因此针对不同学生的需求进行准确定位也至关重要。不同学生的需求大致可以分为以下三类：第一类定位于提高自身的整体素质，其核心是培养自身的创新精神。创业教育中传递出的创新精神是学生未来面对全球化竞争所必备的素质。作为未来社会的主体，大学生更应具备这种精神以推动国家、民族的发展。无论从个人差异，还是从社会现实来看，人人都成为创业者并不切合实际，但创业意识和创新精神则是

---

① 席升阳.我国大学创业教育的理论与实践[M].北京：科学出版社，2008：146.

知识经济时代对人才规格的基本要求。针对此类学生，学校可以在通识教育中开设创业教育模块或在校园文化中融入创业元素，使学生耳濡目染，从而培养其创业意识和创新精神。

第二类是内创业者。内创业者是指在现有的公司或企业体制内，发挥自身创业精神和革新能力，改进技术，提升效率，从而为公司或企业获取利益的人。这类学生需要了解创业者所需的各种品质和素养，如冒险精神、独立思考、团队合作等，同时要能综合运用规划、决策、生产、管理、评价、反馈等知识，独立完成创业设计，解决实际问题。此类学生既要掌握从事未来职业所需的知识和技能，又要具备一定的创新思维、创业精神和创业能力，能在工作岗位上利用企业资源进行创业活动。针对此类学生，学校可以将创业教育作为专业学位之外的第二学位，达到一定的考核和修习要求即可获得双学位，使学生在习得专业知识的同时掌握创业技能。

第三类是自主创业实践者。这类学生具有强烈的创业欲望和一定的创业能力，以成为自主创业实践者为目标。这类学生是狭义的创业教育所要培养的主体。对于此类学生，创业教育的重点是要培养他们的创业实践能力，包括专业能力、运营能力和综合能力，为他们提供资金支持和技术咨询，支持其创业项目的后续发展。虽然此类学生所占比例在各高校中较小，但是作为创业实践者，学校应该以强化班、精英班的形式对其进行重点培养和教育。

二、形成制度合理、内容丰富的课程体系

（一）资源整合，实现制度化管理

高校的创业教育课程大多依托某个或某些学院，没有形成统一的管理和联动机制，不利于统筹资源、全面协调。为了更好地规划和实施创业教育课程，高校要根据自身实际，建立独立的管理机构和规范化的管理制度，从而明确权责，使创业教育更具有时效性。

首先是建立独立的创业教育管理机构。这一机构的职责是统筹、规划和落实全校创业教育有关工作，整合学校各部门资源，形成整体优势，负责全校的创业教育教学管理、创业实践与创业研究，并指导各二级学院结合专业特色和师资优势进行创业教育教学，如可以设立创业中心或创业学院负责全校创业教育的实施。创业中心或创业学院的设立一方面可以提供创业教育课程和项目，发展创业学学科；另一方面也可以作为学校创业教育发展的统筹机构，指导和

规划不同学院的创业教育工作。

其次是建立规范化的管理制度。为了保证创业教育课程实施的长效性，建立规范化的管理制度尤为关键。管理制度应该包括日常工作制度、具体化实施制度和人员培训考核制度等。日常工作制度是对创业教育课程的整体规划和设计，明确将创业教育课程实施作为一项长期性工作的必要性；具体化实施制度是落实权责、细化岗位和个人责任的制度；人员培训考核制度是对行政人员和教学人员的培训和考核制度，包括工作量的规定、定期的培训要求和奖惩机制等，这有助于充分调动创业教育参与人员的积极性和主动性。当然，规范化的管理制度要真正落实，绝不能只有形式而流于空泛。如何监督制度的实施也是高校需要解决的重要问题。

（二）完善课程内容，编制创业教育教材

教材是课程内容的主要载体，所以开发创业教育教材至关重要。结合高校的实际情况，创业教育教材的开发应包括两方面：一是对国外经典教材的引入和借鉴。我国的创业教育发展处在初级阶段，国外经典教材对我国创业教育发展有重要的借鉴意义，如美国百森商学院的"创业学丛书"是公认的创业教育经典教材，国内的一些高校也在积极引入。由于中美两国在诸多方面存在差异，因此在引入经典教材时，如何将其中国化，即在吸取国外课程教材建设经验的基础上，结合当地的经济形势与学生特点开发具有中国特色的创业教育教材是参编人员应该考虑的首要问题。在百森商学院的"创业学丛书"中有"创业企业融资"这一模块，在将其引入国内高校时，除了引入常规的融资途径等基本知识外，还可以结合中国的具体情况，介绍每一种融资渠道的具体运作方式及相应案例，如在创业教育教材中加入当地的商业和文化元素。二是结合地域和院校特色开发校本课程。校本课程开发在基础教育领域开展较多。作为与实践活动和地域经济结合紧密的创业教育课程，开发有特色的校本课程具有重要的理论和实践意义。例如，浙江是全国民营经济最为发达的省份，很多地方都形成了独具特色的地域商业文化，如温州、宁波等地。这些地方的本专科院校是以本地生源为主的，所以结合当地的商业精神和创业结构优势开发特色校本课程，更贴近学生的现实生活，更有助于他们学以致用。温州当地高校可以结合本地第二产业的优势，在服装、鞋靴制造等专业开发相应的课程，同时将温州人精神融入学校课程和校园文化中，实现创业教育教材的校本化。

（三）实现创业教育与专业教育的深度融合

创业教育与专业教育的深度融合是创业教育向纵深发展的必然要求。高校应将创业教育课程纳入不同专业的人才培养计划中，利用多种方式将创业教育课程内容纳入专业课程体系，从而培养学生基于专业优势的创业能力。

结合高校创业教育课程的发展实际，实现两者的融合需要有不同的阶段和路径：一种是嵌入模式，即在专业课程教学过程中渗透创业教育内容，通过在专业课程教学内容中适当增加创业元素和优化课程体系结构来培养学生基于专业知识的创业素养，如人文社科专业可以穿插创业精神、创业政策、创业基本规律的讲授；在工科类专业中，可以结合专业知识对当前国际创新技术和一些衍生公司的发展等进行案例教学，鼓励学生将技术转化为市场需求，获取社会和经济双重效益。另一种是融合性模式，即增加专业创业类课程。此种模式是打破已有的课程体系，设计和开发新的课程，并实现两者的有机融合。高校可以在部分专业（如工程、农业和环境科学等）内开展试点，打破原有的课程体系，编写新的与创业深度融合的课程内容，提高实践教学的比重，让学生在做中学、学中做，培养他们的专业类创业能力。这种模式是融合的高级阶段，对教材和教师的要求都较高。

三、采用多元灵活、能力导向的教学方式

为了更好地实施创业教育、培养创业型人才，高校应积极借鉴其他学科的先进教学方法，积极进行教学改革，同时改革传统的考核方式，使学生真正参与实践，并做到学以致用。

（一）建立多元灵活的教学方法

创业教育的很多课程内容是面向实践、强调参与的。这些特点要求高校在创业教育教学上要勇于改革传统，采用不同于传统的新颖的教学方式。

在目前的创业教育教学中，讲授占据了绝大多数时间。讲授法的重要性毋庸置疑，但是在此种方法之外，也要积极尝试改变。比如：①开展项目教学，积极引导不同专业的学生依托各自的知识背景组成创业团队，自行设计创业项目，有效利用校内外资源进行实践。在国外很多高校，学生在校期间已经创办上市公司或技术衍生公司，并成为行业内的佼佼者。②采用角色扮演法，让学生在课堂上进行角色扮演，模拟公司各职能部门，使学生获得更直观的体验和

认识。③开展实践教学，依托校内大学生创业园、创业工作室及校外实践基地，分专题、有针对性地进行实习，并要求学生撰写调查报告、编写创业案例。为了更好地实现创业与专业的结合，还可以采用基于问题的教学、从做中学、行动学习等方式，以开放的姿态吸纳企业或创业者的参与。通过引入这些新型教学方法，使实务实践类课程比例在总课时中达到一半以上。

创业教育本身包括不同的模块，如创业者、创业过程和新企业管理等，教师要根据不同模块知识的特点和要求，灵活多样地实施教学，针对不同内容和不同学生群体采用适宜的教学方法。在融合创业教育与专业教育方面，要兼顾不同学科的专业特点，开展有特色、有区别的教育教学。同时，高校可以结合自身学科和师资优势，进行试点改革，并将成功经验进行总结和推广，以点带面，最终建成良性的校园创业教育生态系统。

（二）转变考核方式：从重知识向重能力转变

与课堂教学方法改革相对应，创业教育教学的考核方式也要适时调整，改革传统的纸笔测验的方法，打破常规，注重过程。

传统的纸笔测验考查的是学生的记忆能力和思辨能力，并不能对学生的创业能力进行评估，因此可以采用项目考核、汇报答辩等考核方式。项目考核是给学生布置创业实践任务，通过一学期的学习，考查学生完成创业项目的情况。这种考核与以项目为中心的学习方式密切关联，主要考查学生的创业实践能力，符合创业教育的培养目标。汇报答辩则是考查学生在语言表达和人际沟通等方面的能力，如商业计划书课程就可以使学生组成团队，完成商业计划，并在学期末向教师、同学甚至是企业投资人等进行汇报答辩。同时，对学生的考核应贯穿学习的全过程，学生的成绩要结合理论课成绩、企业实习报告、参与创业竞赛的情况、毕业答辩、创业导师评价等给予综合评定。较之传统的考试，这些新颖的考核方式需要学生对一年内所学的知识进行综合性展示。这种考核方式不仅对学生的能力提出了更高的要求，还能体现创业教育的特色和目的。同时，考核方式的选择要与教学过程和学生的学习任务相适应，高校在探索新的方式方法的同时，更要注意考核方式的多元化和有效性，不可一味求新，而忽视教育教学的实际情况。

第五章　高校创业教育师资体系建设

　　教师作为高校人才队伍建设的主体，是学校学科建设、培养高层次人才的关键所在。建设一支素质过硬、结构合理、充满生机和活力的高校师资队伍，是高校教育改革的首要任务。在提倡创新创业教育的今天，建设创业教育师资体系极其重要。本章对国际视野下的创业教育师资体系建设经验进行整理，多方面地分析了我国高校当前创新创业教育体系现状，为师资体系建设提供了策略，丰富了读者对我国高校创业教育师资体系的认知与思考。

第一节　国际视野下创业教育师资体系建设经验

　　高校创业教育的师资建设问题集中表现为师资队伍组建与培育。欧美国家高校创业师资队伍呈现规模大、专业背景差异性强的特征，多由专门的创业中心、创业学院统一管理，各创业中心与学院具备在全校协调师资的资格与职能。师资培育主要通过设立创业学学位、设置捐赠席位、提供师资培训项目、引入校外师资等途径实施。

一、师资规模与管理

　　美国、英国在创业师资规模与管理两方面积累了许多成功的经验，具有重要的借鉴意义。

（一）美国师资规模与管理

美国高校创业教育处于世界领先地位。创业中心和创业学院是美国高校管理创业教育教学和师资最为典型的形式。这种创业中心与创业学院，为美国提供了一定数量的工作岗位，也在一定程度上促进了创业教育的发展。

美国高校创业中心人员主要有教授／兼职教授，终身教职／非终身教职教师，捐赠席位教授，全职／兼职工作人员。主要构成比例如表5-1所示。

表5-1　美国创业中心的师资和工作人员

教师数量	所有创业中心均值	排名靠前的创业中心均值	一般创业中心均值
拥有博士学位的教师数量	3.9	5.2	3.6
拥有工商管理硕士学位的教师数量	1.5	1.8	1.4
拥有终身教职的教师数量	3.0	4.3	2.7
非终身教职的教师数量	2.2	3.2	2.1
兼职教师的数量	1.8	2.8	1.7
已创办企业的全职教师数量	2.2	2.4	2.2
已创办企业的兼职教师数量	1.5	1.9	1.2
全职工作人员数量	2.8	3.5	2.7
兼职工作人员数量	1.3	1.9	1.3
创设捐赠教席的数量	1.0	2.31	0.73

美国创业中心分布甚广、数目庞大，但整体发展水平参差不齐。百森商学院、麻省理工学院、康奈尔大学等高校在创业教育方面表现得尤为出色，突出表现为规模庞大的师资数量、系统的师资管理、多样的激励手段。

1.百森商学院

百森商学院将创业教育作为一门独立的学科已有近50年的历史，学院极力推广"创业的思维和行动"，鼓励"所有形式的创业"，形成了独特的校园创业文化。百森商学院声称拥有世界上最强的创业师资队伍，创业系有超过50名的教职工，其中包括18位具有终身教职的教师和30多位兼职创业者，迄今为止，每年都在师资方面进行着不断优化[①]。

师资管理主要由阿瑟·布兰克创业中心负责，该中心是整个百森商学院创

[①]　Babson College Faculyand Visiting Seholars [EB/OL]. (2013-05-30) [2020-01-05]. http://www.babson.edu/Academies/divisions/entrepreneurship/facultyscholars/Pages/bome.aspx.

业活动的神经中枢。师资建设与课程建设相辅相成。百森商学院针对本科生、研究生制定了系统的创业教育课程框架，围绕必修、选修和专业定制形成了三个层次的创业教育课程。其中，选修课程的总数已达80门。相应地，学院充分吸收来自不同专业的师资，形成了结构化的师资队伍。创业教育的实施也从过去单纯的创业技能教育转向将创业教育融入整个课程体系，并强调"创业思维和行动"。每门课程都由一位资深教授和一位富有创业经验的创业者共同执行，力图为学生提供创业教育理论和与实际生活相平衡的创业教学。该措施与整个百森商学院强调的"创业理论与实践相协调"的教学哲学是和谐统一的。

为了鼓励和支持在校教师的创业研究，百森商学院还专门设立了"百森教职工研究基金"。该基金面向全校教师，为有价值的教师研究项目提供支持。在校教师通过竞争获得基金，并承担基金的研究使命。除了支持个别教师的研究项目外，该基金也为学院教师和工作人员正在进行的研究项目以及即将出版的研究成果等提供支持。不仅如此，学校还削减了在校教师的教学工作量，使教师有更多的时间从事专门的项目研究[1]。

2. 麻省理工学院（MIT）

创业中心提供4个领域的课程：基础学科、创业技能、产业聚焦和其他创业选修课。除了少数课程外，多数课程面向所有MIT学生。课程的实施采用双轨制教职工的方式，由教授和兼职实践者共同为学生上课，提供一系列的知识和经验。

创业中心还设立面向所有MIT学生的常驻企业家项目，配备的师资包括三类人群：经验丰富的创业者和专家所构成的战略专家队伍、刚成立公司不久的创业者所形成的教练网络、已经完成企业初创的在校生或刚毕业的学生所构成的同行网络。不同层次的创业教育专家满足了学生不同阶段的创业需求，中心还提供专业人员帮助学生根据自己的需要选择合适的常驻企业家项目。通过该项目，学生可以与外部的咨询者和资源迅速建立联系，并形成长期的合作关系。

为了表彰创业导师对创业教育所做出的积极贡献，MIT专门设立了阿道夫创业导师奖。从2005年至今，每年都会有1位创业导师获得该奖项，以表彰创业导师为创业教学所贡献的时间、精力和资金。

3. 康奈尔大学

康奈尔大学通过设立"康奈尔创业网络"将全校各个院系的创业教育进行

---

① Babson College .Babson Faculty Research Fund (BFRF) [EB/OL] . (2013-05-12) [2019-11-29].http://www.babson.edu/faculty/research/bfrf/Pages/home.aspx.

了衔接。其目的在于分享全校所有学院、机构和组织为促进创业教育所举办的各项活动,支持各类全校性创业教育活动的开展,培育每名康奈尔学生的创业精神。为了进一步统筹创业资源,学校特别设立了管理理事会和咨询委员会。管理理事会由 9 位来自全校各个学院的院长组成。咨询委员会由企业家、企业管理者和组织领导人构成,主要提供各类咨询和财政支持。进入咨询委员会有两个标准:第一,有兴趣与其他的校友、教职工一起,共同加强整个康奈尔大学学生、教师、教职工和校友的创业资源供应;第二,愿意用提供资金的方式支持各类项目。其中,各学院依据自身的优势设立不同的学科,学生可以跨学院、跨专业选课,保证学生可以根据自己的兴趣选择适合的课程。

为了表彰和鼓励优秀的创业师资,康奈尔大学还特别设立了"克拉克教席"。该教席每年授予一次,只有表现积极,或有重大贡献的教师才能获此荣誉。自 1992 年以来,多位教授获得该项荣誉。

总的来说,创业教育是一种素质教育,不同学科的学生都有必要接受创业教育。除了必要的师资数量、师资管理和师资奖励外,创业教育的性质还决定了高校应提供具备多学科背景的师资。美国亚利桑那大学埃勒管理学院的"麦克奎尔创业中心"吸引了来自不同专业(包括工程管理、音乐、社会学等)的多名创业师资,并设立了创业师资咨询小组负责管理和调配创业师资。咨询小组由学校每个系部(经济学、管理和组织学、管理信息系统、市场营销、财务、会计)各出 1 名代表组成,另有高级管理和董事。咨询小组的任务是在创业中心和埃勒管理学院之间建立联系,提供创业教育的相关课程,在创业教育和课程方面与教师管理委员会保持联系。同时,该小组还开展相关的创业研究,促进创业与传统商学科的融合。

德州大学艾尔帕索分校的"创业发展、进步、研究和支持中心"汇集了多名创业师资,专门从事创业教育与研究。同时,它还组建了咨询委员会负责创业教育的实施和师资管理工作。其中,不同人才负责不同领域的教学活动,很好地满足了多学科教师文化的需求。中心选择教师的潜在标准是"教师对创业有极大兴趣,教师群体拥有共同的发展旨趣"。

(二)英国师资规模与管理

英国推行创业教育的大学中,60% 设有专任副校长负责创业教育,63% 的大学将创业教育作为自身的发展使命之一。67% 的大学拥有学生创业俱乐部或创业社区,64% 的大学大力支持本校教师从事创业,83% 的大学促使学术型教师从事一线创业教育教学工作，甚至有 44% 的大学指定教授为创业者提供咨询。

早在 2007 年，英国全国大学生创业委员会的研究报告《英国高等教育创业发展的优秀实践》就显示，英国高校创业师资主要有两大来源：一是理论导向的师资，主要由商学院的教师构成。此类教师通常具有较好的研究基础，但实践经验相对较少。1995—1999 年期间，40 所英国高校中，非商学院教师提供创业教育的仅为 3 所，在随后的 5 年发展历程中，上升到 18 所。二是从企业聘请创业投资家、咨询师、企业家等具有丰富管理经验的人员担任创业导师。

1. 伦敦商学院

伦敦商学院因在创业教育领域的突出成就而享有盛誉，其与美国百森商学院共同发起了著名的全球创业观察项目（GEM），参与该项目的国家已经超过 42 个。伦敦商学院致力于培养领导型人才，涵盖会计、经济、金融、管理科学与操作、市场营销、组织行为学、战略和创业七大领域。丰富的师资来源、面向国际的创业课程和项目、遍布全球的学生等因素使伦敦商学院的创业文化得到国际的普遍认同。伦敦商学院聚焦于创业教育，力图成为创业者学习的最佳场所、有创业头脑的学生学习的最佳场所、有创业研究兴趣教师的最佳工作场所、拥有创业精神实践者的最佳场所[1]。伦敦商学院有多名来自不同国家的创业师资，这些师资具有丰富的创业实际经验，涵盖战略管理、企业战略、技术和竞争力的战略、管理创新、国际管理、经济社会学、组织间的关系，组织学习、就业的关系，产业演进等极为广泛的课程领域。

2. 剑桥大学

剑桥大学创业学习中心（Centre for Entrepreneurial Learning，CFEL）的核心创业师资队伍由 10 名教师构成。其主要工作职责是设计创业教育课程、参与创业教学，尤其要向其他创业教学者和实践者共享课程与经验。其教学得到了企业家、社会组织的大力支持，另外有数百名工作人员参与创业教育的教学与研究工作。该中心认为最佳的创业师资是真正的创业者，因此邀请有经验的企业家为新手创业者和学生提供课程教学、讲座和研讨，与学生分享他们的知识和经验。近年来，已有 300 余名企业家参与了中心的教学活动。中心还配备了由企业家和商业领袖组成的辅助师资队伍，其中包括 2 位访问企业家和 19 位常驻学校的企业家。

总之，从师资规模看，英美两国高校创业师资相对充足，在教师数量最多的院校中，各类创业师资的总数达到近百名。师资管理呈现出以下 5 个方面的

① 胡瑞.新工党执政时期英国高校创业教育研究 [M].北京：高等教育出版社，2013：164.

特征：第一，通常设立专门的管理机构，由专门机构统一管理创业师资，如亚利桑那大学、德州大学艾尔帕索分校等；第二，师资遴选兼顾理论与实践，典型方式有理论型师资和实践型师资一对一联合教学，如百森商学院、麻省理工学院等；第三，强调多学科师资队伍，如亚利桑那大学的"麦克奎尔创业中心"，德州大学艾尔帕索分校的"创业发展、进步、研究和支持中心"等；第四，构建庞大的兼职教师队伍，大量聘用校外优秀的创业师资形成以兼职方式为主的创业导师团参与创业教学，丰富创业教学内容；第五，强调创业教学激励，设立专门的创业教育者奖项，如麻省理工学院的"阿道夫创业导师奖"、康奈尔大学的"克拉克教席"等。

二、师资教育与培训

创业师资的教育与培训包括职前和职后两个阶段。综观国际上高校创业教育表现较为卓越的国家和高校，都普遍通过设立创业学学位、设置捐赠教席、提供师资培训项目等方式教育和培训创业师资。

（一）创业学学位的设立

创业学学位体系建设是确保创业师资良性补给的重要保障。1999—2000 年，美国就已有 142 所大学在本科或研究生阶段将创业作为专业领域，有 49 所学校设置了创业学位。美国、意大利、加拿大、英国、日本等国在本科阶段开设创业学位的高校达 224 所。开设创业学博士学位项目主要有 3 种形式：第一，设立正规的创业学博士学位；第二，在传统的博士领域内，通过提供相应的教师和设备帮助学生进行创业领域的学习和研究；第三，商学院内从事创业研究，参与创业相关项目。采用前两种方式的北美和欧洲的高校共 53 所。

以美国为例，2003 年的一项调查结果显示，在美国 370 所经过认证的商学院中，有 82% 的学院表示提供本科生创业教育项目，69% 的学院表示提供硕士生创业教育项目，8% 的学院表示提供博士生创业教育项目，具体如表 5-2 所示。同时参与调查的还有 154 位对创业具有浓厚兴趣的年轻教师。其中，11% 的教师获得了正式的创业学博士学位，25% 的教师正在参加此类项目，60% 的教师所在单位提供硕士或博士的创业学方向 [1]。

[1] Brush C C, Duhaime, IM, Gartner W, et al. DoctoralEducation in the Field of Entrepreneurship [J]. Journal of Management, 2003（29）:309-331.

表5-2　各层次创业学位和授课教师情况

项　目		参与教师				
层次	提供创业课程的高校比例（%）	终身教职（%）	非终身教职（%）	部分时间/兼职教师（%）	博士生（%）	其他（%）
本科	82	80	30	45	6	2
硕士	69	85	27	38	0	1
博士	8	100	12	0	0	0

　　培养博士研究生是提供高校创业师资的主要来源。2008 年，美国大学商学院联合会（AACSB）所认证的创业专业博士项目共有 35 个，另外有 70 多所没有获得 AACSB 认可的高校同样提供创业博士项目。美国高校博士学位培养方法上更强调学术能力培养；课程内容上由基础类创业课程、经济类创业课程、社会科学类创业课程构成。具体课程内容如表 5-3 所示。

表5-3　创业博士学位培养的课程概况

课程类型	核　心	具体内容
基础类	集中于创造过程和模型，为学生提供宏观的视角、理论，加深对创业广度与深度的理解	宏观背景课程包括社会学、经济学和心理学等，管理领域的课程包括战略、财务、管理等学科内容。能够反映创业背景（个人的、群体的、组织的、社会的）和过程（机会识别、规划、创造性行动等）的学术论文和著作也被囊括在内。三大块内容共同构成了创业基础类课程
经济学类	主要基于奥地利经济学的视角，涵盖机会探索过程、机会识别过程和机会利用过程	如"警觉性、发现、填缝"等概念被用于机会的探索和发掘。其他的一些主题包括创造性毁灭的"彼特增长理论"、创业增长理论、创业入门理论等。除此之外，还包括新企业战略、风险资本等内容
社会学类	从心理学、经济史或者社会学的视角出发，涵盖机会探索过程、机会识别过程和机会利用过程	如新生企业家，新组织的演变和人口流动的影响，用认知心理学的方法解释创业活动、机会获取、环境影响等课程内容。另外的课程内容包括创业人力资本、妇女创业、家族创业、民族创业等

　　美国高校创业学学位体系得到了普遍推广，形成了结构完善的学位课程体系，其经验值得借鉴。

（二）捐赠席位的设置

捐赠席位是教育机构中一种特殊类型的专业职位，企业或者私人捐赠于某一职位，使之区别于学术圈的其他职位，同时授予持有者特殊的地位。通过设立捐赠教席吸引创业师资，是鼓励高校师资参与创业教学的重要途径。捐赠教授席位数量是衡量创业教育发展的重要指标。它吸纳私人资金和基金会资金投入高校创业中心，支持创业教育的开展。

捐赠教席的数量不断攀升。根据考夫曼基金的统计数据显示，自1963年佐治亚州立大学设立第一个捐赠席位以来，美国高校创业领域的捐赠席位数量不断增长。从1999—2003年，捐赠席位从237个增加到406个，近年来捐赠席位增长比例更加巨大。受这种模式的影响，世界范围内创业教育捐赠教席数量持续增长。

捐赠教席的职称多元。对美国103所大学和学院的177个创业教育席位的调查发现，117个（66.1%）席位由全职教授担任，其余60个（33.9%）席位分别由副教授、助教、兼职教授等担任。97个（54.8%）席位在私立大学或学院，80个（45.2%）席位在公立大学或学院（公、私立大学的划分参考卡内基高等教育委员会的划分标准）。

捐赠教席的资金来源和数额不断增加。美国捐赠席位有95%来自私人的慷慨捐助，其余5%来源于公司以及基金会[①]。捐赠席位的捐赠数额也在逐年增加，具体如表5-4所示[②]。高校获得的最大捐赠数额也在不断增长，从1991年的400万美元增长至1999年的1 000万美元，2004年又增到2 000万美元。现如今，捐赠数额已更加庞大。

表5-4　美国每个捐赠教席的捐赠额度

时间（年）	每席位的平均捐赠数额（万美元）
1991—1995	141
1996—1998	185
1999	216
2000—2003	203
2004	224

① Twaalfhoven, B.Entrepreneurship Education and its Funding: A comparison between Europeand the United State [EB/OL]. (2013-05-16) [209-12-C5]. http://www.efer.nl/pdf/RP- Enreprene-urship Education & Funding2000.pdf.

② 梅伟惠，美国高校创业教育 [M].杭州：浙江教育出版社，2010：114-115.

由此得知，创业学捐赠教席的教师职称水平普遍较高，获得的资金捐助逐年增加，薪资水平大幅高于其他类型的教师。捐赠席位的设立是对创业师资的一种认可，极大地刺激了其他专业领域的高水平师资参与创业教学的热情与积极性，在扩充师资队伍的同时，也提升了创业师资队伍的质量。

（三）成立师资培训项目

随着全球高校创业教育的蓬勃发展，创业师资面临巨大的缺口，仅靠创业学位培养和设立捐赠教席已无法满足需求，对在职教师开展创业培训成为世界各国培养创业师资最为主要的形式。师资培训项目有高校搭建师资培训平台、设立区域师资培训计划、校企合作开展师资培训、基金会提供捐赠支持等 4 种主要途径。

1. 高校搭建师资培训平台

百森商学院通过多种形式开展面向全球创业教育者的培训。自 1984 年起，百森商学院已经培训了来自 68 个国家的 3 200 名学术研究者和创业者，每年还向上千万名培训者传授创业理论和实践[1]。创业教育者研讨会项目包括两种类型：公开招生项目和传统项目。"普瑞斯—百森创业教育者研讨会"是唯一的公开招生项目。这种研讨会于每年春季召开，其目的是建立一个国际教育者框架，理解创业教学的融合理论和实践的重要性，不同学科背景的教师都可以参加该项目培训。传统项目包括："创业教育者模块"（MEE）、"创业教育者研讨会"（SEE）和"教授创业思维和行动"。这种传统项目不受时间和地点的限制，每年在多个地方开展多次培训。以"创业教育者模块"为例，该模块分为 6 个教育模块，由百森商学院与国际上多个大学、学院和学术机构联合制定。MEE 项目的核心思想是"应当定期参与学习，提升教师的教学效果"。百森商学院的创业师资培训模式已经得到很多机构的认可，在包括巴西、智利、马来西亚、墨西哥等国家的创业教育机构实施。其项目目标是通过各种教学理论，提升教师创业教学的能力，具体如表 5-5 所示。

① Babeon Collage.Education for Educators [EB/OL]. (2013-06-06) [2019-10-09]. http : //www. babson.edu/enterprise-education-programns/education-educators/Pages/default.aspx.

表5-5　百森商学院MEE师资培育项目

目标	理解创业思维和行动的"魔力"，探索如何将该思想传递给创业者 理解企业家和创业者的心态 认识到创业教学的关键环节和内容 强调个案研究的方法，增加其他不同的、经验型的、基于行动的方法 为有共同创业教育爱好的教育者建立创新创业教育网络 加深与创业教育相关的具体内容的理解
课程	课程模块 创业思维和行动 创造力和创业的产生 设计型的思维方式 机会评价和商业计划 创业影响 公共政策和经济发展 新创企业 社会创业 价值赋予 家庭创业 妇女和少数民族创业 创业合作 技术创业 企业采取 创投管理 教学模块 创业师资和行动学习 个案研究 个案教学 在线远距离学习 课程设计和发展 创业教学的挑战
参与者	项目参与者包括那些来自大学或学院的，已经或将要进行创业教育教学或创业教育研究的教育者和高级管理者。每次参与人数从40名到60名不等

　　英国有多所高校也发起了各类培育创业师资项目，如伦敦大学学院、诺丁汉大学、雷丁大学等都开设了与创业相关的师资培训项目。图5-1反映了英国不同区域的高校开展创业师资培养的比例。

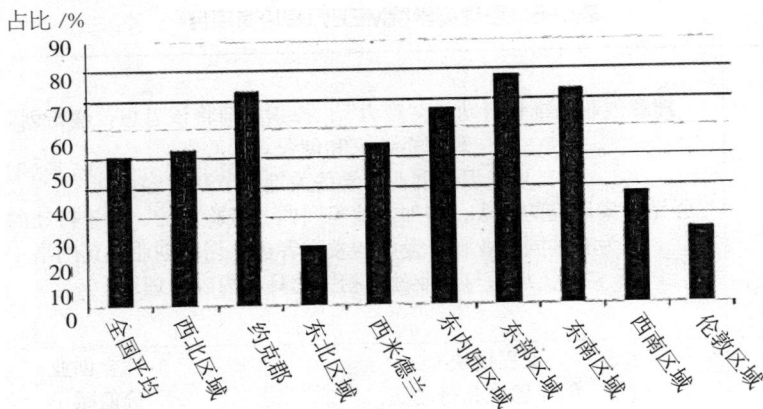

图 5-1　英国不同区域开展创业师资培训的高校比例

2.设立区域师资培训计划

（1）欧盟

21 世纪初期，欧盟委员会出台了竞争力和创新发展框架项目。在该框架下开展了子项目"欧洲创业教育者项目"，由英国全国创业教育委员会（NCEE）、丹麦奥尔胡斯创业中心、芬兰图尔库经济学院和克罗地亚奥西耶克大学承担实施。项目通过开办欧洲年度暑期学校（EASA）的方式支持和促进创业教育发展。暑期学校开设的时间为 2010—2012 年，每次一周。3 年间共开办了 4 期暑期学校（芬兰 2010，丹麦 2011，英国 2012，克罗地亚 2012），培训了来自 19 个欧洲国家的 147 名创业教育者。3EP 培训项目的目标与课程模块如表 5-6 所示，4 次培训的成员概况如表 5-7 所示。

表5-6　3EP培训项目的目标与课程模块

项目目标	创建教学驱动计划，解决课程变革的关键需求
	通过课程变革或制度变迁，诱导机构的革新（NCEE模式）
	培育3EP毕业生，积极主动参与"变化行动"（承诺）
	通过跨国导师，支持3EP的学员在各层次的教育体系中传递革新的思维
	构建由3EP学员、跨国导师形成的欧洲网络。提供网络资源，更为核心的是提供一个可持续发展的EASA模式，促进该模式在国家和区域的传播
课程模块	创业教育挑战：教育者的角色和体制变革的催化
	传递创业精神
	传递创业行为、态度和技能
	机会识别和新企业的发展
	发展创业教育战略
	学习风格

表5-7　4次3EP师资培训概况

		芬兰2010	丹麦2011	英国2012	克罗地亚2012
学员数量		37	38	25	47
回复比例（%）	课前	40	97	84	98
	满意度	82	82	N/A	N/A
性别（%）	女性	59	41	64	N/A
	男性	41	59	36	N/A
	本国学员	19	53	76	47
专业经历（%）	大学讲师	46	35	76	47
	研究者	8	18	N/A	4
	职业发展	N/A	7	N/A	2
	研究生创业	N/A	6	N/A	0
	企业创业	N/A	13	N/A	7
	孵化器	N/A	6	N/A	2
	职员培训	N/A	6	N/A	4
	其他	N/A	9	N/A	2
平均工作年限（%）	工作时常	7.4	7.8	7.5	9.4
	创业相关	7.3	4.2	4.9	4.7
机构背景	学生数量	896	1 540	3 065	8 500
满意度	（总分为5分）	3.7	4.0	3.8	4.3

　　3EP项目包括创业学基本知识和技能的培养、创业教学基本技能的掌握与提升、从教与学的主体及互动的角度提升教师创业教育教学水平等几大领域的内容。参与培训的学员男女比例均衡、专业领域多元化、平均就职年限在7年

以上并且从事创业教学 4 年以上。

3EP 是欧洲最主要的创业师资培训培养项目，系统设计了创业师资所需的各项知识和技能，在促进区域创业师资培养中发挥了重要的作用。

（2）英国

英国最具影响力的创业师资培训项目当数"国际创业教育学者项目"，该项目由英国全国创业教育委员会负责实施，得到了北美多个创业基金会的支持。

项目目标：培育创业教育领域的领导者，包含以下几个方面。

①建立创业教育者的快速发展通道，获得全球创业教育领域的丰富经验。

②探索他们在创业教育领域的领导能力。

③探索创新的方法，促进创业教育的有效实施。

④丰富教师有关创业教育过程方面的知识，深化教师对创业教育过程的了解，并由此加深教师对企业创立和管理过程的理解。

项目理念：兼顾教育哲学、创业项目结构和过程等内容，主要体现在以下几点。

①创业价值观，还包括创业行为、态度和技能发展。

②遵循政策核心和创业教育需要，强调创业精神的广泛传播，使人们不会因为处在极度不确定和复杂的社会而对创办企业感到畏惧；能够享受创业给生活、工作所带来的乐趣。

③重点强调通过知识组织和教学激励创业实践，培育创业者的"行事风格"。

④为参与者创建、讨论、执行创业，以及将理论融入实践提供尽可能多的机会。

项目结构：项目运行时长为 8 个月，包括 6 个模块（表 5-8）。各个模块由不同的地区和组织实施，学员可以选择某一模块进行学习，也可以选择多个模块一起学习。

表5-8 英国"国际创业教育学者项目"教学模块

模块一：应对教育挑战，选择相应的教学法	对创业项目结构和过程的审视： （1）对NCGE成果框架的学习和分析； （2）探索教学内容与当前企业和创业教育"发展状况"的相关性； （3）挖掘参与者个体的发展需要； （4）审视他们可以提供的经验以及实践的机会； （5）讨论创业对"大学理念"的哲学贡献； （6）回顾国家和国际创业教育的相关经验，特别是美国在这些方面的经验； （7）讨论相关的教育哲学，以及其中融合的创业和创业教育理念
模块二：创业精神	（1）了解创业者的行事风格和原因； （2）理解创业者对项目设计的影响； （3）选择关于创业精神教学最为合适的方法； （4）形成有关如何运用创业精神的清晰思路
模块三：创业行为、技能和态度	（1）与创业相关的行为、态度和技能； （2）创业行为、技能和态度对学生未来职业的影响； （3）设计涵盖创业行为、技能和态度的项目； （4）如何形成创新的教学方法
模块四：机会识别和新企业发展	（1）创业的完整框架； （2）在实践中将其运用到新企业，并建立相关项目； （3）基于"需要知道"，将学习需要与实际任务联系起来； （4）培育将其推进到各个组织中的能力
模块五：使创业在人力和组织中实地发生	（1）在不同背景下为什么会产生，如何产生创业行为； （2）对项目设计的影响； （3）在组织内部，设计能够促进创业发展的各项进程； （4）这一过程对组织学习的影响
模块六：把所有的部分集中起来	（1）把创业的各个部分汇集起来，并回顾项目的各个组成部分； （2）确定个体和集体行动的关键优先领域； （3）个体行动计划的准备； （4）创业教育的评价和评估过程； （5）未来对各项需求的支持

3. 校企合作开展师资培训

除高校、政府外，越来越多的企业开始热心于高校创业教育和创业师资培训。英国高校通过提供"专业持续发展项目（Continuing Professional Development，CPD）"，以校企合作的方式培育高校创业师资和企业雇佣人员。CPD项目是在高校与企业互惠互利的基础上开展的。企业可以通过CPD促进员工把握最新的学术观点，提升员工技能，高校教师可以通过CPD获得专业化实践，为创业教学融入新的素材。

利物浦约翰摩尔斯大学（Liverpool John Moores University，LJMU）是成功运用 CPD 培养商学专业创业师资的典范。其培训过程主要包括 3 个方面的策略：一是在学校认定的项目下，促进商学专业和法律专业的教师与企业展开合作。同时，英国质量保障署（Quality Assurance Agency，QAA）为教师量身定做相应项目。通过项目与接受教师培训的各个组织、企业建立合作关系，提高自身的管理技能。二是商学专业和法律专业的教师通过资源支持性学习和在线学习来提高自身专业水平。在线学习平台为教师提供了超过 60 个基于文本的课程模块，为教师提供了丰富的创业教学相关知识内容。三是鼓励商学专业和法学专业的教师参加硕士创业项目，同时利用地区发展局的资金，由学校与西北部其他 4 所高校联合开展培养师资项目。该培训项目设计了 20 个基于网络、满足中小企业管理发展需求的课程模块。

总结利物浦约翰莫尔斯大学的成功经验，可以概括为两个方面：将基于网络培训模块的创业师资培训与从中小企业雇员或雇主获取的创业知识有机结合，通过整合过程提升创业师资技能两者互动；通过 CPD 项目建立区域师资共享培训模块，与西北部其他 4 所高校互认师资培训学分，促使学院在区域内的交流互动。

4. 基金会提供捐赠支持

针对创业师资薄弱、创业课程开发不足的现状，科尔曼基金会启动了科尔曼创业师资伙伴计划，提供了创业师资发展专项资金。在过去 5 年内，科尔曼基金对 19 所高校共投入 160 万美元用于伙伴培训和高校补助，同时投入 50 万美元用于相关项目的运营。

2013—2014 学年，基金会投入 500 000 美元用于师资培训项目，比 2012—2013 年度增加近 70%。该项目有 58 名来自非商业学科的教师参与项目培训，联合开发创业课程。课程开发有 3 种形式：在所在学科开发新课程；调整现有课程，并融入创业理念；增加额外课程活动，支持创业教育。此项计划主要有以下目的：支持非商业学校或专业的创业教育；培育一批创业教育者，尤其是商业学科外的创业师资培养。为达到这些目标，基金会推出三方面的战略内容：加强创业核心课程对自我雇佣技能的培育（如视野、机会识别、网络和团队发展、财务管理、市场营销、技术运用、销售、领导等）；增加体验性及课外活动的创业课程的频次（如常驻企业家、校友管理、实践应用技能等）；促进创业概念理解和跨学科创业学习。参与培训的教师皆是非商业专业人员，每人可获得一学年奖学金。由一位经验丰富的创业教育者对他们进行为期一年的指导，以提升创业教育者在整个校园内推进创业教育的能力。项目结束后，参与者仍将与创业项目组保持联系，并成为"科尔曼创业实践社区"的成员①。

除了科尔曼基金会外，考夫曼基金会为参加第一轮"考夫曼校园计划"的每所高校提供 500 万美元的资金支持，并为参加第二轮"考夫曼校园计划"的高校提供总额 1 900 万美元的资金支持。各个基金会在高校创业师资发展方面都投入了大量的资金支持。

三、校外师资引入

引入校外师资参与创业教育是避免高校难以兼顾创业教育理论与实践双重属性的主要手段。美国创业教育课程师资来源分布较广，社会兼职教师占创业理论课程的 7%，占创业实践课程的 21%；具有管理实践经验的教师比例甚至达到 61% 和 98%，即社会兼职教师比例占整个创业师资的 14%，具有管理实践经验的师资占 80%。具体如表 5-9 所示。

表5-9 美国不同创业课程的师资构成

创业教育师资类型	创业理论课程（%）	创业实践课程（%）
社会兼职教授	7	21
具有管理实践经验的教师	61	98
已创办企业的教授	36	70
创业为其主讲课程	44	29
创业为其主要研究方向	28	47

企业家参与创业教学主要通过 3 种形式：邀请资深企业家担任客座讲师；企业家以驻校形式兼任导师和示范榜样；企业家成为创业课程咨询委员会或实践教授的成员。

为了与企业家建立长期深入的合作关系，避免企业家与高校合作流于表面，美国高校主要通过课堂教学、课外指导、小型讲座等方式，充分发挥兼职企业家的教学价值。驻校教师尤其如此，"企业家学生一对一配对指导"是驻校教师参与创业教学、深化校企合作的典型方式。高校与来自企业的创业者展开合作，提供创业实习和创业项目机会，为处在创业发展阶段的大学生挖掘更多的学习素材。不仅在教师与学生之间，甚至在校外创业者与高校教师之间，也会在共

---

① Coleman Foundation Expands Support for Fellowship Program, Announces 2013-2014 Fellows Schools [EB/OL]. (2013-06-22) [2020-01-18].http://colemanfellows.com.

同指导学生创业活动的过程中形成稳定的联系，共同见证高校大学生的成长。

以北卡罗莱纳州维克森林大学为例，其推行的企业家参与大学生创业实践的策略具体包含了以下几个方面：

（1）根据专业技能不同，安排创业校友在不同的学科作为示范榜样、客座讲师或教师的协助者。学校认为企业家天生热情，通过企业家讲授创业案例的教学效果会十分突出。校友自身也希望通过自己的努力提升母校学生的创业兴趣。

（2）教师授课主要以交接理论和实践的方式与企业家合作开展课程教学。

（3）为大学生安排企业家创业导师。创业导师能够对大学生创业的体会与感受产生共鸣。学生向企业家请教创业或衍生企业时遇到的困难和困惑，企业家凭借自身的创业经验给学生反馈。通过这种互动模式，使两者产生共鸣。

（4）创业者为大学生参与商业计划竞赛提供赞助或服务。在创业大赛中胜出的大学生创业者可以获得企业家的资金赞助。

这种企业家担任大学生的创业导师、根据真实创业情境对大学生开展个性化培养的方式，能够为学生提供创业机会，通过企业实践强化大学生创业技能。

第二节 我国高校创业教育师资体系建设的现状

一、课程比例失衡，师资结构失调

随着高校创业教育的广泛开展，创业教学从过去的自发教学转变为有组织、有目的的教学活动，逐步形成了专门的教师队伍。不过，根据我国高校创业师资研究的结果可以发现，师资队伍建设工作不够完善，缺乏明确的建设目标作为指导，呈现出教学、师资比例失衡的状况。主要表现在以下两点。

（一）师资课程比例失衡

高校创业教育课程通常有 3 个层次：学校层面的创业教育通识课，学院层面的创业与专业教育相结合的融合课程，专业层面的创业学专业课程（包括从本科、硕士到博士的创业教育体系）。对应的师资为通识课程师资、融合课程师资、专业课程师资。在我国的大多数院校，由于这些课程的安排架构不太合理，从而导致没有专门的老师对学生进行授课。而且在一些院校，因为课程数量开展较少，未能持续深入推进，并未出现专门的配套教材，也未有专门的教师进行因材施教。授课老师多以专业教师为主，这些师资既没有受过相应的师资培训，也没有相应的教材作指导。学生所掌握的各种创新创业知识与能力都是通过课堂学习来实现的，所以教师教学方法的优良也会直接影响到学生自身的创业兴趣。现如今，各大高校的创新创业教学模式都非常单一，而学生在这样枯燥、乏味的课堂上学习自然会产生消极情绪，严重时还会出现一定的抗拒心理。如果高校不能及时解决，将会直接影响到学生的创新创业激情，从而让学生逐渐对创业失去兴趣，让创新创业教育停留在表面[①]。

（二）不同师资短缺，教师质量不高

国家建设和经济发展对创新创业教育不断高涨的需求与其师资队伍建设滞后性之间的矛盾已成为制约当前我国高校创新创业教育深入发展的核心问题。教育部哲学社会科学发展报告项目已连续 4 年监测并发布了《中国大学生就业创业年度发展报告》。最新报告显示，就当前高校创新创业教育发展的实际需求而言，教师数量、质量、结构和队伍稳定性等方面仍有诸多不足。目前，高校创新创业教育教师普遍短缺，按照教学领域不同可以分为企业师资、专业师资、创业辅导员三类。创业教育导向的差异决定了创业师资配置的差异。通常研究性高校与普通高等院校师资以"专业师资"为主，高职高专院校以"企业师资"和"创业辅导员"为主，无法满足"小班化""强互动""重实践"创新创业必修课程的内在要求，约有 1/3 的学校由于教师数量不足而无法开设必修课程。

据报告显示，我国创新创业教育教师质量不高，多由就业指导教师转岗补充，占比为 67.3%，这些教师学科背景复杂，部分教师缺乏创新创业相关的学科背景和知识结构，专业水平亟待提升。同时，教师队伍结构不均衡也是一大问题。从报告来看，目前创新创业教育师资队伍中专任教师比例过低，仅为14.8%。其人员组成以校内学生工作人员为主，占比约 66.7%，而校外兼职教师呈现较大的校际差异，占比低的仅为 5.5%，高的能达到 37.7%。同时，教师队伍还面临稳定性差的问题。多数高校未将全部创新创业教育专职教师纳入专业技术职称评聘范畴，教师职业生涯发展路径不畅导致教师流动性大。

---

① 周昊俊．分析高校创新创业教育人才培养体系构建的思考 [J]. 教育实践，2019（1）：199-200.

二、教师理念认同模糊，创业能力定位不明

（一）对创业教育理念未能充分认同

对于中国高校创业教育教师而言，他们对创业教育理念充分认同比较模糊，处于惶惑状态。角色认同一般有 3 个层面：最基本层面、个人认同层面和社会认同层面。因此，要争取在创业教育教师群体中形成一种认同创业教育理念的文化，需要在宏观、中观和微观上提供有效的认同和保障。为此，德国慕尼黑工大的创业教育提出以下步骤："感知""接触"和"评估"，即创业教育教师和学生都要分别去分析自己"除了做雇员，还能做什么"，然后"接触真正的创业者"，再考虑"我想不想创业，有多想"等问题。

（二）对创业能力的特征不明晰

首先，学术型的创业能力和企业型的创业能力具有一定的联系和区别，要有效区分经济管理教育（BME）与创业教育（EE）和培训（EET）的内涵。其次，迄今为止，中国还没有高校创业教育教师的职业标准体系，怎么科学遴选、评价以及影响中国高校教师创业能力提升的关键因素也值得进行更多、更深入的研究。

三、教师创业导向不明，缺乏激励机制

（一）体系呆板，活力不足

目前，我国高校对创业教师的考核与其他专任教师并无二样，大多选用可量化的指标，考核标准单一，如授课学时、课题数量、发表核心论文情况等，几乎不涉及定性的一些指标，如教学方法革新、课堂效果等。在既有绩效评价体系的路径依赖下，创业教师唯有遵从而无法超脱，也就谈不上有多少积极性投入到创业教学中去。

（二）科研导向，动力不足

在我国，创业教育的研究还徘徊在低水平的探索阶段，现有多数创业教育教师仍然是管理学学院派或团委、就业指导等兴趣派的老师转型而来，鲜有与

之相关的职称晋升专业，因此大多数教师仍会将精力聚焦在与自己原本专业相关的研究上。长此以往，势必不利于调动创业教师的积极性，也无益于创业教育的持续发展。

近年来，创业教育研究的相关学者亦不断呼吁通过制度创新建设专家化师资队伍，推动创业教育的专业化发展，建立创业教育学科、打破体制性流动障碍等。

四、教师创业能力偏弱，缺乏针对性帮扶

（一）创业能力较弱

具有创业理论基础与实际创业经验的教师不仅熟悉创业活动各方面的内容和要求，还对创业有着更为深刻的体会和领悟。在日常指导学生的创业活动中，能够全方位地解答学生的疑惑，更好地指导学生的创业实践。但是，我国创业教育研究领域还没有形成系统的专家体系，至今也没有接受创业教育的博士研究生，不具备专业的创业教育学科知识的积淀；而且我国高校的大多数创业教师是从学校毕业后便留校任教，缺乏创业历练，他们的创业知识的获取途径通常仅仅是书本或他人经历。教师的这种知识背景完全不利于对学生创业教育以及创业潜能的挖掘，无法真正唤醒沉睡于内心的创业愿望。

（二）缺乏榜样，没有针对性帮扶

在我国高校教师创业阶段，教师的创业能力受多层次因素影响，不同年龄、不同职称的教师有自主发展目标，影响因素必定有所不同。我国高校教师创业却仅仅停留在"千人一面"的现状中，缺乏创业楷模、缺乏统一的创业文化、缺乏创业相关的学术晋升机制。这三大障碍从一定程度上制约了教师创业的积极性，也从侧面阻碍了具有实践经验的创业教师队伍的建设。因此，在创业教育教师的职业发展生涯过程中，树立榜样教育，让良师益友给予针对性的帮扶，势必能更有效地提升创业能力。

五、辅导员角色缺位，作用边缘化

作为高校教育师资体系的一部分，辅导员也在学生的发展中发挥着积极作用。作为与学生关系最为密切的师资，他们因为直接负责管理、服务、指导学生，而处于高校创新创业教育体系的"边缘"位置。与学科教师相比，辅导员的工作职责更

多地体现在带领学生从事假期社会实践、简单统计创新创业典型数量、催促毕业生尽早就业等，工作内容没有真正深入到整个创新创业教育体系中。

（一）创业教育改革中辅导员角色缺位

1. 创业园区建设管理中辅导员角色缺位

就目前高校而言，许多院校采用开辟众创园、引入创新型企业、服务学生新创企业等方式推进大学生进行实践或创业。作为其中的引导者，辅导员的工作仅仅浮于表面，不涉及创业园区的运营管理、新创企业的引进、创业学生的服务等。这种理念的产生使他们成为了前沿阵地的"局外人"。在大部分辅导员的观念中，创业园区与高校本身是脱离的，只是一个企业的集聚区；同时，在高校管理者看来，辅导员的工作范围也仅局限于学生生活区和校园文化活动中。

2. 创新创业类课程教学中辅导员角色缺位

就目前高校而言，创新创业教学课程的开展是专业课教师的任务，他们游走于学生科研、创业实践等教育活动的各个环节。而高校辅导员依旧只承担职业生涯规划、形势政策等课程的教学任务，教学内容呆板老旧、教学方法枯燥乏味，学生对课程的满意程度较低。同时，高校也没有任何将辅导员师资培养为校内创业导师的举措。

3. 创新创业氛围营造中辅导员角色缺位

营造创新创业氛围是高校工作者打造校园文化软实力的重要举措，辅导员和学生群体接触最多，理应在创新创业氛围营造过程中发现高校创新创业教育改革中存在的不正之风和形式主义，如"盲目开网店"成风、论文抄袭泛滥、"虚假实习"普遍等，并要做好积极引导和建言献策。

（二）辅导员作用边缘化

1. 辅导员本身专业化程度低

因为其长期从事基层党建、学生思政、校园活动等工作，学科水平较低，创新创业资源较少，开展创新创业教育需要经过大量系统培训。由于自身创新思维和创业意识的不足，故在指导学生实践中难免"捉襟见肘"，"所学"不足以"致用"。

2. 高校对创新创业教育成果的激励还显不足

根据对我国很多高校的调研发现，许多高校尚未实现对学生创新创业实践进行前期资助和后期奖励，也不曾将教师指导学生开展创新创业实践纳入绩效考核。辅导员指导学生开展创新创业实践，帮助学生获取创新创业资源，却在创新创业成果转化的利益分配上难有话语权，这不利于激发辅导员的积极性。这种辅助角色的扮演，其工作成绩难以衡量，更难以兑现利益激励。

　　3.高校对辅导员参与创新创业教育工作重视不够

　　由于辅导员在高校教师群体中的地位较低，承担了学生工作中所有琐碎的、重复的、无创造性的劳动，这些劳动分散了辅导员的大量精力，在外人看来其主要工作无外乎是管理学生的食宿生活、规范学生的学习纪律、组织学生的校园活动等。部分优秀辅导员利用自身资源和创新想法参与到创新创业教育活动中，开设相关选修课程、帮扶尝试创业学生，但高校并未对这些个别努力的辅导员给予充分的重视，使其参与创新创业教育依旧是"可有可无"的个案。

六、师资管理混乱，师资力量运用不足

　　我国高校创业教育在经历了 10 余年的发展后，制度化程度逐渐加强，师资管理稳步提升。高校创业师资队伍的专业化有赖于创业教育相关组织的制度化。综观我国高校创业教育，我们可以划分出 3 类主要的组织形式。

　　第一类：以创业人才培养为主的组织类型。主要负责学校的创业教育课程实施、师资管理和举办各类创业讲座。

　　第二类：面向创业实践，以创业培训、创业实训为主要方式的组织类型。此类组织又可以分为以下两种：第一，以社会人员创业培训为重点的创业学院。此类创业学院面向社会上的各类有志于创业的青年，力图通过完善平台、降低青年创业成本、铺设绿色通道等途径，为社会人员提供创业服务；第二，提供创业实践的大学生创业园、创业中心、创业基地、科技园等，主要负责为大学生提供相应的创业场地、资助和物质支持。

　　第三类：以创业研究或创业指导为核心的组织。一是创业研究中心，如"全球创业研究中心""创业管理中心""创业研究中心"等；二是创业指导中心，如"创业指导中心""家族企业接力研究咨询中心"等。

　　总的来说，第一类具备统筹全校师资的职能；第二类以提供物质资源为主，师资调配能力有限；第三类以研究和创业实践指导为主，师资提供和管理受到限制。

　　调查发现，除了极少数高校通过建立创业学院等方式统筹管理全校创业师资外，大部分高校都存在不同程度的师资管理混乱、师资力量运用不足的情况。

第三节 建设高校创业教育师资体系的对策

建设高校创业教育师资体系，应该按照两翼的基本思路：一翼（保障之翼）指"有创业的活力、有创业的动力、有创业的能力"的三有保障机制；另一翼（帮扶之翼）指基于教师多样化和自主式发展原则，针对其不同类型和不同发展阶段，制定针对性的帮扶机制。本节经过相关研究，利用层次分析法进行理性分析，并根据相关文献的启发，提出以下 5 点对策。

一、更新理念，明确定位，系统打造"一核两翼三维四机制"

首先，当前中国高校的创业师资、课程、创业网络、创业管理等各方面与世界一流创业型大学相比都存在很大差距，但这些差距都只不过是表象，理念上和制度上的差距才是最大的差距。更新对创业的认识，树立"广义的创业"理念，才能使中国更多的学者、学生、企业家、工程师等相关人员参与到创业教育的共同建设大潮中，普及专业化的创业教育也才能真正达成预定的计划目标。

其次，要明确教师在创业教育中的角色定位。如角色认知理论解释的那样：个体通过对"我是谁""我将走向何方"等问题的回答，获得一种不再惶惑迷失的感受。创业教育教师有创业课教师、指导教师、研究者、管理者、自主创业者等各种类型，许多教师同时承担好几项任务，被繁重的各种事务压得无法喘气。因此，要明确自身定位，忽略指导者、管理者、研究者这种分类，聚焦到自身创业能力这"一核"的提升上来。同时，政府、社会、学校、教师紧密合作，提升教师创业能力中的"创业技能、传统学术、创业态度"三个维度。

最后，针对创业能力提升的主要影响因素"两翼四机制"，可以看出在一般情况下，提升教师总体的创业能力最关键是要建立好学习—培训机制、交流—合作机制、管理—支持机制、激励—考核机制。因此，这 4 个机制不建设好，创业教育教师肯定会不满意。但是，由于学校和教师个体的精力资源是有限的，创业能力能全面提升固然最好，但是无法面面俱到时，建设"帮扶之翼模型"尤为重要，具体给出了"创业技能、传统学术、创业态度"3 种不同类型的提升机制策略：①创业技能型教师指侧重于创业机会探索、开发以及经营管理、实践指导能力的创业教育教师；②传统学术型教师指侧重于传统学术知识，致力于教学和科研的创业教育教师；③创业态度型教师指对创业非常认同，侧重于创业精神、创业意志，但学术知识和创业技能水平较低的创业教育教师，或者称之为精神领袖型导师。

综上所述，高校创业教育教师创业能力的提升需要系统打造"一核两翼三维四机制"。

二、主动学习，积极培训，树立创业典型

在建设高校创业教育师资体系中，"学习—培训机制"发挥着积极的作用。教师创业能力的提升还是要依靠教师自身积极的学习培训。根据"学习—培训机制"的构成指标，按承载系数从高到低依次是：X_1挖掘树立教师成功创新创业典型；X_2设计政策让教师创业或实践能有时间；X_3重视创新创业教育理论与实践研究；X_5重视在职前教师教育中进行创业教育培训；X_4明确教师在创业教育中的角色定位；X_7发展省级及以上的创业教师关系网络；X_6为创业教师专业发展做科学的职业生涯规划；X_8鼓励教师参加创业学专业的硕士和博士学习。选取其中几个典型指标分析如下：

对于指标"X_1挖掘树立教师成功创新创业典型"，可见树立教师成功创新创业典型对提升创业能力的重要性。国外学者菲尔波特也指出大学要提高创业产出，大学的管理者要更加关注个体的教师层次，尤其克服缺乏创业楷模、缺乏统一的创业文化、缺乏与创业相关的学术晋升制度的三大障碍。范达姆的研究指出在影响教师创业行为的几个因素中，职业适应性最关键，因此在创业教育教师的职业发展生涯过程中，若能有榜样，有良师益友给予针对性帮扶，势必能更有效地提升其创业能力。可以借鉴美国案例中的斯坦福大学的教师学徒制，为每位创业教育教师配备一名导师，并设计一套相对应的绩效考核指标。

对于指标"X_2设计政策让教师创业或实践能有时间"，这一点与"自身学术任务（教学和科研）繁重，考核压力大，根本就没有多余的时间去参与创业教育的相关工作"具有直接关系。要想提升教师创业能力，中国高校可借鉴MIT的"黄金法则"，即一周选择一天专门进行与创业相关的工作。例如，美国斯坦福大学允许教师每周有一天的时间来进行创业，斯坦福的教职员工最长有两年的时间可以参与到创业的过程中。当然，中国高校目前也推出了类似的政策，但多数教师为科研项目、发票报销、表格填写等行政事务花费了不少时间，还需要学校、学院乃至学科进行一系列的流程简化。

对于指标"X_6为创业教师专业发展做科学的职业生涯规划"，高校创业教育教师的发展需要有科学的职业生涯规划，在教师的科研生涯中，35周岁普遍被认

为是一个较重要的分水岭。而对于创业来说，美国考夫曼基金会数据显示，35 周岁前（年龄段 20 ~ 34 周岁）成为新创业者的比例大约下降了 10%。根据相应调研，我国工作年限为 3 ~ 5 年的教师，在创业总能力、创业技能上都是比较优秀的，要显著高于其他年龄段的教师，因此可以得出结论，从创业能力的角度来看，工作年限的 3 ~ 5 年的创业教育教师相对来说较为合适。

三、按需激励，专门考核，帮扶专业发展

在建设高校创业教育师资体系中，根据贝克尔斯的研究可以发现，学者是否进行学术创业，取决于他们的学术、创业经验以及所在环境的激励机制。因此，"激励—考核机制"在教师创业（总体）能力的提升中也起着积极作用。

激励机制对三类不同能力的影响有较大差异，对教师创业技能提升的影响相对于其他类型最为明显。值得一提的是，该机制呈传统学术型与显著的负相关作用。这和学者批判的学术资本主义以及卡尼茨基对美国国家卫生研究院的生物科学家的实证分析结果和范鲁伊、兰加等人针对创业和科学相互干扰的怀疑研究结果相类似。马克曼在研究奖励制度对美国大学的创业活动的影响时，也指出奖励给个人对创业活动是负相关的，给 TTO 则是正相关的。这也给中国高校的管理者带来了一定的难题，即一味地注重创业的激励—考核机制会对传统学术（教学、科研）产生一定的冲击，因此对于中国的大学政策制定者而言，应充分考虑组织内部的教师创业动机的差异，根据教师自主发展目标，按需激励，专门考核，推出组合性的政策，以抵消激励考核机制的负面影响。

根据"激励—考核机制"的构成指标，按承载系数从高到低依次是 X_{11} 学校有专门针对创业教师的职称晋升机制；X_{13} 学校有合理的师生共创的考核评价机制；X_{10} 学校有专业教师参与创业教育教学的激励机制；X_{12} 将教师创业教育业绩纳入绩效考核标准；X_9 学校有充足的专项经费用于激励创业教育工作；X_{21} 有行业企业推动学校创业教育的长效机制。原先设计的指标 X_9、X_{10}、X_{11}、X_1、X_{13} 均通过了验证，并且新增了 X_{21} 指标。选取其中几个典型指标分析如下。

对于指标"X_{11} 学校有专门针对创业教师的职称晋升机制"，在我国目前的发展中，对于这一指标的作用还没有明显地发挥其本身优势，这和中国大部分高校的考核晋升机制仍是以科研导向为主有关。根据一些访谈调查，我们发现"某高校有一项规定，如果某创业教育教师为第一指导老师，指导学生获得了"挑战杯"等创业大赛的奖牌，其评职称时的加分等同于一般学者获得一项国家或省级课题的加分，这对一些专门从事创业指导的辅导员及教师产生了极大的

鼓舞。但也对传统学术产生了较大冲击，一些教师反映不公平，一些教师放弃原有课程到处鼓励学生参加竞赛，一名辅导员最后在评副高职称时，其总分远高于一名默默在一线进行传统科研教学的教师。因此，我们建议有效的激励政策应该是组合性的，如该访谈高校评职称加分至少还需要有非常清晰的学术最低标准，根据激励原则，尽量保持内部的公平性和外部的竞争性。

对于指标"X_{21}有行业企业推动学校创业教育的长效机制"，其实更适用于激励—考核机制。根据研究发现正高级职称教师参与学术创业动机主要是出于学术兴趣（94.3%），其次是荣誉（37.3%）、物质奖励（31.6%）和其他（11.4%），而副高级职称教师参与学术创业的动机依次是学术兴趣（83.9%）、物质奖励（71%）、荣誉（38.7%）和其他（3.2%）。林（Lam）对英国5所研究型大学的735名科学家的调查结果也发现英国学者参与学术创业的动机主要是出于谜题和声誉，而较少出于物质奖励。对于现在的教师创业而言，教师从事创业教育动机类型最主要的是学校行政（政策）、导向（33.7%），其次是自身兴趣爱好（26.8%）、自身所从事专业的要求（19.2%）、个人价值实现（15.2%）和物质奖励（5.1%）。因此，从教师的兴趣出发，能从最根本的内在动机去激励教师，而行业企业推动的深度的产学合作能对满足教师浓厚的学术兴趣产生极大的激励。

四、双向交流，共赢合作改变创业态度

在建设高校创业教育师资体系中，教师创业（总体）能力的提升离不开交流—合作机制的作用。根据交流—合作机制的构成指标，按承载系数从高到低依次是：X_{14}建立了相关教师到企业挂职锻炼制度；X15建立了完善的校内外师资聘任管理办法；X19与企业建有先进的创业教育实训中心等交流合作场地。这3个指标最典型的例子就是曾任斯坦福校长的斯特林（J. Sterling）任命特曼（Terman）为副校长时开展的一系列改革：鼓励学生创业，鼓励工程师接受继续教育，鼓励教师课余担任政府或企业部门的顾问，设立斯坦福研究园区，实施产业联盟计划（让产业界的研究员和大学师生共同探讨学科前沿问题并进行双向交流）等。这一系列改革为斯坦福走向创业型大学奠定了扎实的基础。

奥尔波特（Allport）说过："态度是根据经验而系统化了的一种心理和神经的准备状态，它对个人的反应具有指导性的或动力性的影响。"个体形成一定态度后，由于接受新的信息或意见而发生变化，这个过程叫态度改变。态度改变理论中最著名的是认知失调理论与认知平衡理论。①认知失调理论：最早由社

会心理学家费斯廷格（Leon Festinger，1957）提出，用于研究人的态度变化的过程。他认为每个人的心理空间中都包含多种多样的认知因素，如观念、信仰、价值观、态度等。随着当前社会活动内容的不同，各种认知因素之间会存在 3 种关系，即协调、失调和不相关。当认知因素处于失调状态时，人们可以通过改变或者增加新的认知元素来调整这种状态，最后达到认知协调。②认知平衡理论：20 世纪 40 年代中期由美国社会心理学家海德（Hyde）提出的一种关于认知结构、过程和变化的理论。他把认知过程分解为认知要素，由此构成一个认知系统，当认知系统出现不平衡、不一致时，会产生一定的心理压力，驱使认知主体设法恢复认知平衡量。海德虽然也是从认知角度探讨态度变化，但他更重视人与人之间在态度转变中的影响，即重视中间人或传递者对态度改变的影响。劳卡宁也发现教师的无意的、功能障碍性态度是大学追求第三使命的主要问题，卡顿等指出态度中的创业认同是创业激情的核心要素，在不同类型创业者之间存在显著的差异，如真正信徒型、无能型、务实型和勉强型 4 种类型创业者在成就需求、冒险倾向和承诺 3 个关键创业特征上存在显著的差异，其中真正信徒型创业者的创业承诺最高，因为其对持有的创业信念坚信不疑，即对创业事业的认同度较高。

因此，创业教育教师创业能力的提升离不开交流—合作机制，甚至这种交流—合作机制已成为影响创业态度的最为关键的因素，而创业态度决定了后面一系列的创业行为。

五、专业管理，持续支持，保障安心发展

在建设高校创业教育师资体系中，教师创业（总体）能力提升也离不开管理—支持机制。根据管理—支持机制的构成指标，按承载系数从高到低依次是：X_{24} 学校有专门的创业学院来管理；X_{22} 学校有专门的创业教育工作领导小组；X_{25} 所在二级学院的考核包含创业教育业绩指标。欧盟提倡的"创业型学校"应具备以下 4 个特征：一是创业与学校的教育理念和发展战略相互融合。创业教育不仅作为一门课程，还嵌入学校的整体课程体系之中。二是学校有专门的管理者来负责创业教育的实施，学校也强调管理者自身在创业教育方面的持续专业发展，且创业教育相关事宜由学校董事会讨论决定。三是学校为创业教育的实施提供丰富资源，学校有专门的协调员来负责协调商业、政府、学生以及教师间的各种关系。四是学校为"创业型教师"提供社群网络和伙伴关系方面的支持，最大限度地为"创业型教师"的教学提供支持，以保证"创业型教师"作用的充分发挥。

国内学者朱家德通过研究首批 99 所"示范高校"发现，超过七成的高校已成立或拟成立创业学院，这些创业学院有建设主体、组织目标定位、治理结构与运行方式。这说明教师创业能力的提升也离不开学校的专业管理和持续支持。

拉斯穆森的研究结论指出，有效的政策和行动应该是多层次和持续的，这些政策应该被嵌入高校和教师的各个层次中去，如大学管理者、研究团队、产业界伙伴等各层次。由于中国高校系统化创新创业教育刚刚起步，广大创业教育教师的活力还未能充分被激发，一些高校教师型的"创客"和"极客"缺乏，这与这些政策未能充分嵌入地方或个体层次有关。比如，在实践中，全国首部科技人才创业地方法规《南京市紫金科技人才创业特别社区条例》实施，为创业教师收益分配"正名加码"，极大地激发了教师的活力。另外，如果没有一个专门的学科力量在背后支撑，普及化、专业化的创业教育将是难以有效发展的。

截至 2015 年，美国的 42 个州（2009 年为 19 个）已有创业教育的 K-12 标准及指导方针，同时期，在高中开设创业教育课程的州的数量已从 5 个增加到 18 个。因此，让中国创业教育教师有自身的学科归属或者在致力于创业转型的各类学科中设置专门的创业教育教职是当前创业教育教师进一步发展的最关键保障。关于在各学科中设置专门的创业教育教职这一策略，我国研究学者就学科组织如何提升学术创业能力做过深入的分析。若能让高校某些学科、系、学院自身都能转型成为一个创业型单位，那么原有这些学科的教师就能成长为专业化的创业教育教师，也比单从管理学学科或辅导员转型而来的教师更能促进专业教育和创业教育的结合，创业能力的提升亦会得到组织自上而下的可持续的保障。

综上所述，通过系统打造"一核两翼三维四机制"，即紧紧围绕创业能力这"一核"，从保障之翼和帮扶之翼的"两翼"角度，根据创业能力的"创业技能、传统学术、创业态度"三维，通过"学习—培训机制、交流—合作机制、管理—支持机制、激励—考核机制"四大机制共同作用，共同促进创业教育教师的创业能力提升，大力培养新时代高质量的高校创业教育师资队伍，最终有效推动中国创业教育的普及化、专业化发展。

第六章　高校创业教育绩效评价体系建设

创业教育评价是对创业教育目标、任务实现和完成的程度、水平、状况所做出的价值判断，是创业教育宏观运行和微观过程的信息反馈与调整纠偏机制，是创业教育操作过程中的重要环节。为了更好地对高校教育进行论述，本章从创业教育绩效评价体系入手，分析我国当前绩效评价体系的不足，并且用 AHP 法分析并构建高校创业教育绩效评价体系，从而为我国高校创业教育绩效评价体系提出方案，促进高校创业教育更好的发展。

第一节　高校创业教育绩效评价现状

党的十八大报告提出："引导劳动者转变就业观念，鼓励多渠道多形式就业，促进创业带动就业。"创业可以增加就业机会，是落实建设新型国家战略的需要。大学生创业不仅可以解决大学生自身的就业问题，而且能为社会提供更多的就业机会，因此创新创业人才开发与培养成为应用型高校转型和定位的关键因素，是其当前人才培养的全新方向。在近些年的不断发展中，毕业生已经成为推动社会发展的新生力量，但其就业形势也越发严峻。在一些调查中，还发现就读学生从事创业的人数开始逐年提升，虽然我国大学生当前创业激情高涨，但我国高等教育一直忽视对大学生创新意识和创业能力的培养，导致各种问题层出不穷，突出表现在创业意愿与创业能力不匹配、创业风险意识低、创业项目存活率低、创业行动缺乏新意等方面。

应用型高校是指以培养应用型人才为导向，以服务区域经济发展为目标，以行业发展需求为衡量标准，在教学过程中注重实践能力的培养，努力提升学生竞争能力，不断培养具有高素质人才的输出基地和高等教育学府。应用型高校、教学研究型高校、研究型高校是我国高等教育的主要构成部分，它们呈现金字塔形状排列，作为推动社会发展的主要力量和基石，应用型高校位于金字塔的底部，所占比例最大，分布最为广泛。应用型高校的重点在"应用"二字，即要求能够代表当前最先进生产力的方向，不断满足经济和社会发展的需求，课程设置、专业体系、教学设计、教学方法等环节与行业需求紧密结合，按照企业所需的人才胜任标准进行人才培养，不断确立自己的学科特色和发展方向。应用型高校作为当前高等教育发展的新潮流，所输出的应用型人才备受用人单位的青睐。同时，其倡导的实践教学为主导、坚持创新的理念不断鼓励更多有想法、有冲劲的大学生响应党和国家的号召，投身创业大潮中，为缓解就业压力做出自己的贡献。经过多年的发展，应用型高校创新创业教育有了较大的进展，为我国社会的发展提供了许多优秀人才。在党和国家的高度支持壹基金社会各界的高度关注下，应用型高校创新创业教育虽然取得了一定成绩，但仍存在以下不足。

一、绩效评价目标不清晰

我国高校的办学定位必须立足于地方经济社会发展，为当地行业和企业人才输出提供服务，其人才培养需要与国家进步、社会发展、行业需求、企业目标等相匹配。因此，创新创业相关素质教育已成为校内外各界的共同目标和要求。学校需要在明确办学定位的基础上，形成高度统一的重视创新创业教育和创新创业人才培养的办学思想和目标意识，构建不断完善教育机制、探索教育模式、提升实践能力、全力培养应用型创新创业人才的教育培养格局。当前各高校创新创业教育体系良莠不齐：部分院校对创新创业教育认识不到位，只是将其作为应付教育部检查、盲目跟风的行动，并未将其提到学校人才培养重要工作的崇高地位上来；部分院校未立足于地方实际情况，未考虑当地资源均衡及地方城市发展规划的要求，其培养人才方向与外界需求不符；部分院校创新创业教育课程体系不完善，只开设了一些创业意识和创业动机课程，并未实际讲授创业活动开展的相关技巧及风险规避课程；部分院校创新创业师资力量不过关，许多授课教师自身没有参加过专业培训或亲自实践过创业工作；部分院校开设创业大赛只是为了搞噱头，选拔创业人才和优秀方案都只是走过场，不注重后续创业项目的运作等，这些问题严重制约了应用型高校创新创业的发展。

二、缺乏科学的绩效评价体系

当前教育界都积极关注创新创业教育课程的建设情况，使创新创业教育在高校中有了广泛的发展，但对其绩效评价方面关注度仍较低。没有考核就没有提升，没有评价就没有进步，绩效考核与评价是促进创新创业教育更快更好发展的利剑，但是我国高校在创新创业教育绩效评价方面存在许多缺陷，缺乏针对创新创业教育教学质量的评价体系，影响了教学质量的提高。目前，国内高校都在积极研究如何构建适应本校情况的教学质量监控体系，但专门针对创新创业教育的教学质量监控机制的理论研究和实践探索尚不多。部分院校从绩效角度构建评价体系，以评测学校的创新创业教育能力和学生的创新创业素质，但未能从教学输入、运行、输出等环节的全过程构建针对性较强的教学质量绩效评估体系，从而影响了创新创业教育教学质量的提高。

具体问题表现在以下方面：第一，缺乏一套统一规范的绩效评价指标，当前高校采用的绩效评价指标体系多以软指标为主，缺乏客观量化的硬指标；第二，考评主体过于单一，主要以学生和教师为考评主体，忽视了外界主体的作用；第三，权重设计不合理，只关注创新创业教育过程的考核，却忽视了创业成效的测量；第四，绩效改进缺乏，只关注考核和评价，却未开展相应改进活动。

三、财务风险系数高，社会组织参与度不高

提到现在的高校创业教育，大学生作为创新创业的一员，在创业期间面临重重阻碍。由于他们的社会经验尚浅，缺乏一定的积累，进行创业活动多是从银行、民间借贷组织、亲友资助中筹集资金。而且，由于本身的思想匮乏，他们大多缺乏财务管理方面的专业知识，可能会出现资金缺口，导致错失良机甚至破产倒闭的现象，即存在资金风险。如果社会各界组织能够给予相应的关注，并尽可能提供投资资金，就可以降低大学生创新创业的财务风险，提升其创业积极性。近年来，党和国家为了扶持大学生创业，出台了一系列优惠政策，积极推进大学生创办小微企业，以创业带动就业。大学生创新创业需要全社会共同的支持和帮助，不能只是政府和学校的责任。社会组织的积极参与可以带动整个经济良性发展，为大学生创业营造良好的氛围和机会，使政策可以真正落实。

四、缺乏科学规范的绩效计划

绩效计划是明确绩效期望并使期望获得组织内的广泛认可。建立高校创新

创业教育的绩效计划，首先要明确创新创业教育的绩效期望，自下而上地确定目标，以实现组织目标、团队目标以及个人目标的有效结合。因此，在制订高校创新创业教育绩效计划时，应让相关各方深入参与，明晰责任，做好高校创新创业教育。目前，高校在创新创业教育工作实践中，通常将创新创业教育的绩效理解为工作所达到的结果，是高校工作成绩的记录。这种以结果为导向的高校创新创业教育绩效容易造成工作行为短期化，如追求学生创业的数量，却对创办企业的可持续发展关注不足；热衷创业竞赛获奖的数量，却对获奖项目转化为创业实践的可行性分析不深入，帮扶不到位；鼓励学生开展创业活动，却对学生创新创业素质测评和培养重视不够；面向全体学生开展同一化的创新创业教育，却对强调学生个性的分层次教育有所忽略；等等。短期化让高校创新创业教育取得的成效并不显著，造成了教育资源的浪费。同时，有部分高校将创新创业教育绩效理解为体现组织单位相关目标的行为，认为现实中没有哪一个组织完全以"产出"作为衡量绩效的唯一标准。创新创业教育绩效不是行动的后果或结果，它本身就是行动，如为培养学生创业精神而做出的努力、为提高学生实践能力而全面开展的校园文化活动等。不过，以行为为导向的创新创业教育绩效观不利于对绩效进行评估。从实际运作的角度看，科学的创新创业教育绩效观应将绩效界定为"结果 + 过程"，即创新创业教育绩效将"结果"与"过程"作为一个整体。评价一所高校创新创业教育绩效优秀与否，既要看教育产生的结果，又要看创新创业教育所拥有的行为，即包含了做什么以及如何做。

第二节　高校创业教育绩效评价指标体系

　　随着高等教育进入"大众化阶段"，大学生的数量逐年增加，因岗位不足、就业数量增多等原因，大学生就业难的现象屡见不鲜。此外，社会对蓝领人才的需求量增加以及对学生综合素质的要求提高，使高校办学目标与市场需求存在一定程度的脱节，高校毕业生毕业即等于失业成为当前社会尴尬的常态。基于此，结合当前就业创业形势，构建出科学、系统、完备、可操作性强的评价指标体系成为我国大学生就业创业教育的迫切需求。

　　针对大学生创业教育，目前应用广泛的评价方法有 AHP 层次分析法、德尔菲法、模糊评判法[①]、主成分分析法[②]等。AHP 层次分析法是目前应用比较普遍的一种评价方法，通过定量与定性分析相结合对决策问题影响因素进行分析和比较，并将决策思维过程数学化，使复杂的决策问题直接准确地计算出来[③]。德尔菲法偏重于定性分析，根据经验或依据已有的研究成果，用直接打分的方式实现对目标的评价。其他两种方法则是通过分析样本数据进而建立模型，通过计算得出评价对象各指标的权重。

一、建立创业教育绩效评价体系的原则

建立科学完善的创业绩效体系，一定要遵守全面性、客观性、中心性原则。

首先，对高校毕业生就业创业教育评价体系的设计要全面，要能够准确、有效、全面、系统地反映出毕业生就业创业的质量和水平。例如，一定时间范围内毕业生每年的就业情况和感受、毕业生对未来工作的规划、就业创业期望值等。

创业教育绩效评价体系的设计要从主观、客观两个方面出发，在对高校毕业生就业意向进行充分调研后再制定，既要反映出毕业生的实际状况，又要反映出毕业生的相关感受。

在大学生创业教育绩效评价体系构建中，评价角度应该涉及企业、毕业生和社会等不同层面。同时，高校一定要坚持以毕业生为中心，这是做好高校毕业生就业创业评价工作的根本出发点和落脚点。

二、创新创业教育绩效评价指标体系的确定

关于创新创业教育绩效评价指标体系的确定方法有很多，可供参考的研究也比较丰富。为了可以更好地对创业教育绩效评价指标体系进行构建，本部分从我国高校创新创业教育的战略使命高度出发，基于平衡计分卡理论，重视财务、客户、业务流程和学习与成长维度的全面性和平衡性，并在对高校创新创业教育绩效评价的特征进行充分分析讨论的基础上，构建了一套科学、普适性

---

① 将评价目标看成是由多种因素组成的模糊集合，再设定这些因素所能选取的评审等级，组成评语的模糊集合，分别求出各单一因素对各个评审等级的归属程度，然后根据各个因素在评价目标中的权重分配，通过计算求出评价的定量解值。

② 主成分分析也称主分量分析，旨在利用降维的思想，把多指标转化为少数几个综合指标（即主成分），其中每个主成分都能够反映原始变量的大部分信息，且所含信息互不重复。

③ 钟淑萍，王小玲．AHP 在大学生就业竞争力评估中的应用 [J].科技创业月刊，2013（3）：80-82.

强的高校创新创业绩效评价指标体系，指标体系共包括 4 个一级指标，即平衡计分卡的财务、客户、内部业务流程和学习与成长 4 个维度，14 个二级指标，63 个三级指标。相关研究已经撰写论文发表。限于篇幅，本书只讨论分析 4 个一级指标和 14 个二级指标权重的确定。

三、基于 AHP 法的具体操作步骤

（一）一级指标权重的确定

为了可以更好地对创业教育绩效评价体制进行构建，保证判断矩阵数据来源的真实可靠性，笔者向 5 位专家以及不同学校和年级的 150 名大学生进行了量化指标表的发放，从而得到了 132 份有效问卷。最终，对问卷数据信息进行分析整理，基于德尔菲法进行有效权衡，得出由 4 个维度组成的一级指标判断矩阵，如表 6-1 所示。

表6-1　一级指标判断矩阵

一级指标（维度）	财务 b_1	客户 b_2	内部业务流程 b_3	学习和成长 b_4
财务 b_1	1	1/3	15	12
财务 b_2	3	1	12	2
内部业务流程 b_3	5	2	1	3
学习和成长 b_4	2	1/2	3	1

1.计算特征向量（权重）

关于判断权重计算的方法有两种，分别是规范列平均法（和法）和几何平均法（根法），本书采用几何平均法进行计算。

（1）计算判断矩阵各行各个元素的乘积，得到一个 4 行 1 列的矩阵 B ；

$$B = [1/30 \ 3 \ 30 \ 1/3]^T$$

（2）计算矩阵中每个元素的 4 次方根得到矩阵 C：

$$C = [0.426 \ 1.316 \ 2.340 \ 0.760]^T$$

（3）将矩阵进行归一化处理得到矩阵，即为所求特征向量（权重）W：

$$W = [W_1] = [0.088 \ 0.272 \ 0.483 \ 0.157]^T$$

2.计算判断矩阵的最大特征根

最大特征根记为 λ_{max} ，公式为 $\lambda_{max} = \frac{1}{n} \sum_{i}^{n} \frac{(\Lambda W)_i}{W_i}$ 。

而 $\Lambda W = [0.354 \quad 0.088 \quad 1.378 \quad 2.729]$

则 $\lambda_{max} = 1/4(0.354/0.088 + 1.378/0.272 + 2.729/0.483 + 0.314/0.157) = 4.184$

通过一致性检验，计算 $C.I.$，$C.R.$。

根据公式 $C.R. = \dfrac{C.I.}{R.I.}$ 以及 $C.I. = \dfrac{\lambda_{max} - n}{R.I.}$，

由此可计算上述判断矩阵 A 的

$$C.I. = \frac{\lambda_{max} - n}{n-1} = 4.184 - 4/3 = 0.061$$

而根据查表知 4 阶判断矩阵 $R.I.$ 的值为 0.90，则

$$C.R. = \frac{C.I.}{R.I.} = 0.061/0.90 = 0.068 < 0.1$$

所以认为判断矩阵 A 具有完全一致性，计算求得的权重向量 W_1 是被认可的。

（二）二级指标权重的确定

采用同样的方法计算二级指标构造对应于一级指标的判断矩阵，利用几何平均法求权重向量并进行一致性检验（计算步骤略）。最终求得对应于一级指标的二级指标权重 (x_{ij}) 的大小，结果列于表 6-2。

表6-2　二级指标权重值

维度（一级指标）	权重（W_1）	二级指标	权重（x_{ij}）
财务	0.088	财务收入	0.026
		学校创新创业经费支出	0.771
客户	0.272	学生	0.482
		教师	0.361
		家长	0.555
		社会	0.102
内部业务流程	0.483	制度建设	0.100
		机构建设	0.105
		课程体系建设	0.358
		创新教学方法	0.233
		平台建设	0.201
学习和成长	0.157	培训发展	0.121
		能力素质	0.147
		荣誉	0.132

在各二级指标得分的基础上，结合一级、二级指标的权重，即可计算绩效评价的最终得分。步骤是用各二级指标得分分别乘以各二级指标的权重值，然后将属于同一维度（一级指标）的值相加求和，最后再将这些值分别乘以对应一级指标权重并相加求和，得出最终得分。其计算公式为：

$$y = W_1 \times \sum_{j=1}^{2} x_{1j} \times a_{1j} + W_2 \times \sum_{j=1}^{4} x_{2j} \times a_{2j} + W_3 \times \sum_{j=1}^{5} x_j \times a_{3j} + W_4 \times \sum_{j=1}^{3} x_{4j} \times a_{4j}$$

随着创新创业教育的深入推进，其绩效评价将会越来越受到重视，而绩效评价指标体系的设计只是给绩效综合评价的实践应用带来了理论基础，绩效评价指标体系权重的确定才真正能将具体的实践应用照进现实。将高校创业教育与 AHP 法相结合，能够降低专家打分的随意性，提高评价的科学性。今后还需对三级指标权重的确定做进一步的分析和确定，为高校创新创业教育绩效评价的实践应用提供更加客观、完善的依据。

第三节　促进高校创业教育发展的对策

创新创业教育在我国正处于发展初期，国内很多高校都在积极地进行探索，且已形成了各具特色的创新创业教育模式。大学生创新创业教育是一项长期的系统工程，就目前的情况来看，创新创业教育仍需继续加强研究和探索，不断提升大学生创新创业教育的针对性和实效性。

一、全员树立创新创业教育新理念

教育理念是人们关于教育的理性认识以及在教育实践中逐步形成的价值取向与理想追求，具有明确的指向性、相对的稳定性和传承性等特征。创新创业教育则是一种新的教育观念，是对素质教育内涵的彰显与丰富，同时也培养了学生的实际能力、提高了学生的创新意识。事实证明，教育改革与发展都是以教育理念创新为先导的。大学生创新创业教育是新时期中国特色社会主义现代化建设的发展需求，面对当前我国经济发展方式的转变、产业结构的调整、高新技术企业的建设、现代服务业的发展和创新型国家建设的新形势，高等教育的改革必须更新教育观念，转变教育思想，改变传统教育模式，主动适应国家经济社会发展的需要，肩负起实现中华民族伟大复兴的历史使命。

（一）转变教育理念

高校要确立以培养创业意识、创业精神和创业能力为目标的创新创业教育理念，把这一全新的教育理念贯穿于高等教育教学改革与发展的全过程，将创新创业教育与人才培养、学科建设、科学研究和服务社会紧密结合，以创业意识和创业精神为重点、以创业实践活动为载体、以创业能力培养为目标，将创新精神、专业知识、创业技能、创业品格等创业素质培养纳入人才培养体系，优化学校资源，整合社会资源，建立创业课程体系，丰富创新创业教育内容，拓展创新创业教育实践，完善创业保障体系，构建"领导负责 + 专业教育 + 创新创业教育 + 全体学生"的全过程。创新创业教育人才培养模式要从狭窄的知识教育、单纯就业教育转向为以提高综合素质为主的创新创业教育。把创业素质教育、培养创业型人才作为高等院校教育的一项重要内容，牢固树立"以人为本"的教育理念，加强高校内部管理部门和教学单位服从教育教学的思考力、策划力、责任力、执行力的制度安排，注重创新创业教育融入学校人才培养方案的内涵建设，改革教育教学方法和评价体系，强化学科专业，调整专业结构，优化人才培养模式，把促进学生知识、能力与素质的全面发展、个性潜能的充分发挥和适应社会发展需要作为衡量学校创新创业教育教学质量的根本标准。加强创新创业教育领导负责制，通过领导的管理和服务将创新创业教育的思想深入融合到高校的全方位教育中。教师要建立能够鼓励学生增强创业意识、提高创业精神和提升创业能力的教育观念，强化自身的创新创业教育意识，激发学生的创业激情，不断挖掘学生的创业潜能，使高校成为培养创新性人才的摇篮和"创业者的熔炉"。

（二）转变就业观念

创新创业教育的关键问题是改革以传授知识为主、以就业为导向的传统教育模式，全面推进高校机制创新。党的十八大报告指出，就业是民生之本。要引导劳动者转变就业观念，鼓励多渠道多形式就业，促进创业带动就业，做好以高校毕业生为重点的青年就业工作。这就要求高校及学生要由注重具体学科知识的传授向注重培养科学思维方法、创新精神和创业意识的方向转变；要由注重机械记忆向注重学生创业素质培养的方向转变；要由注重考试分数、强调标准答案、"就业导向型"向注重学生企业家精神培养转变；要由注重发挥教师主体性作用向注重发挥学生主体性、自主性学习方向转变。就我国目前大学生创业而言，虽然大学生有创业意愿，对创业有一定的认知，但真正有创业行动的大学生人数还很少，往往还是选择先就业后创业，致使在校期间对创新创业教育不重视，实践能力较弱。高等教育应培养创业技能与主动精神，明确毕业生不再仅仅是求职者，而是工作岗位的创造者。创新创业教育作为一项战略工程和系统工程，具有一定的长期性和可持续性，急于求成、流于形式是不可取的。创新创业教育的根本问题是素质教育与创新创业教育，应充分发挥教育教学管理者和教师的主观能动性和创新意识。因此，高校创新创业教育的开展既要注重培养学生的创业意识，又要树立新的创新创业教育理念，引导学生形成自主创业的新观念，并依托素质教育和通识教育，构建培养创业能力和创业综合素质的创新创业教育模式，为国家培养一大批创新创业型人才。

（三）全社会营造创业的良好氛围

现在全社会普遍存在一种对创新创业教育的认识误区，认为创业是没本事、无单位接受。社会应通过新闻媒介、政府相关部门大力倡导、宣传创业政策与创业典型，开展创业培训，开设创业大讲堂，评选创业先锋，开阔民众的眼界，削弱大家对创业风险的盲目畏惧以及对创业的抵触情绪和歧视心理；学生家长应抛弃急功近利的就业观，支持孩子可行的创业愿望，鼓励孩子依靠自身的知识和能力，实现自己的创业梦想，为社会做出自己应有的贡献；社会组织体系应通过大学生创业相关政策对大学生创业项目给予资金、技术支持以及其他援助，从而在全社会形成政府政策支持、学校重视培养、家庭信任鼓励、学生积极参与的良好氛围。

二、科学构建创新创业教育教学新体系

我国的创新创业教育起步较晚，国外尤其是美国高校的创新创业教育在课程设置、组织机构、师资力量、教学方式等方面需要我们学习和借鉴。我国高校应结合国情、校情，科学构建创新创业教育教学体系，为社会造就更多的创新创业人才。

（一）对创业师资队伍进行优化

在现行的创新创业教育教学活动中，教师作为其中的引导者，是创新创业教育质量的关键所在。创新创业教育对教师提出了比传统教育更高的要求。从事创新创业教育的教师队伍应具备6个方面的基本素质，即广博的文化、知识

深厚的专业理论、熟练的专业技能、丰富的创业经验、健康的心理素质以及双师型素质。因此，高校要化解其师资力量结构性矛盾突出这一现状，必须优化创业教师队伍建设。

1. 立足本校，加强创新创业教育师资建设

积极推进人事制度改革创新，以培养和引进两种方式进行高层次、高水平师资队伍建设，多措并举，建设一支思想素质高、数量优化、业务精湛、结构合理、能够满足学生创新需要的稳定的教师队伍；在教师评价制度方面，要科学制定教育教学质量评价体系，从单一的"任务"评价制度设计向教师职业道德、能力结构、人才培养效力的制度设计转型，切实将"教书育人"贯穿于教师评价体系的始终。对评价制度要以教师职业操守为根本、能力结构为关键、人才培养效力为核心，同时要落实以引导教师自身素质与引导学生创新实践双重建构为目标指向的评价制度设计，形成有效的教学质量反馈、教学质量改进制度，建立健全教师进退机制，实现教育资源配置优化。同时，建立与区域经济实体的交流学习制度。地方高校应立足服务区域经济建设，组织部分教师和教育教学管理者，分期分批深入企业，了解其产品、发展、需要、管理以及创办企业（公司）路径等，并进行相应的联合攻关、相互学习，增强教师理论联系实际、不断创新的能力，从而化解"互动张力"的制约问题，推动地方高校的创新创业教育向纵深发展。

2. 吸引外力，建立创业导师库

聘请政府经济部门专家、成功企业家、孵化器管理专家、创业投资者和外校较为知名的创新创业教育教师等校外各领域专家组建创业导师库，开展创新创业教育和实践指导。充分利用这些师资理论知识深厚、实践经验丰富的优势，通过他们的实践经历积极教育引导学生，使讲授和指导更加贴近创业实际，增强创新创业教育的实效性和导向性。

（二）完善课程体系，丰富教学方法

国家文件指出：要加强创新创业教育课程体系建设，把创新创业教育有效纳入专业教育和文化素养教育教学计划和学分体系中；制定高校创新创业教育教学基本要求，开发创新创业课程，纳入学分管理；建立分层次、立体化的创新创业教育课程体系；创新创业类课程的设置要与专业课程体系有机融合，创新创业实践活动要与专业实践教学有效衔接，积极推进人才培养模式、教学内容和课程体系改革，贯穿人才培养全过程。

为了更好地保障创新创业教育的有效开展，高校要根据教育部等相关文件的要求，将培养大学生创业意识、提高大学生创业能力、塑造大学生创业人格作为一种教育理念，把创新创业教育上升为学校的办学理念，以通识教育与专业教育相融合、科学教育与人文教育相融合、知识教育与能力教育相融合、国内教育与国外教育相融合为原则，统筹安排创新创业教育课程，改进创业教学方法，修订人才培养计划，使其更加规范化、制度化，最终面向全体学生形成一套以创新创业教育为价值导向的创新创业教育课程体系，将创新创业教育融入整个体系之中，形成一个完整的大教育格局和创业型的课程结构。

1.建设和完善创新创业教育课程体系

科学合理地设计课程体系是创新创业教育的起步之局，关系到创新创业教育的全面普及以及最终能否取得好的工作成效。创新创业教育课程包括理论课程和实践课程两部分。将理论课程与实践课程有机结合，以培养学生的开创型个性为基础，以提升学生创业素质和能力为导向，构建以培养创业意识、创业精神为目标的通识性教育课程和旨在培养大学生创业技能的实践课程是设置大学生创新创业教育课程体系的出发点。将创业课程分为4大模块，即创业意识课程、创业精神课程、创业知识课程和创业实践课程；设置必修课、选修课和组织专家讲座3种形式。

2.推进创新创业教育与专业教育的融合

目前，高校为了培养大学生创业意识、提升创业能力，主要开设了"大学生就业创业指导""创业学""创造学""创业管理""创业设计实践""企业管理""人力资源""财务管理""KAB创业基础""SYB创业培训"[①]等创业理论课程。但是，这些课程除经管类专业外，与其他专业缺乏有效的融合，导致创新创业教育与专业教育之间"两张皮"，削弱了学生学习创新创业教育的积极性。而事实上创新创业教育决不能脱离知识教育和专业教育而孤立地进行，成功的创新创业教育必定是依赖专业教育，并和专业教育相互融合、相互促进的。推进创新创业教育与专业教育相结合，切实将创新创业教育融入人才培养的全过程，真正实现与专业教育的动态兼容，对于具体承担人才培养的各学院而言，绝不是通过简单地在修订人才培养计划时增加几门创业课程就能解决，而是要在专业课程设置上充分考虑本专业学生创业素质的培养和创业实践的需求，将管理学、心理学、社会学、经济学等课程作为选修课，引入学院专业人才教育课程体系，把创业准备、创业指导、创业技能、经营管理、法律和税收等与创业密切相关的课程增加

① SYB意为"创办你的企业"，它是"创办和改善你的企业"（SIYB）系列培训教程的一个重要组成部分，由联合国国际劳工组织开发，是为有愿望开办自己中小企业的朋友量身定制的培训项目。

到专业课程建设中去。因此，学校应完善课程设计，注意将创业课程的普及性和专业性有机结合，相互融合，针对不同的专业设置内容、形式有所区别的创业课程，最终形成系统的、可选范围广、可满足全校各专业学生需求的创业课程群。

3. 实行创新创业教育学分制

以在学分认定方面独立设置创新实践学分，全面推进创新创业训练计划的有效实施。学分制是西方发达国家高校普遍实行的富有"弹性"的教育管理制度，如美国加州理工大学在实行学分制的过程中，允许学生在导师指导下独立设立学习方案；法国巴黎高等师范学校则更加灵活，要求学生遵守的纪律只有一条，那就是自由。学生可以自由选择专业、拟订计划。实行完全学分制，为学有余力的学生创造了提前毕业、提前创业的机会，对于想停课创业或参与创业实践的学生，则允许其延长在校时间，最长期限为 6 年。

4. 改进教学方法，增强教学效果

创新创业教育课程多属于综合性、创新性较强的课程，教师在讲授时应根据其特点，采用讨论式、问题式、探究式、案例式、启发式、小组式、模拟实践等方法，充分调动学生参与的积极性，激发学生的创业意识、创业灵感、创业精神，培养学生的团队精神，增强学生的自信心。例如，模拟实践法，重视学生参与体验的过程。在模拟和再现的创业活动中，可采取"引导—研讨教学方案"，通过管理游戏、角色扮演、案例分析以及小组讨论的方式，让学生在教师指导下进行独立探索和广泛讨论，把创业体验的过程演变为创业能力提升的过程。在仿真的创业活动中，可采取"情境—陶冶教学方案"，采用创业模拟大赛或计算机模拟软件创设虚拟情境去感染和熏陶学生。案例教学在创业理论与实践之间架起了桥梁，一方面组织教师开发创业成功的真实案例；另一方面鼓励实际创业者提供案例，并参与案例讨论。案例分析教学法的目的是把学生置于一个实际创业者的立场上，从实战的环境出发，来学习什么是创业和如何创业。

（三）丰富创业教育实践活动

创新创业教育不仅重视创业理论知识的传授，还重视创业实践能力的培养。从某种意义上说，创新创业教育是一种体验式的教育，让学生能够体验到一些东西，而不是简单地去教。也就是说，学生学创业，坐在课堂里是学不会的，一定要给予他一些实践项目。"

1. 建立创新创业教育实践基地

创新创业教育实践基地是开展创新创业教育的一个实践平台，是创新创业教育的一个组成部分。通过校企合作、创业园等平台，使大学生有机会参与企业创业的历程，理解成功创业的经营理念和管理经验，激发他们的创业动力和创业信心。以项目化运作的方式，增强创业实践能力。具体操作如图6-1所示。通过创业平台，帮助大学生寻找创业机会、提供启动资金、攻克创业难题，为学生创业梦想的实现提供有力的支持。

2.成立大学生创业指导中心，搭建创业实践服务平台

其具体包括宣传创业政策、创业理念的资讯平台，结合线下创业俱乐部、职业生涯规划特训营等培训平台，为大学生创业提供担保、资金服务的资金管理平台，提供低成本、低风险创业项目的项目开发平台，为前景比较好的大学生创业项目提供入驻服务的创业孵化平台，以及涵盖创业政策法规库、创业企业库、创业人才资源库、创业专题网站、创业BBS论坛于一体的信息网络平台等。

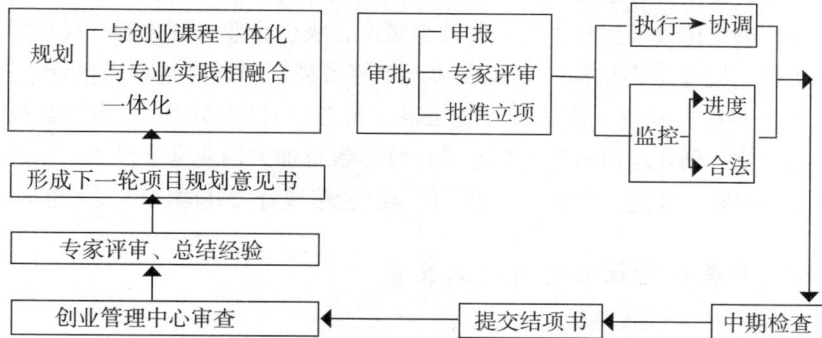

图6-1　学生创业项目申请及管理流程

3.通过形式多样的第二课堂创业实践活动加强创新创业教育指导

鼓励学生组建各种创业团队、创业社团，通过开展电子商务的创意和策划、学术研究的申报、法律金融实践的模拟、创业计划大赛、大学生电子设计竞赛、商业金融模拟赛事、项目案例大赛、创业论坛、创业讲座等活动，形成以专业为依托的创业实践群体，以帮助他们培养自主创业能力和艰苦奋斗的创业精神，亲身体验创业活动，学会沟通和建立社会人际关系，使各科学生在一些日常实践活动中为将来的创业活动积累经验。

（四）加强创新创业教育理论研究

对于创新创业教育而言，专业化、系统化、科学化的理论才能更好地指导实践。因此，高校一方面应通过对比国内外高等学校创新创业教育教学的工作，

加强自身教学理论的研究，把握创新创业教育教学发展趋势，积极做好教材建设，在借鉴国外教材的基础上结合中国国情，编写出兼具科学性、权威性、针对性、可读性和指导性的师范教材；另一方面，高校也应提高创新创业教育的科研水平，在创新创业教育的实践中发现问题、找寻规律、总结经验，学习研究国内外创新创业教育研究的最新成果，积极鼓励创新创业教育的课题研究和文章发表，构建完整的创新创业教育理论体系，为国内高校创新创业教育的开展提供理论指导。

（五）形成创新创业教育的合力保障

高校在校内应当协调院系所、教务处、学工处、就业创业指导中心、科技处、校团委、校友会等多方力量形成体系；在校外应当借助网络、报纸、电视等媒体努力营造支持大学生自主创业的社会氛围，吸引企业、孵化器、科技园、风险投资机构、创业培训机构、创业成功人士等各种资源通过培训、投资、捐赠、联合办学等多种方式进入高校；呼吁工商、税务等政府部门进一步落实税费减免、小额贷款、创业地落户等优惠政策；呼吁银行加大创业资金投入，帮助解决创业资金、师资、基地、市场等问题，使全社会形成合力共同保障大学生创业。

（六）开展针对性的创新创业教育

由于专业背景、发展意愿的不同，大学生对创新创业教育内容的需求有所不同，高校开展创新创业教育应针对不同需求分层分类进行。根据大学生创业渴望、创业意向的不同划分为专业精英型创新创业教育和大众普及型创新创业教育；根据大学生专业背景的不同，对经管专业学生及其他专业的学生实施不同模式的创新创业教育。针对低年级大学生，高校可以开设《创业学基础》《职业生涯规划》等通识课程，以大学生自我职业生涯设计理念的形成来促进其创业意识的形成；针对高年级有创业意愿的大学生，高校可以通过创办创业精英班等有针对性的精英性创新创业教育形式，满足他们具有个体差异性的创业知识需求，使这部分学生掌握更为系统和深化的创业知识。

（七）建立教育评价体系，推行创业教育认证制度

建立科学有效的大学生创新创业教育评价体系和机制，不断修正大学生创新创业教育运行中的错误和纰漏，促进大学生创新创业教育有序进行，实现大学生

创新创业教育在我国的可持续发展。欧美国家创新创业教育进行较早，对于创新创业教育的评价评估也形成了一定理论和实践成果。卡尔·维斯珀教授在多年研究的基础上提出主要从提供的课程、教师发表论文和著作、社会影响力、毕业校友的成就、创新创业教育项目自身的创新、外部学术联系这6个方面进行创新创业教育评价。推行创新创业教育认证制度，可以很好地检验创新创业教育取得的成果，并通过反馈评价结果进一步改进创新创业教育。大学生创业认证制度的内容是学生用已掌握的知识及解决问题的能力，将学生创业的业绩作为其指标，构成测评体系。其考核方法有书面考核和实践操作考核两种。书面考核与当前公务员考试中的《行政职业能力考试》内容相当，主要测试学生稳定的、潜在的能力；实践操作考核则可以通过创业方案的设计、创业计划的施行进行检验，最后将书面考核和实践操作考核相结合，系统地评价创新创业教育，并发放相应的创业素质证书。推行大学生素质认证制度，对积极测评学生的创业素质、培养创业型人才、引导创新创业教育高效健康发展起着重要的作用。创新创业教育认证制度的构建有利于完善学生自主创业的知识能力，能反映出创新创业教育是否适应当前市场经济下社会发展的需求，并不断进行反馈来改进创新创业教育的实施。

（八）营造校园创业文化氛围

应将创业文化融入校园文化中，在校园文化中孕育创业文化，使创业文化成为校园文化的重要组成部分。一是通过创业讲座、创业培训、创业沙龙、模拟创业活动、创业计划大赛、创业成功典型宣讲等形式，让大学生生活在一个有创业氛围的环境中，通过耳闻目睹、文化熏陶来培养大学生的创业意识和创业精神。二是加大对校友创业成功事迹的宣传力度，激发广大学生的创业意识和创业欲望。三是通过校园广播、校报、校园网等媒介，宣传国家关于创业和创新创业教育的相关政策，宣传开展创新创业教育的重要意义，培育学生的创业兴趣，激发学生的创业动机，增强学生创业的主动性，在校园网上设立大学生创业专栏，为广大师生提供学习和交流的平台，扩大创业宣传面。四是充分发挥创业社团的带动作用，以创业社团为纽带，联结各专业、各技能的学生组成一批专业的创业团队，精心开展各种创业活动，组织社团成员到工厂、企业进行参观、调查、访问成功人士等。

三、建立大学生创新创业教育社会保障体系

大学生创新创业教育的开展需要整合多方面的资源，需要得到社会各界

的支持和配合。高校应充分运用各类社会资源，形成政府、高校、企业、社会"四位一体"的良性互动，共同推进创新创业教育的有效实施，形成政策扶持、高校支持、企业资助、社会保障的互动模式，为大学生自主创业提供全方位的支持。

（一）扩大学生创业的政策扶持力度

从公司注册、纳税、技术支持、管理咨询、法律援助、资金支持、项目评估、创业培训等各方面对大学生创业给予倾斜，如降低创业门槛，降低大学生创业注册资金，积极为大学生提供廉价的经营场所，在增值税、营业税上对大学生所创办企业给予一定减免。要切实加大创业资金投入，把大学生的创业基金预算作为一项常规性财政预算项目纳入年度规划中，减少专业限制及领取创业资金的门槛，使创业资金扶持可以惠及所有的创业大学生。联合银行贷款机构，在保证贷款机构资金安全的前提下，对创业项目，提供优惠贷款甚至无息贷款，适当简化贷款审批手续，最大限度地发挥创业贷款的功能和作用。政府部门对下岗失业人员创业资金的来源有明确的政策规定，而针对大学生创业的资金来源没有明文规定，大学生创业资金捉襟见肘的局面也导致很多大学生创业激情冷却。政府部门应该出台和调整大学生创业融资政策，帮助大学生创业者解决融资问题，包括为创业者提供项目资助、担保贷款、信用贷款、贷款贴息等扶持。例如，上海市人民政府启动了上海市大学生科技创业基金，用于资助上海高校毕业生以其科研成果或专利发明创办科技企业，鼓励大学生依托科技自主创新创业，推动科技成果产业化，培育技术创新人才，拓宽大学生就业渠道。另外，还可通过创业法规构建大学生创新创业教育的社会保障体系，从政策引导、制度保障、环境营造、职务规范等方面加快立法，维护大学生创业的合法权益，如建立和完善知识产权保护制度，真正将知识转化为竞争力。例如，厦门孵化器建设通过建立大学生创业园、大学生创业孵化基地，有效提高了大学生创业的成功率。

（二）增强学校对学生创业的支持

高校要积极营造创业文化氛围，通过各类创业活动的开展加强创业宣传，强化大学生的创新意识，激发大学生的创业动机，提高大学生的创业能力和素质。

（三）建立校企合作模式，扩大企业扶持力度

很多成功的高校创新创业教育的经验表明，高校创新创业教育要与企业结合，借助企业的力量，既可以为大学生创业提供技术和资金帮助，又可以为大学生创业者提供更多的实践机会，最终增加大学生创业的成功概率。大企业、大集团、成长较好的中小企业、科研机构等单位可以作为大学生的实习单位，为大学生提供检验自己知识和能力的场所，帮助大学生了解专业或行业相关知识，培养学生的主体意识、创新精神和实际操作能力，提高大学生的职业技术水平。可以成功的企业家或者校友企业家作为专门的导师，不仅在观念和方向上指导学生创业，还为大学生提供完整的孵化帮助，包括企业日常营运指导、资金的筹划、为业务拓展牵线搭桥等。

（四）社会加强引导，丰富创业文化氛围

一个积极进取、宽容大气的创业文化氛围对大学生创业意识的形成和创业的成功有着至关重要的作用，它在潜移默化中影响着大学生的创业思维和行为。社会影响创新创业教育的因素包括很多种，如政府部门、社会团体、企业界、用人单位、家长、学生本人等，并且社会对高校创新创业教育发展的影响力越来越强。尽管中央电视台、人民日报、光明日报、解放日报、中国教育报、文汇报和网络等各种形式的权威媒体和地方媒体近年来纷纷报道大学生创业、高校创新创业教育，但是大学生创业、大学生创新创业教育仍没有获得良好的社会氛围。创业文化氛围是否良好很大程度上直接影响大学生接受创新创业教育的主动性和积极性，所以社会应加大营造创业文化氛围，充分利用各种传媒形式，宣传大学生创业，促进大学生创新创业教育。有必要在全社会宣传创业意识和创新创业教育，努力在营造尊敬创业、支持创业、鼓励创业的社会氛围。对于创业失败者，应多给予宽容和耐心，避免以成败论英雄，提高社会成员对创业失败者的容忍度。使尊重劳动、尊重创造成为人们的价值取向，使"人人是创业主体，人人是创业环境"成为人们的自觉意识和行动，使公平竞争、共谋发展成为一种社会风尚。与此同时，还要增强社会的宽容大气之感，不仅要激励成功者，更应该宽容失败者、激励失败者，在社会中形成一种积极向上的创业文化氛围，充分发挥创业文化的积极效用。

第七章　互联网背景下大学生创业支持体系构建与对策

在信息技术快速发展，大学生就业人数快速增长，就业压力不断上升的现状下，紧抓互联网时代背景特征，鼓励大学生创新创业，成为大众创业、万众创新中的一员就显得尤为重要。本章从大学生创业支持体系入手，与 AHP 法相结合，对我国高校创业生态环境进行评价与分析；同时，牢牢抓住互联网 + 这种趋势，对我国高校创业教育外部环境以及高校创业教育体系进行构建；最后，对互联网背景下的高校创业教育发展进行探索。本章内容与互联网相融合，有利于加强读者对创业支持体系的认知。

第一节　基于模糊 AHP 法评价互联网背景下高校创业生态环境

在"互联网 +"时代下，创新创业教育作为经济新常态下的一种全新人才培养模式，是传统教育面向新时代教育的创新与延伸，是综合性的素质教育。不过，就我国目前情况而言，高校创新创业教育的发展仍处于不成熟阶段，如何科学地评价创新创业生态环境，在政府、高校、企业、社会等层面找到合适的定位，都是目前遇到的难题，尚未形成完善的评价体系。本节以创新创业生态环境为研究对象，构建科学的评价体系，并运用模糊层次分析法对其进行评价。

一、创新创业生态环境评价指标体系

"互联网+"时代的高校创新创业教育是由政府、社会、学校和企业等层面与高校环境之间以及各层面内部，通过协同运作和良性循环形成的一个统一整体，即创新创业生态系统。为了对"互联网+"时代的高校创新创业生态环境进行科学有理的评价，笔者设计了宏观、中观、微观三个准则层，以此来进行合理的分析。

（一）宏观层面

宏观层面主要包括政府、企业和高校在创新创业教育中制定的一系列指导方针和扶持政策。政府制定、宣传创新创业扶持政策，构建多元化金融服务体系，加大财税政策扶持；企业鼓励体制机制创新，加快技术更新改造；高校营造创新创业生态环境，构建创新创业服务体系。

（二）中观层面

中观层面主要包括高校在创新创业教育中的发展路径，如创新创业的运行、保障和激励机制，对创新创业人才的培养模式，如鼓励教师和学生创新创业、积极支持大学科技成果转化等，以及实现高校技术与产业之间的协同发展。

（三）微观层面

微观层面主要包括高校创新创业教育课程建设，师资队伍建设，对创新创业教育的辅导与培训，课程案例和资源的分享，搭建实训、实验、实战平台，以及创新成果数量、创业成功概率，等等。

二、创新创业生态环境评价方法

（一）实证分析

为了可以更好地呈现理论依据，本节以南昌某高校为例，运用本书所述模糊层次分析法对其"互联网+"时代的创新创业教育行为及成果质量进行评价。以期通过相关研究找出一条合理适用的创新创业教育生态环境评价方法。

1. 建立"互联网 +"时代的创新创业教育评价指标体系

具体评价指标与指标测度如表 7-1 所示。

表7-1　评价指标及指标测度表

总目标	一级指标	二级指标	指标测度
"互联网 +"时代的高校创新创业教育评价	宏观层面（B1）	国家政策 B11	根据政府是否制定宣传"互联网 +"时代的创新创业扶持政策，构建各具特色的众创空间打分（0 ~ 100）
		企业团队 B12	根据企业在"互联网 +"时代的高校创新创业工作中的作用与作为打分（0 ~ 100），如促进产业优化升级等
		学校规划 B13	根据高校是否营造"互联网 +"时代的创新创业生态环境，打造创新创业服务体系打分（0 ~ 100）
		教育改革 B14	根据是否认真落实"互联网 +"时代的创新创业教育改革精神及其效果打分（0 ~ 100）
	中观层面（B2）	发展路径 B21	根据是否有明确的"互联网 +"时代的创新创业教育发展路径打分（0 ~ 100））
		培养模式 B22	根据学校是否建设完善的"互联网 +"时代的创新创业培养模式打分（0 ~ 100）
		产学合作 B23	根据学校是否致力于打造产学研相融合的新型协同育人项目打分（0 ~ 100）
	微观层面（B3）	专业融合 B31	根据学校的创新创业教育是否与专业教育有机融合打分（0 ~ 100）
		课程建设 B32	根据是否将创新意识、创业精神和创业能力培养融入课程当中及其效果打分（0 ~ 100）
		资深队伍 B33	根据是否配备高素质的创新创业教育师资队伍及其教学能力打分（0 ~ 100）
		双创成果 B34	根据学生发表的文章以及参加各种比赛的成果数量打分（0 ~ 100），可选取一年
		实践活动 B35	根据学生参与课外实践活动的次数及创新创业实践的能力打分（0 ~ 100）

2. 运用层次分析法确定各指标权重

构造一级（B层）指标判断矩阵。将各个一级指标两两比较，得出的一级指标判断矩阵，如表 7-2 所示。

表7-2 一级指标的判断矩阵

A	B1	B2	B3
B1	1	1/3	5
B2	3	1	1/3
B3	1/5	3	1

3.确定一级各指标权重

先将上述判断矩阵进行归一化，再横向求和，最后再次进行归一化处理后，可得到一级指标层的各指标权重。

$W_B = (0.368\,2, 0.332\,5, 0.299\,3)^T$，同理可得二级指标层的各指标权重：

$$B'_{B1j} = (0.200\,9, 0.519\,3, 0.200\,9, 0.078\,9)^T,$$

$$W'_{B2j} = (0.207\,8, 0.374\,3, 0.417\,9)^T$$

$$W'_{B3j} = (0.246\,1, 0.257\,3, 0.165\,6, 0.184\,9, 0.146\,1)^T$$

4.确定评语集

在本次研究中，将评语定义为五个等级 { 差（<60）；较差 [60 ~ 70）；中 [70 ~ 80）；良 [80 ~ 90）；优 [90 ~ 100]}，如表7-3 所示。

表7-3 评语集

B 值	[0, 60)	[60, 70)	[70, 80)	[80, 90)	[90, 100]
评语集	差	较差	中	良	优

5.评价矩阵

根据 10 位专家的调查打分，可得到二级指标层模糊评价计算表，如表 7-4 所示。

表7-4 模糊计算表

评价方面			评价因素			评价等级				
						V1	V2	V3	V4	V5
序号 i	B_i	权重 W_i	序号 j	B_{ij}	权重 B_{ij}	模糊矩阵				
						优	良	中	较差	差
1	B1	0.3682	1	B11	0.200 9	0	0	0.4	0.6	0
			2	B12	0.519 3	0	0.4	0.6	0	0
			3	B13	0.200 9	0	0.4	0.6	0.2	0
			4	B14	0.078 9	0	0.2	0	0.8	0

评价方面			评价因素			评价等级				
						V1	V2	V3	V4	V5
序号 i	B_i	权重 W_i	序号 j	B_{ij}	权重 B_{ij}	模糊矩阵				
						优	良	中	较差	差
2	B2	0.3325	1	B21	0.207 8	0	0	0	0.4	0.6
			2	B22	0.374 3	0	0	0.6	0.6	0
			3	B23	0.417 9	0	0.4	0	0.2	0.4
3	B3	0.299 3	1	B31	0.246 1	0.2	0.2	0.4	0.2	0
			2	B32	0.257 3	0.2	0.2	0.4	0	0.2
			3	B33	0.165 6	0	0.6	0.4	0	0
			4	B34	0.184 9	0	0	0.6	0.4	0
			5	B35	0.146 1	0	0.2	0.6	0	0.2

6. 建立模糊综合评价模型

先计算出 B 层隶属度向量：

$$R_B = \begin{bmatrix} A'_{B1j} \\ A'_{B2j} \\ A'_{B3j} \end{bmatrix} = \begin{bmatrix} 0 & 0.303\ 9 & 0.472\ 3 & 0.223\ 8 & 0 \\ 0 & 0.162\ 7 & 0.149\ 7 & 0.391\ 3 & 0.291\ 8 \\ 0.100\ 7 & 0.229\ 3 & 0.466\ 2 & 0.123\ 2 & 0.080\ 7 \end{bmatrix}$$

再根据公式计算出综合评价模型：

$$A = W_B^{\mathrm{T}} \times R_B = (0.020\ 1, 0.214\ 6, 0.363\ 2, 0.269\ 4, 0.081\ 2)$$

归一化处理后得：

$$A' = (0.021\ 2, 0.225\ 9, 0.382\ 3, 0.283\ 6, 0.085\ 5)$$

7. 确定分数集

$$K_1 = 20, K_2 = 40, K_3 = 60, K_4 = 80, K_5 = 100,$$

根据公式 $K_i = i \times 100 / n (i = 1, 2, \ldots, n)$ 可得 $K = (20,\quad 40,\quad 60,\quad 80,\quad 100)^T$

8. 结果分析及改进意见

根据 $B = A' \times K$，计算得到此评价值 B=63.636。

上述结果表明该校创新创业生态环境较差，应加大创新创业教育力度，改善创新创业生态环境，加强各个层面的合作，提高创新创业生态环境的活力。

第二节　互联网背景下高校创业教育的外部环境建设

一、创新创业教育的政策环境

大学生创新创业教育的持续规范发展有赖于相关法律的建立健全、政策的连贯持续和创业教育组织机构作用的发挥。在美国，设在大学内的中小企业发展中心（SBDC）的主要职责是为准备创业的个人提供咨询及各项创业服务。美国的中小企业管理局（SBA）主要负责为准备创业和在创业中的小企业提供低收费甚至免费的技术支援。日本通过《大学技术转移促进法》有力地推动了日本高校创业教育的开展。法国专门成立了创业计划培训中心（CEP–AC），以推进大学生创业。在英国，全面负责创业教育的是由政府拨款建立的英国科学创业中心（UK–SEC）和全国大学生创业委员会（NCGE）。就我国而言，国家通过各种政策的制定为后续开展创新创业教育提供了坚实的政治基础，不但在国家战略层面得到了认可，而且可持续性也在不断增强。

（一）政策的战略性

创业教育政策环境的战略性主要指在地区宏观政策、战略发展纲要中对创业教育的作用的定位，也就是创业教育对地区战略发展的推动作用的强弱，也可以理解为创业教育与地区发展战略的结合是否紧密，以及是否体现地区的特色和特点。

例如，上海市将创业教育看作是激发经济活力、培育创新精神和创业意识的重要手段。围绕创新驱动、转型发展，上海把创业教育与地区发展战略紧密结合，使城市转型发展真正建立在人力资源优势充分发挥、创新创业活力竞相迸发的基础上。上海大力支持和鼓励创业，开展创业培训和实训，完善创业融资、税收、场地等扶持政策，积极发展各类创业园区。"十二五"期间，上海实施创业人才支持计划，鼓励和支持大学生创业，壮大创业导师、创业辅导员团队，大力宣传创业人才，形成了支持创业的良好社会舆论氛围。上海的重要战略目标就是把上海建设成为世界创新创业最活跃的地区之一，把上海打造成为最具创造活力、最富创新精神、有最优创业环境的城市之一。上海还从教育和科技两方面着手，通过健全职业生涯指导和服务体系，提升大学生的就业和创业能力，重视对大学生创新创业意识的培养，释放大学生的创业潜能。从上海各类规划纲要的几种表述中不难发现，创业教育与上海的战略发展紧密结合，上海创业教育的政策环境具有高度的战略性。

再如，浙江省将创业教育作为促进经济转型升级和培养下一代浙商的重要举措。浙江省提出紧紧围绕创业富民、创新强省的总体战略，推动全民创业和全面创新，大力弘扬浙江人民善于创业、勇于创新的精神品格和文化传统，努力在全社会形成鼓励创新创业，宽容失败的社会氛围。浙江省着眼于支持、鼓励更多的人创业，提高创业的层次和水平，完善创业机制，加强创业培训，优化创业环境，努力造就一支引领和带动创业的高层次创业人才队伍。浙江省明确提出要重点培养和造就大批敢于创业，善于创新的青年创业人才，实施引导和鼓励大学生到基层创业、就业的政策。

（二）政策的系统性

创业教育政策环境的系统性主要是指省市一级出台的系列相关政策所形成的政策体系的完备情况。创业教育涉及多方利益的统筹协调，地方政府如果能够充分考虑各配套政策整体间的协同和互补，那么就会对高校创业教育的发展形成政策合力。反之则是政出多门，或存在政策盲点和冲突。

我国创新创业氛围浓厚的上海市，其政策环境系统性较强，在教育改革和发展规划纲要、人才发展纲要、科技发展纲要中都体现了对创业和创业教育的高度重视。在具体推进创业工作的指导意见上，上海市也都做了较为系统的思考。例如，《上海市人民政府关于进一步做好新形势下本市就业创业工作的意见》（沪府发〔2015〕36 号）要求，全力推进创业带动就业，在健全鼓励创业带动就业工作机制、改善创新创业生态环境、培育创新创业公共平台等方面做好工作，主动抓住新技术革命和产业变革的重要机遇，适应创新创业主体大众化的趋势，形成市场化、专业化、集成化、网络化的众创空间，积极构建更加开放的公共创业服务平台。加强对社会创业服务业的培育，形成市场主导、风投参与、企业孵化的创业生态系统。上海市委、市政府办公厅印发的《关于深化人才工作体制机制改革促进人才创新创业的实施意见》（沪委办发〔2015〕32 号），更是在创造良好的创新创业环境、构建创新型人才培养模式、大力发展众创空间、完善创新创业法治保障等政策方面做了明确规定。它要求形成主体多元、形式多样、内容丰富的创新创业生态，建设具有国际影响力的创新型大学，在高校大力开展创业教育，鼓励大学生在校创业，实施青年大学生创业引领计划，积极落实创业贷款担保、大学生科技创业基金、创业培训见习、税费减免、初创期创业补贴等鼓励创业的政策措施，加快构建众创空间，落实依法维护创新创业人员的合法权益，营造创新创业的社会氛围。

浙江省在总结前一阶段经验的基础上，也相继出台了创业教育的系统性意见，其中的一些政策以培育大学生的创新精神、创业意识和创新创业能力为重点，积极推进创新创业意识和价值教育、能力与素质教育、实习与实训教育、实战与孵化教育，构建全链条式创新创业人才培养体系，积极构建创新创业生态圈，开创具有浙江特色的高校创新创业教育新局面。在创新创业政策落实的考核上，浙江省重点强调要把创新创业教育质量作为衡量办学水平、考核领导班子的重要指标，纳入高校教育教学评估指标体系、学科评估指标体系和教学业绩考核指标体系，并把创新创业教育的相关情况作为本科、高职高专、研究生教学质量年度报告和毕业生就业质量年度报告的重点内容，接受社会监督。《浙江省教育厅关于积极推进高校建设创业学院的意见》则把建设创业学院作为推进高校创新创业教育改革的突破口，把解决高校创新创业教育存在的突出问题作为开展创业学院建设的着力点，以创业学院为平台，集聚校内外创新创业教育要素与资源，汇聚各级政府、行业、企业、社会各界力量，形成全社会关心支持创新创业教育和大学生自主创业的良好生态环境，并要求在 2016 年 3 月底前，全省普通高校（含独立学院）除公安类等特殊类型的高校外，普遍建立创业学院；到 2017 年，全省建设 30 所左右的示范性创业学院。《浙江省教育厅办公室关于实施高校创业导师培育工程的通知》要求通过开展创业导师选聘、师资培训、人才库建设、创业导师工作室创建和导师团队建设、创业导师和大学生培训结对等活动，培育一支数量充足、质量较高的创业导师队伍，建立创业导师选聘培养、专业发展和能力提升、锻炼培育成长的长效机制，推动大学生创新创业教育的深入开展；到 2020 年，全省培育高校创业导师 5 000 名，创建一批创业导师工作室和导师团队，结对培育大学生创业者 2 万名。

（三）政策的联动性

创业教育政策的联动性主要是指各方力量在推动高校创业教育方面与高校进行属地联动的情况。省级层面制定的一系列政策和措施要落地，除了各条线上的力量进行推进外，地市一级政府如何与高校进行属地联动，将资源整合在一起，并出台相应的一些符合地市实际的政策措施，对推进高校创业教育的发展具有非常重要的作用。地市在进行发展规划时，也要考虑充分利用地区内的科教资源，借助属地高校的力量为地市发展服务，同时给予高校相应的支持，形成联动发展。

以杭州市为例，杭州市围绕浙江省委省政府提出的创新强省、创业富民的总体战略，以创造充分就业城市和国家级创业型城市为要求，以人才强市战略引领杭州发展。在杭州市的"十二五"规划纲要中，创业一词出现50多次，足见杭州对创业工作的重视。杭州作为浙江省的省会城市，当地政府与属地高校的联动体现出3个特点。一是领导重视，机制健全。杭州市组成高校毕业生就业创业工作协调小组，定期召开大学生创业工作例会和专题研究会。杭州市人力资源和社会保障局牵头成立大学生创业办公室，具体负责大学生创业工作过程中的协调工作，并大力发挥民间团体和中介组织的作用，为大学生创业提供帮助和服务。二是政策完善，扶持到位。杭州市先后出台了《关于深化大学生创业导师制工作的意见》《杭州市高校毕业生和留学回国人员创业三年行动计划》《关于杭州市大学生创业园建设和管理的若干意见》《关于鼓励和扶持大学生在杭自主创业的若干意见》等一系列政策文件和举措，基本形成了较为全面、完善的大学生创业政策扶持体系，极大地激发了大学生创业的热情。三是举措创新，服务深化。杭州市在全市所有高校都建立了就业创业指导站，聘请企业家和创投、风投专家等担任大学生创业导师，通过完善大学生创业导师与大学生结对的"师友计划"等，建立了超过500人的创业导师队伍，帮助大学生创业少走弯路、提高成功率。杭州市还在全市大力投入建设了10家市级大学生创业园，吸引大学生创业企业入园创业。与周边其他地市的政策和措施不同，杭州市更倾向于营造有利于大学生创业实践、亲身体验创业的环境，让学生通过高校创业教育之后，能够有比较完善的空间和舞台来实践创业，以实战来检验和促进高校创业教育。

虽然不少地市在政策环境方面有优势，但是在推进属地高校创业教育方面，存在着对丰富的政策资源整合不强、利用率不高的问题。整合性不强主要表现为：各职能部门推进创业教育的力度较强，但各部门之间以及各条线之间很少有交叉互通，对彼此的政策措施不熟悉，为创业者提供的服务往往局限于自身政策范围之内。从政府行政管理的角度来看，这符合职权明晰的原则，但从服务型政府的角度来说，这又似乎存在政府服务缺位的问题。很多地市一级的扶持力量强大，但到县区则缺乏将这些资源整合、集中利用的机制和部门，而县区级恰恰是创业教育和创业实践落地的层面。①

① 王左丹，侯永雄.大学生创业教育认识的不足及其路径研究[J].华南师范大学学报（社会科学版），2014（4）：69-72.

从创业教育政策开展实施的战略性、系统性、联动性可以看出，创业教育政策外部环境在当前形势下非常有利，国家、省市到属地高校都高度重视创新创业的落地。但是，目前各项政策在体系化方面还有些差距，有些政策实际落实与操作存在一定困难。我国目前专门服务于大学生创业的部门也只有个别地方实现了。在制定具体的操作方案和实施细节方面，我国可以进一步提高其可操作性，优化行政审批制度，优化政务环境，提供方便、快捷、优质的服务。同时，我国要大力培育专门性的市场中介服务机构，为大学生创业提供完备的服务，如开展信息咨询和业务指导等。我国应鼓励更多地方政府根据本地实际出台大学生自主创业的相关实施细则，加强知识产权的保护力度，提高机会型创业的比重。

二、创新创业教育的经济环境

大学生创业是否有相应的创业启动资金，这成为大学生是否选择创业及创业能否成功的重要因素之一。当前大学生创业启动资金获得的渠道一般有自有资金、风投资金、金融机构信贷等，其中自有资金是大学生创业资金的首要来源。然而，自有资金由于受到自身经济条件的限制，很难制度化、常态化，也不具有普遍性，因此大学生创业的可行性及创新创业教育发展的经济条件在很大程度上取决于社会风投资金及政府资金对创业者的支持，以及在资金的力度、制度化水平及创业基金等方面的发展状况。从长远来看，只有社会经济环境处于经济结构转型期，以高科技、信息经济、互联网金融等为主导，创新能力强的企业成为国民经济的支撑力量时，高校创新创业教育才能够改变其功利性色彩，并促成理性的教育教学与科研体系的完善。

从我国目前社会的经济环境来看，创业教育外部经济环境存在如下问题。一是社会保障制度不够健全。改革开放以来，我国社会保障制度不断完善，社会保障投入不断增加，但我国社会保障支出占财政支出的比重多年在11%左右，不仅低于发达国家30%~50%的比重，甚至低于印度等发展中国家。同时，我国社会保障覆盖率低，不同地区、不同行业的社会保障内容相差悬殊，而大学生创业者自身基本无法享受社会保障。二是创业资金缺乏。从某种意义上来说，创业本身就是金融活动的过程，而创业资金缺乏几乎成了我国创业者面临的最紧迫的问题。我国大多数创业者的创业资金来自家人或朋友，从正规投资渠道获得的投资占比极少，其中能够利用风险投资的占比就更少了。[①]

---

① 陈奎庆，毛伟，袁志华.创业教育与专业教育融合的模式及实现路径[J].中国高等教育，2014（22）：48-50.

在当前外部经济环境下，政府应该加大资金投入和社会资金支持。一是加大创业资金的支持力度。政府可以通过设立大学生创业基金、引导资金和专项小额信贷等资助大学生的创业项目，为大学生创业活动提供启动资金。同时，政府对支持大学生创业的企业应当给予一定的优惠，从多方面实现对大学生创业的支持。例如，上海市政府从创业培训指导、资金支持、税费减免等方面制定了大学生创业的多项优惠政策。这对增强大学生创业的勇气和信心，提高大学生创业的成功率都产生了重要的促进作用。二是社会加大对创业资金的投入。社会是大学生开展创业活动的真正舞台，一个良好的创业经济环境对创业者来说至关重要。伯顿·克拉克（Burton Clark）教授在《建立创业型大学：组织上转型的途径》一书中强调，大学生创业启动资金的来源主要有三个渠道：政府的拨付、政府研究委员会的资助和除以上两者外的其他收入，如私人机构的捐助、校友的捐款、学生缴纳的学费和独有专利的发明与知识产权等，其中第三个资金渠道就是社会上的资金支持[①]。

三、创新创业教育的文化环境

文化环境对创业教育的影响主要体现为民间创业文化的区域差异和社会舆论对大学生创业的认同程度。

（一）地域差异导致对创业教育的认知差异

中国创业活动的活跃程度在区域之间存在明显的差异，并表现出东高西低的态势。区域创业活动最活跃的东部地区是中国经济增长最快的区域，而创业活动不活跃的西部地区则是经济增长较慢的区域[②]。创业活动的活跃程度在区域之间的差异性在"互联网＋"的时代背景下充分反映出来，并且呈现一定的规律性。

在地域观念因素中，不同地区的人们受不同外部环境影响，对创业的观念和态度也不一样。例如，在东部地区，特别是江浙沪地区，人们的创业意识较强，创业氛围浓厚。不同地区的创业者在创业冒险精神、机会识别能力、自雇性与创业行为上有很大的区别。我国的浙江地区，浙商是全国比例最高、人数最多、分布最广的创业者，特别是杭州的阿里巴巴集团在美国上市，带动了周

---

① 董雪."互联网＋"视阈下创新创业教育路径探究[J].现代经济信息，2015（17）：446.
② 马明山，乔丹丹，汪向征.公众视野中的可汗学院课程评价及其启示[J].中国电化教育，2014（1）：103-108.

边区域的大学生从事网络创业，客观上也营造了大学生互联网创业的氛围。杭州市政府也为支持创新创业采取的一系列措施，同样促进了杭州创新创业文化氛围的形成。

在地域消费因素中，消费习惯导致互联网创业行业的不同。寻找"蓝海"是创业良好的开端，但并非所有的互联网创业领域都是"蓝海"。有些地区互联网消费还不普及，特别是在互联网基础设施不够健全的情况下，网络消费就更加困难。2014—2015 年，连续两届在浙江乌镇召开的世界互联网大会是东部地区实现网络全覆盖的里程碑。这意味着东部地区的网络发展将给千家万户带来更多的便捷。互联网的便捷必然促使人们互联网消费习惯的持续，这为培养"互联网＋"时代背景下的大学生创业提供了无限的想象空间。

在物联网建设程度方面，大学生"互联网＋"创业活动必然依赖货物生产商和物流运营商。货物能否及时送达消费者手中，直接影响大学生互联网创业者的营业收入和商家信用。在此情境之下，物联网建设就显得尤为重要。我国东部江浙沪地区物流网络相对于中西部地区较为发达，"江浙沪包邮"已经成为网上卖家最直白的优惠。物联网的便捷直接影响东部地区大学生创业者趋向从事互联网创业。而在中西部地区，物流发展较为缓慢，配送未能及时实现，因此在这些地区从事互联网创业的大学生数量就会相对较少，他们更愿意从事实体创业。

（二）社会舆论对大学生创业的认同度

在创新创业教育的外部环境中，社会文化环境的影响无处不在且影响深远，其主要包括社会舆论导向、社会风尚、传统思想等。我国传统思想中"学而优则仕"等观念仍在很大程度上主导着社会思想，尤其对中年人的影响根深蒂固，已成为大学创业教育健康发展的障碍之一。从部分不支持大学生创业的社会调研来看，人们最关心的是市场风险和项目的可行性。这两者可以归纳为创业的不确定性。另外，他们顾虑的是资金储备的不足，也有相当数量的民众认为大学生应当先就业再择业。

因此，创新创业教育要健康发展，需要崇尚创新与创造、开拓与竞争的社会舆论导向和文化氛围；需要重视体验与参与的基础教育，完善创新创业教育的社会文化环境；需要支持创业与创新、理解风险、宽容失败，对创业给予正确评价。完善大学生创业的外部环境，社会、政府、学校和家庭要形成"四位一体"的联动机制，提升大学生的创业意愿，培育浓厚的创业氛围，改善大学生的创业条件。政府应借助社会媒体加强创业宣传，逐步创建包容和激励人们自主创业的舆论氛围和社会主体价值判断，宣传激励大学生创业的政策和创业者典范，改变公众对创业的认识，激发大学生创业的热情。社会上一批创新、创业能力强的大企业、大集团，一批成长较好的中小企业、民营企业，可以将企业课题委托给高校，让高校学生、教师了解目前企业创业过程中最需要、最前沿的成果，这有利于学生获得知识。学校环境是大学生生活、学习的主要场所。学校通过创业活动宣传、讲座等方式营造一种鼓励创业、容忍创业失败的氛围，从而促进大学生创新思维的健康发展。大学生创业环境中最值得关注的影响因素来自家庭，改变传统的择业观，鼓励大学生以创业解决就业，促使大学生参加更多的创业活动等都需要家庭的支持。基于此，社会、政府、学校和家庭应积极完善机制，为大学生创业提供良好的创业条件，提升大学生对创业行为的主观期望，并遵从该期望动机的规范信念，从而使大学生产生较强的创业意愿并投身创业活动。

第三节　互联网背景下高校创业教育体系的构建

高校要探索出在"互联网＋"时代背景下的创业教育新思路、新途径，就要另辟蹊径。高校要学会恰当地利用本区域经济发展的特点进行创业教育，塑造学生服务区域经济、努力创业、奋发有为的创业思想。高校要立足区域经济的特点，分析高校学生在互联网经济时代创业的特征，发挥区域经济和文化区位优势，积极配合区域规划对人才的需求，确定适合地方特色的创业教育目标，进行本土化的创新创业教育及实践。"互联网＋"背景下的创新创业教育工作作为一个大工程，就要充分利用"互联网＋"的便捷，利用互联网时代的思维方式和技术手段，做好创新创业教育，全方位做好体系架构，在人才培养体系、创业教育体系、创业训练体系、创业实践体系、保障管理体系和平台搭建体系上做足功夫。

一、人才培养体系改革

高校创新创业教育的长久发展要朝着深化教学改革、探索创新创业人才培养的方向大步前进。高校要紧盯社会及区域经济发展的方向，及时修订创新创业人才培养方案，积极构建创新创业教育课程体系，建立具有行业特征、高校特色、专业特点和区域特质，并能够体现创新创业教育要求的培养方案。人才培养体系改革要重点强化服务区域的教育理念，改革创新创业人才的培养模式。

首先，优化人才培养方案。高校要重点推进与互联网产业发展紧密结合的人才培养模式的改革，与社会需求相对接、与区域经济转型升级和创新驱动战略相衔接；将"大众创业、万众创新"的具体要求纳入人才培养方案，将创新精神、创新能力培养作为专业人才培养的规范和标准；要探索创新创业协同机制，以专业为依托，推进试点学院、试点专业协同发展；引入企业实践型师资承担专业核心课程的教学任务，着力培养应用型人才。

其次，实现特色专业课程的改革。例如，《长江三角洲地区区域规划》要求把杭州建设成为高技术产业基地、国际重要的旅游休闲中心、全国文化创意中心、电子商务中心以及区域性金融服务中心。区域内高校可结合这些要求，重点开展相关专业的创新创业人才培养。与上述相关的专业，如旅游管理类、文化创意类和电子商务类等专业，在课程设计方面可以把专业知识及能力的运用放在创业平台和市场经济运行的轨道上来，将专业理论知识与实践教学相结合，从而提高大学生创业的选择和决策能力。高校在教学设计上要充分考虑教学的有效性，把重点放在互联网领域成功创业的案例分析上，特别是区域规划内的相关案例，使在校大学生在学习中，一方面受到成功创业人士的激励，另一方面掌握成功创业的基本知识、基本技能和基本程序，选择正确的创业方向。在此基础上，高校要鼓励优秀创新创业人才结合区域经济特色，积极参加校内创业实践，实现专业教育从理论学习到实践转化的特色创业教育。

最后，优化教学环节。高校课程教学环节应适应经济社会发展的需求，增设全校共享的大数据、电子商务、计算机、软件和网站建设等互联网相关课程，丰富传统专业课程中的互联网相关案例。高校在教学环节要体现创新创业的内容，培养学生开拓事业的意识和精神。除了开展专门的创业教育课程外，高校还应在专业教育和第二课堂中融入创业意识和创业能力的培养。同时，结合创新创业的课程内容，高校应采取灵活多样的配套教学，激发创业学生的学习主动性，促进其个性化发展。除正常的职业规划类课程外，高校要充分考虑学生对创新创业教学内容的求知需求，建立满足不同层次、不同学生群体对创新创业教学内容的需求，提高其创新创业的专业理论认识水平，培养学生的开拓精神和创业能力。

二、面向师生推进创业教育培训

（一）开展分层阶梯式的创业教育

高校可以面向大一新生开设"职业生涯规划"课程，将创新创业教育融入其中，引导有创业想法的学生在大学期间合理规划，为毕业后创业提前做准备，并安排创业导师对其四年的学习进行跟踪引导；面向大二学生开设创业基础课程，培养学生的创新创业意识和创业精神；面向大三有创业想法和创业思路的学生开设创业实训课程，教会学生全面的创业技能。在专业教育平台上，高校对不同专业学生的创新创业教育要有所侧重，高校可开展与专业教育相结合的创业教育，根据专业不同开设不同的创业类课程，同时为每个专业班级配备创业班导师。

（二）开展区域特色创业培训课程

在创业培训课程中，高校同样可以针对区域经济的特点进行创业培训课程的自定义。例如，在进行"头脑风暴"时，教师建议学生朝着自定义的行业领域进行思考；在拟定商业计划书时，教师建议其在自定义的范围内进行，积极有效地引导学生；在课程模拟时，教师可以增加旅游休闲和电子商务等行业的创业实务课程。

（三）加强创业教育专职教师队伍建设

只有自身具备理论与实践经验的教师，才能更好地为学生讲授创业教育实践课程，培养出创业能力强的学生。因此，对于创业教育而言，高校创业教育教师不仅要精通理论知识，还要拥有丰富的实践经验和较强的实践能力，这样才能真正做到以理论指导实际、用经验促进教学。培养服务于区域经济的创业人才，决定了高校教师必须深入了解区域经济发展的特征，重视实践训练，向学生传授有效的知识和技能，保证创业人才的培养质量。高校可以通过选派创业教育教师参加创业教育指导培训，到区域内相关行业、企业挂职锻炼，在生产一线进行实践活动来加强创业教师队伍的建设。高校创业教育研究也要有服务区域经济的意识，主动研究区域经济所需的创业型人才，找准创业教育与区域经济发展的切入点，鼓励教师在行业、企业的实践中寻找创业教育的研究课题，等等。同时，高校可以从社会上聘请企业家和风险投资商等担任创业导师，鼓励他们通过积极开展短期讲学、案例讨论、创业论坛等来参与地方高校的创业教育，让他们对高校的各项创业实践活动进行指导和教学。

三、创业实践训练

（一）强化学生创业意识

高校可以围绕区域经济开设创业沙龙，开展具有区域行业特色的创业计划大赛和创业训练。强化创业意识不能局限在校园内，更要走出去，联系校外创业新生力量和社会行业支持，凝聚一批具有丰富创业和经营管理经验的社会人士，并且通过聘任讲座教授或兼职讲师等形式，形成一种稳定的、在校园里常设创业论坛的机制。正是因为创业活动的实践性和复杂性，高校开展创业教育要以论坛和沙龙的形式，邀请优秀创业企业家、优秀校友企业家和行业人士到学校开设沙龙和论坛，展开对话，为在校创业的学生传授创业经验和技能。高校开展的沙龙和论坛要紧紧围绕发展区域经济这个主题，强调区域性和地方性。这种与校外积极合作开展的沙龙和论坛对弥补在校生社会经验不足和课堂教育的局限性具有重要意义。针对高校目前论坛形式的临时性和分散性的特点，区域内高校可以在开展创业教育中抢占先机，形成常规形式，以促使区域行业论坛在高校的开展常态化和制度化。

（二）开展区域行业创业计划大赛

开展有针对性的区域行业创业计划大赛，有利于学生体验创业过程。学生通过参加创业计划大赛可以获得模拟创业经验，学习、积累创业知识，有利于培养自身的创业能力、团队精神、沟通交流和组织管理能力，提高分析和研究市场的能力，激发创业精神和事业心，培养创业意识，提高创业技能。针对全国高校自上而下开展得如火如荼的创业计划大赛，高校可以与区域地方政府合作，开展政府支持的创业计划大赛，这有利于高校获得地方政府在创业方面的资金资助。同时，高校可以通过与政府、行业、企业的合作，积极促进行业、企业设立面向相关行业的创业计划大赛奖励资金，引导学生的创新创业朝行业方向发展，为行业提供创新创意的智力支持。

（三）构建实践训练平台，强化创新创业实践训练

一是加强校内实验教学载体建设。高校要以实验实训为核心，重点建设校内示范基地，全方位开放实验室、实训室等教学实践平台，设计以学生为中心的体验式和引导式的新型实验教学模式，构建新型实验课程体系，开展探究性实验教学。二是加强校外实习实践基地建设。注重校地互动、校企合作，积极与属地开展深度合作，鼓励教师进企业锻炼、学生进企业实践，实现骨干企业、园区、行业之间的融合对接，较好地培养学生的创新创业能力。

四、创业孵化园区建设

建立创业孵化基地，促进创新创业项目成功孵化是高校实践育人工作的内在要求。创新创业孵化基地的智力人才聚集优势可以最大限度地发挥统筹协调功能，鼓励学生发挥优势，加速学生科研成果的孵化进度。同时，高校要借助各类创新创业基金，共建创新创业孵化基地。高校还需要加强与政府、企业的密切合作，在工商注册登记、税务登记和优惠政策落实等方面做足、做好工作，加快对创新创业成果的转化力度，鼓励学生积极进行创新创业实践。高校学生创业企业的孵化也是创业教育实践的重要路径。高校利用自身的优势创办一些大学生科技成果"孵化器"和大学生创业园，以优化创业教育的实践路径，实现从校级创业园实践到区域内地方政府建设的创业园"孵化器"的转化。

五、保障管理体系构建

（一）加强组织领导

高校应加强对创新创业教育的统一领导，积极争取地方政府的支持，主动加强与地方人力资源与社会保障部门的协调配合，整合学校部门优势资源，对创新创业教育形成联动。高校一是要落实好一把手工程，成立创新创业工作领导小组，由学校主要领导担任组长，相关职能部门及学院负责人为小组成员；二要将创新创业教育列入学校发展规划，纳入学校发展战略，把实施创新创业教育作为提高人才培养质量的重要手段。高校积极出台并完善创新创业扶植政策，加强督促检查和考核评估，保证机构、人员、经费和场地的"四到位"。

（二）制定规章制度

高校要制定与时进的规章和制度，使其对开展创新创业教育具有引导、激励和规范的作用。创新创业制度要遵守国家政策、地方法规和学校规章等一系列制度，其目标就是把创新创业教育贯穿于创新创业人才培养的全过程，并渗透到高校教育教学的各个环节，持续推进创新创业人才培养模式的创新。同时，高校要出台大学生创新创业工作的实施意见，切实将国家和省市关于大学生创新创业工作的重要部署落到实处。

（三）完善管理体系

创新创业教育的管理部门分散，不同高校结合各自实际情况设立的创业教育管理部门有所不同。浙江省高校纷纷成立创业学院，把创业学院建设作为推进创新创业教育改革的重要载体。浙江工业大学、杭州电子科技大学和温州大学等高校成立了实体创业学院；浙江大学、宁波大学和杭州师范大学等高校成立了非建制创业学院，由校领导担任创业学院院长，办公室设在教务处或学生处；浙江工商大学、浙江理工大学等高校则在经济管理类学院设置创业学院。创新创业教育是一项综合工程，要结合学校实际情况，以有利于调动全校力量、整合全校资源为目标，建立健全创新创业教育管理体系。

六、促进区域内企业和政府、高校积极合作

高校创业教育及实践的开展最直接的意义就是为区域经济输送就业创业人才，因此可以以创业教育为纽带，搭建校地合作平台，为区域经济社会发展提供智力资源。要建立协同创新运行机制，高校就要积极推进"高校—企业—政府"的协同创新，充分利用地方优势和社会优质资源，与政府、产业集群或产业园区、金融部门和企业共同开展工作，破除体制性障碍。

具体来说，地方政府和各部门需建立专门的创业服务机构，设立创业扶持资金，建立创业信息网站平台。工商部门要对创业学生提供咨询服务，简化审批流程，适时跟踪帮扶；人力社会保障部门要及时为创新创业企业劳动用工提供便捷通道，方便创业学生和用工人员办理档案托管、组织关系转接和职称评定等；劳动部门应为创新创业团队进行运营前培训，使毕业生通过参加创业培训具备基本的创新创业技能并酌情给予补贴；税务部门要积极落实税费减免政策，对从事创新创业的学生给予定额税费减免。这样可以在区域中形成浓厚的

创业氛围，为大学生在区域内创业提供多层次、多渠道、多领域的发展空间。对于区域内行业，企业则承担校外实训的责任，以校企合作为重要依托，将企业作为学生进一步学习创业知识与技能的实习训练场，使学生把理论知识和创业实践技能应用于实际生产过程中，从而全面了解、掌握企业运行过程。全方位的校外企业实训可以全面有效地提高学生的创业素质，锻炼学生的创业能力。

总的来说，特色化、个性化定制的创业教育才是互联网经济常态下创业教育能走通的道路。

第四节　互联网背景下高校创业教育的发展探索

教育模式是对教育进行有效实践而采取的一种教育策略的集合体系，其特点主要是体现出一定的程序。高校创新创业教育模式从宏观角度来讲，主要指创新创业教育的工作体系构建；从微观角度来讲，主要指创新创业教育的课程设置、教学实施、师资组成和实践活动等方面。

一、创新创业教育模式的选择原则

虽然我国高校的创新创业教育起步较晚，对用什么方法开展大学生创新创业教育也有不同的理念，但各地高校围绕人才培养目标和任务，积极主动地实施创新创业教育，走出了各具特色的发展道路，也形成了许多共识。高校创新创业教育应遵循下列原则。

（一）全体性原则

创新创业教育不是局限于教授有创新创业意愿的学生如何创办企业，它是以增强学生的创新精神、创业意识和创新创业能力为目标的教育。在 2015 年全国高校创新创业教育改革会议上，时任教育部部长袁贵仁指出："要牢固树立先进的创新创业教育理念，注重由单纯面向有创新创业意愿的学生向全体学生的转变。""面向全体"就是要做到创新创业教育全覆盖，针对全体学生开展课程教育和实践教学，将创新创业教育贯穿于育人的全过程。

（二）主体性原则

人才培养是高校的首要任务，高校应营造以学生发展需求为导向，以学生利益为中心的人才培养环境。高校创新创业教育必须要考虑受教育主体的差异性，要根据学生的不同情况，结合专业，分层分类推进，既要做好面向全体学生的"广普式"教育，也要做好面向有创业潜质学生的"精英化"教育，通过个性化的创新创业教育充分调动学生的主动性、积极性和创造性。

（三）特色性原则

虽然每所高校在办学层次、办学水平和办学体制等方面不同，但每所高校都有办学定位、办学方向和办学特色的追求。创新创业教育也应结合高校的学科优势、专业特色和学生特点，走出一条特色发展之路。"双一流"建设高校创新创业教育重在加强科技创新能力，倡导创新引领下的创业；普通地方本科高校要与应用型人才培养相结合，以服务地方经济发展来实施创新创业教育；高职院校要结合职业教育，走出一条保障型创业之路。虽然学者对这三种类型的分类有不同的观点，但他们普遍认同高校要采取分类施教、因校制宜的创新创业教育模式。

总之，高校实施创新创业教育必须坚持面向全体、结合专业、分类推进的原则，走特色化、差异化发展之路，不能简单地照搬照抄。

二、构建多方协同育人的工作体系

高校创新创业教育是一项系统工程，是高校提升人才培养质量的改革举措。高校需要通过各种途径构建多方协同育人的工作体系。

（一）加强校内外资源整合

高校内部要通过成立创业学院等方式建立专门的创新创业教育管理、科研和教学机构，协调校内不同部门和学院，统筹全校创新创业教育工作。浙江省大多数高校成立了创业学院，创业学院成为高校推进创新创业教育工作的重要载体和途径。以杭州师范大学为例（图7-1），许多高校由校领导担任创业学院的院长，这样更加有利于加强校内力量的整合。创业学院的教育对象是全校学生。

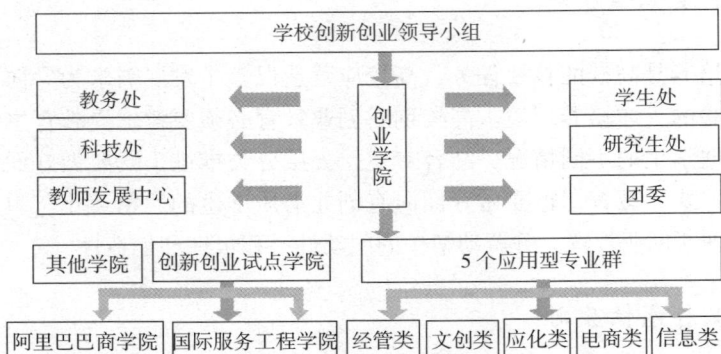

图 7-1　杭州师范大学创新创业校院联动管理体

当前，高校创新创业教育还存在着师资力量、实践平台和扶植资金不足等问题，因此要高度重视和加强与地方政府和企业等社会力量的合作。特别是地方高校，其主要任务是培养应用型人才，必须紧密结合地方经济社会发展的实际需求来设计和实施人才培养方案；要针对创新创业教育重在实践教育的特点，加强与地方政府、企业、社会组织和风险投资机构开展产学研合作，建立孵化基地和实践基地等创新创业平台。

（二）加强第一课堂和第二课堂的联动

高校创新创业教育第一课堂的重点是做好分层次的课程教学工作，抓好课程建设和教学模式改革。高校要根据创新创业型人才培养的要求，构建"必修＋选修""通识平台课＋嵌入式专业课＋行业精英课"三层级、多向融合的创新创业教育课程体系，并将其纳入人才培养方案，实行学分制管理。具体来说，就是高校要面向全校学生开设《创业教育》基础课程，激发学生的创新创业意识；结合专业教育开展"嵌入式"创新创业教育，培养学生的创新创业精神；面向创业实践的学生开设"创业精英班"，提升学生的创新创业实践能力。第二课堂的重点是打造创新创业教育实践平台、竞赛平台和孵化平台，强化对学生的创业实践训练，指导学生社团组织开展创业教育活动，组织学生参加"互联网＋"大学生创新创业大赛等各类竞赛。

（三）加强"双师型"教师队伍建设

"双师型"教师是指既具备理论教学素质又能进行实践教学的教师。教师是教学工作的主体，教师教学水平的高低决定着教学质量的高低。高校要建立一支专职兼职相结合的创新创业教育教师队伍；要坚持"内培外训"，努力提升教师的创新创业能力，依托教师教学发展中心实施创新创业导师培训项目，加强与企业的合作，实施中青年教师"入企、入园实践工程"。高校还要从政府、社会和企业聘请校外大学生创业导师，为创新创业教育的开展提供专业的指导。

三、创新创业教育与专业教育的深度融合

高校应该转变传统教育教学理念，深刻理解创新创业教育是专业教育的进一步延伸和深化。创新创业教育与专业教育相融合，一方面可以推动专业教育改革，更好地适应社会发展的需要，并能促进学生开发创新思维，开展科学研究，从而提高教育教学质量；另一方面，专业是创新创业的基础，专业教育可以丰富创新创业教育的内容，促进创新创业教育与专业教育相融合，是高校开展创新创业教育的新使命。

（一）建立创新创业教育与专业教育有机融合的人才培养新机制

高校应以需求为导向，积极调整学科专业结构，促进人才培养由学科专业单一型向多学科融合型转变；应以创新创业为导向建立跨学科专业，培养创新创业人才新机制，促进人才培养与经济社会发展、创新创业需求紧密对接；应以创新精神、创业意识和创新创业能力为人才培养质量评价的重要指标，修订人才培养方案、评价标准，细化创新创业素质能力的要求；应探索建立校校、校企、校地以及国际合作的协同育人机制。

（二）健全创新创业教育与专业教育有机融合的教学课程新体系

高校要根据人才培养定位和创新创业教育的目标要求，挖掘和充实各类专业课程的创新创业教育资源，实现专业课程与创新创业教育的交叉、渗透、融合，在传授专业知识的过程中加强创新创业教育。同时，高校要全面系统地开发提高学生创业意识、创新精神和创新创业能力的必修课和选修课，并将其纳入学习认证和学分管理。高校要借助发达的网络媒体渠道，推出资源共享的创新创业教育课程、视频公开课等在线开放课程，丰富创新创业教育课程资源。高校要制定鼓励教师参与创新创业教育课程与教学改革的政策措施，逐步形成对创新创业教育的认知、理解、认同和支持。

（三）搭建创新创业教育与专业教育有机融合的创新创业实践新平台

为了让大学生在专业创业实习中更好地认识创业艰辛、历练创业能力、积累创业经验，高校应积极搭建有利于创新创业教育与专业教育有机融合的创新创业实践新平台，如大学科技园、大学生创业园、创业孵化基地和小微企业创业基地等，以实实在在的创业项目对学生进行实战训练，最终将专业教育与创新创业教育有机地融合，落实在创新创业实践中。

总之，高校创新创业教育必须始终围绕全面提高人才培养能力这个核心点，遵循人才培养和人才成长规律，结合学校办学定位和人才培养特色来开展，具体包括以下几点内容。

一要树立创新创业教育新理念。高校要站在人才培养的高度开展创新创业教育，把创新创业教育贯穿于是育人的全过程；要把创新创业教育质量作为衡量高校办学水平的重要指标，纳入高校教育教学评估指标体系。

二要加快推进教育教学改革。创新创业教育不只是创业竞赛和创业实践，也不只是创新创业教育课程的建设，而是要改革教育内容和方法，改革教学内容和方式，强化创新创业教育实践，实现实验教学资源和科技创新资源共享。高校要根据学生的差异建立分层分类的培养体系。

三要切实提升教师创新创业的教育教学能力。高校要坚持全员参与、专兼结合的理念，要求所有教师都能够开发各种创新创业课程。高校要聘请各行各业的优秀人才担任创新创业指导教师；要加强培训，提高教师创新创业教育的意识和能力；改革教师考核与评聘制度，加强创新创业教育的考核评价，充分调动高校教师参与创新创业教育的主动性。

四要积极推进协同育人。高校要推进与政府、社会、行业企业的协同合作，吸引社会资源的投入，促进产学研用紧密结合，以更好地为行业和地方经济的发展服务。

习近平在一系列重要讲话中多次强调要"开创人人皆可成才，人人尽展其才的生动局面"[①]。培养创新创业的专业型人才就是要将知识型与技术型人才相结合，进行创新创业教育。如果只重视知识而忽视了技能，创新创业主体就会变成一个"理论的奴隶"，只能简单地掌握理论知识，在创新创业的实践活动中变为"行动的侏儒"。同样，如果只注重技术教育而忽视了知识教育，创新创业主体尽管在操作层面有一定的掌控能力，但最终会因为创新创业理论的缺乏而

---

① 张昊民，马君.高校创业教育研究——全球视角与本土实践 [M].北京：中国人民大学出版社，2012.

导致创新创业的道路变得异常艰难，甚至无法走得更远。"互联网＋"时代是一个充满机遇与挑战的时代，创新创业者只有在知识与技术都有良好底蕴的前提下，才可以求得自身在"互联网＋"时代的生存与发展。

结合自身经验，笔者提出如下建议。

第一，纠正创新创业教育思维，借实践应用深化学生认知。"互联网＋"为大学生创新创业教育带来的新机遇和新平台可作为确保大学生创新创业教育与时代发展、市场需求、社会发展需求同步的动力和客观依据。为充分利用"互联网＋"思维，建议高校在开展大学生创新创业教育时，教师和学生都需要调整原有的忽视大学生创新创业教育，或者对其错误认知的思维、态度、情绪。学生的创业能力和创新知识对现代经济社会的可持续发展具有极为重要的作用。尽管在校期间此点并不凸显，但是借助"互联网＋"，如果学生可在创新创业教育的引导下找到符合自身专业创新的项目，就有可能真正认识到"互联网＋"背景下大学生创新创业教育的作用和价值。按照此思路在调整大学生创新创业教育的教学重点和切入点时，可配合教育者对不同专业市场发展趋势的调查以及学校对大学生创新创业教育师资、授课器材、考核方式等方面的调整来进行。

第二，完善课程内容及设施，尝试应用"理论＋实践"型教育模式。目前，部分高校的大学生创新创业教育之所以不够合理，是因为其过度重视基础知识教育，而忽略了学生需要学习识别市场规律，需要更进一步地掌握并使用实践技能和理论知识的要求。考虑到目前高校大学生创新创业教育模式和专业化融入度不高的问题，可借鉴"互联网＋"所带来的跨界和融合思维，引导学生在自己所熟知的领域或者在校期间习得的专业知识领域，选择或者自行开发创业项目，继而通过深化专业知识的学习，促使"互联网＋"与创新创业教育模式的互融，增加高校专业学科与创新创业教育的契合性，最终反哺"互联网＋"背景下的创新创业教育模式。从学生实践结合理论的学习需求层面入手，建议借鉴义乌电商学院的培训和教育方式，为学生提供创业项目供其选择。在校期间，学生可尝试充分发挥自己的主观能动性和创新能力，在教师的引导和辅助下，尝试自主创业。创业的经过及成效可作为课程考查的重点。这也是避免绝大多数学生认为创业距离自己遥远以及学生对创业课程教育不以为然的重要手段之一。

第三，强化师资团队建设，师生合作提升教学预见性。师资队伍专业能力及人员不足的问题是目前影响高校大学生创新创业教育质量的重要障碍之一，为避免"赶鸭子上架"和临时配备教师，建议高校在"互联网＋"模式下，使用远程网络教学的模式推动大学生创新创业教育，以降低师资培训成本，提升高校大学生创新创业教育的专业性。在本校任课教师的安排方面，高校可在招聘阶段就有所侧重，或者与组织机构、企业合作，逐步壮大本校大学生创新创业教育师资。从减少中间培训环节、快速提升师资配合层面考虑，建议高校邀请创业成功的企业家或者具有创业指导能力的专家作为本校大学生创新创业教育的教师，为学生提供具有实践性的指导和建议。对于创业中存在的高新技术不足、利用率低等问题，可尝试提升高校大学生创新创业教育产业发展的预见性。具体如下：邀请掌握产业前沿的专家、学者、企业家等到校座谈；搜集资料，制作成课程主题，由学生在课上或者课下自行研读，教师为其提供指引。事实上，尽管教师与学生相比，其在专业知识、技能、社会经验方面更具有优势，但是在创新应用方面，学生能力并不一定不如教师。大学生创新创业教育实际上并不局限于"教师教导，学生学习"的运作模式，师生可共同研究创业项目，共同尝试创业，共同面对问题并共同探索研究。只有突破传统教学模式和传统思维，才有可能在"互联网 +"模式下，取得大学生创新创业教育的突破①。

---

① 周昊俊."互联网 +"背景下的高校创新创业新思路 [J]. 中国成人教育，2019（4）：44-47.

第八章　高校创业教育模式与方法新思路

近年来，我国就业形势越来越严峻。顺利解决未就业大学生的工作问题已经成为社会关注的焦点问题。高校的创新创业教育对缓解就业压力，提高大学生的创新创业综合素质具有积极的促进作用。因此，本章从高校创新教育模式与方法入手，积极探索符合时代诉求的新思路，从而构建一个极具中国特色的个性化创业教育体系，为我国高校创业教育的后续探索提供参考。

第一节　高校创业教育模式新思路

重大赛事是创新创业教育的重要载体，为了探索高校创业教育模式的新思路，本节内容与"挑战杯"全国大学生课外学术科技作品竞赛决赛相结合展开论述，研究重大赛事这种新型的创业教育模式。

一、重大赛事的主要特点

作为一项具有创新意义的活动，每一届赛事自开幕以来就深深吸引着社会各界的目光。这种赛事有以下特点：

（一）办赛理念新

一项重大赛事的举办势必会引领一种新风尚的盛行，它的办赛理念与时代背景紧密结合，构建出极具中国特色的相关理论。例如，"挑战杯"决赛赛事的开展一定会切实反映国家的相关政策以及时代主体。第十五届"挑战杯"决赛就积极学习贯彻习近平新时代中国特色社会主义思想和党的十九大精神，以"创新、开放、协同、引领"为办赛理念，以"1 + 2 + X"为赛制，"1"指主体赛，"2"指"一带一路"国际专项系列活动和海峡两岸大学生创新挑战训练营，"X"指在大赛框架内举办的一系列促进大学生科技创新的特色活动。基于第十五届挑战杯，第十六届则积极学习贯彻习近平新时代中国特色社会主义思想，学习贯彻党的十九大和十九届二中、三中全会精神，以"挑战筑梦，科创报国"为理念开展。

（二）参赛主体多

作为一场全国性的赛事，这种比赛汇聚了各所高校的顶尖力量，大部分学生会参与到创新创业实践中来。以"挑战杯"决赛为例，这场全国赛事每次举办都会吸引全国上千所高校、数百万大学生的参与。经过层层选拔，在终审决赛期间，全国百余所高校近几千名师生代表和观摩代表参加相关赛事活动，各种参赛作品相互比拼，在"挑战杯"的赛场上进行最终角逐。

（三）赛事体系新

每一次的重大赛事都是一次体制的创新，采用时代背景下最前沿的竞赛模式。以第十五届"挑战杯"决赛的赛事体系为例，首次在决赛期间举行"一带一路"国际专项赛和青年沙龙；首次举办海峡两岸创新挑战训练营；首次举行创新型人才专场招聘会等特色活动。

（四）媒体关注度高

国家组织的重大赛事活动彰显的是国家对创业创新的重视，每一次重大赛事的召开都会吸引媒体的眼球，成为社会热点。例如，每一届"挑战杯"竞赛的开展都会得到新闻媒体的广泛关注。国务院新闻办公室、新华社、中央人民广播电台、新华网、人民网、凤凰网、中国青年报、解放日报、文汇报、新民晚报等 50 多家主流媒体跟踪报道。其中，一些相应报刊更会以头版要闻和专版的形式对当届竞赛特色与赛况进行报道，让"双创"理念深入人心。

二、重大赛事的相关效应

（一）引领效应：结合时代精神，引领青年学子奋发有为

作为一场各个高校都积极参与的赛事，各校参赛项目涵盖广泛，紧盯科技前沿领域，与时代政策相结合，从而开展自己的研究项目。以"挑战杯"决赛为例，在第十六届"挑战杯"中，各个高校学子关注"关怀弱势群体、关注精准扶贫"等国计民生的热点问题，广大青年以参赛为契机，贯彻习近平讲话精神，树立"挑战筑梦，科创报国"的理念，以实际行动把智慧展现在作品中，把青年的科技成果应用在实现现代化的伟大事业中。

（二）集聚效应：提升大赛全球影响力，促进全球青年创新创业交流

每一场重大赛事的开展都是对中国综合国力的提升，对中国精神的弘扬。通过这种赛事体制将我国创业教育培养下的人才集聚一堂，从而加强了学子间的深入沟通与交流。作为我国积极引导的创新创业比赛，"挑战杯"不只局限于我国学子，通过举办"一带一路"高校创新人才培养校长论坛、来华留学生科创嘉年华、"一带一路"国际专项赛，青年沙龙等活动，使大赛辐射至哈萨克斯坦、乌兹别克斯坦、巴基斯坦、英国、美国等国家，展现了具有中国特色的青年科技创新的风采。以大赛为契机促进海峡两岸青年的交流交往，创新设计并开展"海峡两岸大学生创新挑战训练营"，首次将中国台湾地区 26 所高校纳入"挑战杯"竞赛框架。

（三）辐射效应：提升社会影响力，营造良好的创新创业氛围

一场国家创办的重大赛事活动的成功举办不只局限于学生层面，更是面向社会大众的。以"挑战杯"大赛为例，它每一届的开展都坚持面向社会，开放办赛，在决赛期间面向社会公众、中小学生和学龄前儿童开放作品展区，每年的科技作品都会吸引无数的中小学生以及社会各界人事参与、观摩。同时，在其他方面会进行创新，如首次组织"挑战杯"宣讲团走进中小学宣讲，开设中学生科技作品展区，推动"挑战杯"竞赛向低龄学生广泛辐射。这种浓厚的办赛理念也营造了良好的社会氛围。在第十五届"挑战杯"赛事期间，上海轨道交通 7 号线开通"挑战号"专列，官方微信推出"我和挑战杯的故事"的话题，

走进上海故事广播与大众分享挑战故事，开展了口号、会徽、吉祥物设计及征名、主题歌等社会征集活动，开展"我爱挑战杯"等线上传播活动，制作科技文化地图，等等；开展"挑战杯"竞赛与创新人才培养的实践研究，出版《挑战之路·人物篇》专著，还制作了《创新之城，挑战之路》"挑战杯"人物纪录片，在上海微信公众号上得到了推广。

（四）助推效应：服务科创中心建设，助力地方经济社会发展

重大赛事的良好运行还会带动地域性的经济发展，扩大地域的"双创"建设。以"挑战杯"大赛为例，在其开展的过程中，为举办城市带来了比较深远的影响，如可以协同地方政府、产业界、金融界等助推一批优秀竞赛成果和优秀人才在城市落地落户。一些相关活动的举行，如"创新型人才专场招聘会""创新成果发布会""创新创业高端论坛"等，推动竞赛由创新成果交流展示走向创新成果交易转化的双向互动模式。中国的各所影响力较大的公司参与其中，通过招聘会等方式与创业创新人才达成初步意向，为他们提供合适的工作岗位。另外，每一届大赛还会开辟一些绿色通道，如为国赛获奖初创项目提供 0 ~ 30 万元免息贷款作为启动资金，助力初创项目在城市落地生根等。

（五）示范效应：构建坚强有力的保障体系，为安全有序的赛事组织提供范例

每一次重大赛事的开展，都会为下一次的相关活动提供好的范例，取长补短，不断推陈出新，保障赛事在实践过程中平稳有效运行。例如"挑战杯"赛事的开展需要承办院校构建坚强有力的保障体系，并为后续的类似重大赛事提供成功范例。如赛事布展突出"集中、宽裕、便利"的特点，理工类作品和哲学社会科学类作品分别在上海大学校体育场和东区钱伟长图书馆进行分场地集中展示，空间宽裕，布展便利；后勤保障突出"安全、周到、贴心"，按照最高标准实施安全管控，制定各项应急处置预案，为近万名师生提供全面的保障服务；赛事出行注重"绿色、低碳、环保"，提供共享单车和公共交通卡，所有服务信息、导览、展位查询等全部采用手机 APP 软件信息适时推送，提高了赛事个性化精准化服务水平；志愿服务体现"热情、规范、多元"，共选拔了 4000 余名志愿者，实行三级网格化和规范化管理服务，设立志愿驿站，服务总人次达 20 余万次。

三、重大赛事的长效工作机制

每一次重大赛事的举办对于院校来说都是良好的发展契机，是对深化高校综合改革、完善组织运行机制、创新人才培养模式、引入市场化工作机制等方面卓有成效的探索，为学校的创新人才培养工作打下了良好基础，激发了创新创业教育的新动能。

（一）完善组织运行机制

作为一个重大赛事的创办院校，其中的办赛机制与体制都是学校亲力亲为的。每一个工作岗位都会根据工作职能成立多个筹备工作组，纳入部门 KPI 考核。项目制工作组的设立优化了管理工作流程，加强了部门之间、岗位之间的协同配合，形成了工作合力。结合上海大学综合改革方案的要求，项目制的工作方式值得进一步探索优化，以形成组织运行机制上的经验，力求在未来能使高校管理体制更符合高等教育发展规律。

同时，一场重大赛事的筹办也是一个让学校青年教工得到良好锻炼的机会。在赛事举办过程中，涌现了一大批敢于担当、勇于奉献的同志，他们由"要我干"变为"我来干"，克服自身、家庭等种种困难，在做好本职工作的同时，果断挑起大梁，主动作为。这正是培养个人担当的好机会。这种自强不息的精神将成为一笔宝贵的人生财富，会在未来的高水平大学和"双一流"大学建设中发挥重要作用。

（二）创新人才培养模式

钱伟长校长曾提出："学生的培养更重要在课外。"学生课外学术科技活动已经成为落实学生自学能力、实践能力、创新能力发展的载体，成为教育教学改革的方向和引擎。部分院校以筹办大赛为契机，完善了覆盖全校的学生课外学术研究项目培育激励方案，通过资源配置体系、评价体系和管理架构的系统重构，在全校营造了重视人才培养、推动人才培养、抓好人才培养的良好氛围和工作机制，鼓励指导老师和学生开展学术项目。通过大赛的开展鼓舞学校青年教师参与到学生课外学术科技创新指导活动中，提高学生与教师的沟通，推动人才培养工作良好运行。

同时，在重大赛事的创办时期，势必会加强学校与社会团体之间的沟通与合作，将学校人才培养过程与市场的力量结合起来，探索课程、培训、大赛、实践、孵化、融资等相互衔接的创业教育体系，逐步整合创新创业教育资源，建立健全创新教育平台体系，增加和完善创业精神、创业思维、创业实践课程模块，力求为社会培养更多具有全球视野、公民意识、人文情怀、创新精神、实践能力，并能应对未来挑战的人才。

（三）引入市场化、公共性工作机制

重大赛事的成功开展与各合作单位的大力支持联系紧密，有利于发挥产学协同发展。以"挑战杯"大赛为例，学校与中国银行、经纬集团、中国华信等 40 余家企业单位达成合作，使比赛得到全方位的资源保障。通过社会化办赛的运作，校企合作共赢的理念进一步深化，探索了更为高效科学的市场化操作机制，在需求和供给两方面进行了改革，进一步保障了各方权益。同时，以筹办"挑战杯"竞赛为契机，学校与各类科技园区、高新技术园区、孵化器及创新创业基金会开展了深度及广泛的合作，以更好地发挥产学研协同优势，为科研项目提供转化服务，增强地方高校服务地方经济社会发展的能力，提高把"纸"变成"钱"的能力，为创新创业人才教育和人才培养提供良好的生态环境。

四、重大赛事的长效激励作用

（一）重大赛事提升大学生的综合能力

近年来，各类学科竞赛和创新创业类竞赛蓬勃发展。高校通过各类高水平的创新创业竞赛，致力于人才培养和提升大学生的综合能力。

1.训练学生的创新创业意识和思维

竞赛活动是学生各种思维过程的综合体现，是对学生理论知识和实践能力的综合运用。竞赛是对竞赛项目进行认真分析、有效推理、准确判断与综合运用的过程，有利于学生创新意识和创新思维的培养，进而激发学生的创造能力。

2.锻炼学生的创新创业能力

创新创业的灵感和冲动往往都来源于实践，更需要在实践中检验。竞赛是将创新精神和实践能力有机结合的实践活动。竞赛需要学生用"创新精神"去构思、设计、实施和运行，并将创新能力和实践能力紧密结合。

3.提高学生的综合素质

在高水平的竞赛中不难发现，学生的主观能动性得到了充分的发挥。在比赛过程中有大量的思考、观察、分析、比较、判断、推理、测试、沟通、协助等环节，在这些环节不单单考验了学生的知识水平，更考验了学生的意志水平，一次比赛就是一次生理和心理的双重考验，更是促进了学生人格的养成。

（二）重大赛事有利于创新创业教育

每一场重大赛事的落幕不仅是一次结束，更是一次新的开始。在竞赛中储存下来的良好势头会被积极应用到后续的创新创业教育实践中。通过创新创业类竞赛的影响，不断地促进创新创业教育的发展，为创新创业教育提供了有力的辅助和保障。

1.竞赛融入创新创业教育体系

随着创新创业教育在全国的蓬勃开展，高校对创新创业竞赛也越来越重视，这为后续参赛项目质量的提升提供了沃土。大学生的创新创业理应区别于社会一般性创业，其更强调学科专业和科研训练的相互结合。许多高校就是"以赛促创"，以比赛为契机，促进人才培养方式和教学的改革，通过学赛结合，理实一体，将竞赛融入创新创业教育体系和人才培养体系中。

以第十五届"挑战杯"大赛为例，决赛的成功举办让上海大学进入高校学生的视野中。决赛开幕当日出版的《文汇报》大篇幅地关注了上海大学，从多个角度展现了上海大学将人才培养理念全面融入"挑战杯"办赛的全过程，不断提升人才培养质量。在这种积极效应的推进下，近年来上海大学不断加大人才培养改革创新的力度，先后在大类招生与通识教育、研究生联合培养等方面开展了有益探索。学校人才培养模式探索持续推进、人才培养资源保障体系持续完善、人才培养体制机制改革有序开展，人才培养成效显著，赢得了国内外良好的办学声誉。这种竞赛活动提升了大学生的创新创业能力，建立了专门针对创新创业竞赛的工作体系，对院系、校内、省市、国家科研项目建立了四级孵化平台。

2.赛事项目与专业融合，学赛并重

作为一场重大赛事，在其开展与推行中，一定会对学校的创新创业教育产生积极影响。每一次活动的推行都会在一定程度上丰富学校的自身科研底蕴。鼓励各个高校立足于相关专业优势，让学生实现自我价值最大化，把研发成果转化为创新创业成果。只有将专业优势与创新创业融合，才能使项目"修成正果"。

上海大学通信与信息工程学院的获奖项目《多维视觉卒中后手功能康复定量评估平台》就是基于学院专业特点，由项目组与华山医院康复专家共同确定了一套中风后手功能康复标准评估动作，并研制平台工程样机，通过光学智能动作捕捉与计算机视觉关键技术，解决中风病人手部精细功能识别困难的核心问题。相关核心技术申请多项发明专利，研制的工程样机被华山医院康复专家称为本领域内首创。

3. 竞赛对象建设梯队，创新接力

在依靠专业优势进行技术型创业的过程中，具备科研能力的学生与能提供科研指导的教师成为项目成功的关键。在相关赛事、竞赛的开展过程中，很多院校都会以团队的形式参与竞赛，因此需要在组队时保证队员有年级梯度和明确的分工。比如，主要科研任务由三、四年级的学生负责，二年级学生可以参与一些实验操作、撰稿、绘图等事务性工作；等下一届的时候，原先的低年级学生就可以成为研究的主力。这样一种阶梯形队伍有利于保证重点项目的延续性和"以老带新"体系的形成。同时，多学科前沿技术交叉的作品具备较强的竞争力，学校不仅在选题上注意融合各个优势学科和各学科已有的科研进展，在队伍的组建上也贯彻学科交叉的思路，选拔优秀学生，根据项目的需要进行组合。例如，上海大学生命科学学院项目《基于抗结直肠癌活性 SGK1 抑制剂的结构修饰、合成与活性研究》就是一个跨学科、跨年级的组合队伍，生命科学专业的学生负责生物研究，化学专业的学生负责药物合成，高年级学生负责论文撰写，低年级学生负责实验操作。这个团队在连续两届"挑战杯"中都进入了最后决赛，获得了佳绩，也涌现了一批批"科研小达人"。

第二节　高校创业教育方法新思路

创新创业教育是中国高校创业教育发展的主要趋势，在具体实施这一教育模式的过程中，由于教育对象广泛、专业类别多样、培养目标分层等状况的现实存在，在客观上造成了当前中国高校创新创业教育尚存在"教学方式方法单一，针对性、实效性不强"等现实问题。多数高校形成了教学模式"以教为主"，教学内容"以知识为核心"，教学方式"以第一课堂为主阵地"的现实困境。缺乏行之有效的创业体验已成为阻碍创新创业教育可持续发展的一个重要原因。为了更好地推进高校创业教育，了解教育方法新思路至关重要。

一、教学方法创新的重要意义

（一）克服传统教学方式的弊端

有学者概括性地描述了传统教育教学的 5 个特点：①通过传授、记忆、回忆与再现的方式，由教师向学生传授知识；②更注重"教"而不是"学"；③正确的答案被重视并给予奖赏，而近似的答案、猜测和多种解释不被重视甚至被排斥；④在教学过程中教师的权威至高无上；⑤考试及其分数对学校、学生和教师都是至关重要的。对于学生来说，传统教学方式使学生不用在学习上花费大量时间，费太多的脑筋，只要调动记忆的功能就可以完成学习任务，久而久之，也就习惯了这种教学方式。但是，这种教学方式的最大弊端在于扼杀了学生的生命力，从表面上看，学生是一个完整的人坐在课堂上，实际上学生并没有作为一个整体参与教学活动，调动的仅仅是理性方面的认识，而需要、动机、兴趣、情感、人格等非理性因素在课堂中并没有得到应有的关注。这样的课堂教学既缺乏生气与乐趣，又缺乏对智慧的挑战和对好奇心的刺激，不但使学生厌学，也使教师厌教。要想改变这一现状，就必须引入新的教学方法以改革课堂教学。

案例教学法、体验教学法、项目教学法可以有效克服传统教学方式的弊端，在创新创业教育过程中表现出来的优越性更是非常突出。概括来说，主要有三个方面。一是自主性。学生成为主角，通过教师的导演与指导，学生能够充分展示自己的才能。二是拟真性。给学生提供逼真的客观环境，使学生置身于特定的典型环境之中，并自觉地进入角色。三是交互性。学生之间、师生之间可以互相交流、相互启发，以培养学生解决问题的能力。

这些显而易见的优越性的充分发挥，在现实教学实践中受到了传统教学观念与方式的制约。基于此，有学者在教学实践中发现，学生从心理上支持案例教学法，但在表现上令人大失所望，其主要原因在于不愿参与、不能参与、不敢参与、不屑参与。"不愿参与"与"不屑参与"是态度和认识问题，是因为学生不想花费大量的时间和精力，而"不能参与"和"不敢参与"则是能力问题，长期的被动学习、压制性家庭教育和应试教育使一些学生没有公开阐述自己观点的勇气，总是担心出丑，担心犯错误。加上语言表达能力、独立思考能力、随机应变能力、思维活跃程度和选角色的主动程度等都有待提高，致使很多学生无法参与到案例教学过程来。由此可见，以案例教学法来代替传统教学法，不是单纯的技术性革新，也不是传统教育、教学的现代包装，而是一种较为全面的、彻底的教学改革。体验式教学法借助"体验"训练，引导学生在学习过程中进行反思，以过渡上升到对理论知识的理解，并启发学生将理论与实践有机结合起来。

应用体验式教学法可以有效打破传统教育体系里单一式教学、强制性灌输、理论性主导、静态式接收的学习模式，使学生能够在自觉、开放、轻松的学习环境中参与教学活动，进行知识积累和技能提升。在项目教学法中，教师和学生共同参与项目的完成过程，教师更多担任的是项目的提供者和指导者，而项目实施中需要运用哪些知识、问题的提出和解决则均由学生自己来完成，因而能调动学生的积极性，充分发挥其主观能动性，培养其自主学习的能力。

（二）切实提高大学生创业能力

在全球创业观察（GEM）[①]的概念模型中，"创业活动是创业机会与创业能力合成的结果。"当前中国大学生创业面临的主要问题是创业机会多而创业能力弱。因此，通过案例教学法在创新创业教育中的广泛应用，全面培养和切实提高大学生的创业能力成为目前最为迫切的任务。

创业能力与实践联系紧密，它更多关注"怎么做"而不是"是什么"。这种能力不能够靠"讲授型"的教学来传授，而必须靠"探究型"的教育来获得。有学者认为，"从以讲授为主的教学到以探究为主的教育，是一场革命"。这场革命有三个特征：教育的起点和主体从教师走向了学生；学习过程由学生的被动接受走向学生的主动探究；教育替代教学，探究能够带给学生的除了知识与技能的学习外，还有"精神启示""习惯""智力品格""心智状态"，而"学生的创造力首先是心智状态、思维方式问题，其次才是知识、技能问题"，这对实践性特征突出的创新创业教育尤其重要。

培养学生的创业能力不能过分地依赖知识的传授，而是要着力培养学生对自然现象和社会现象的关注度和敏感度、培养学生辨析和解决问题的习惯与能力、培养学生批判性思维的习惯与能力。正如怀特海（Alfred North Whitehead）[②]所言："虽然智力教育的一个主要目的是传授知识，但是智力教

---

① GEM 全称是 Globe Entrepreneurship Monitor，即全球创业观察。GEM 研究报告受到了广泛的关注，已成为世界各国人士认识创业活动、环境、政策等创业问题的重要信息来源。

② 怀特海是英国的数学家、哲学家，其主要著作有：《泛代数论》（1898）、《数学原理》（与罗素合著，1910—1913）、《相对论原理》（1922）。

育还有另一个要素，模糊却伟大，而且更重要——古人称之为'智慧'。没有一些基础的知识，你不可能变得聪明，你轻而易举地获取了知识，但未必习得智慧。"要想让学生拥有智慧，就必须真正确立学生在创新创业教育中的主体地位，重建学生的学习方式，使学生通过探究与体验进行有效学习，使知识内化为学生成长的养分，外化为"以整体性的人去看待整体的世界"的智慧。在创新创业教育过程中引入体验式教学法，使创新创业教育形成立体、开放、多元、互动的教学体系，让学生在自我教育、自我培养的过程中提高认同、找到归属，才真正有利于培养和提升学生的创业意识和创新精神。项目教学法涉及多方面的知识内容，采用的是团队合作的方式，在项目具体实施过程中，团队成员可以根据需要来选择自己的任务。如果为提高项目完成的效率，则可以选择自己擅长的部分；如果想学习更多的知识来弥补自己的不足，则可以选择自己尚不太能胜任的任务。同时，在项目的完成过程中，团队之间的竞争会激发学生的集体意识，团队成员也会为了共同的目标而一起奋斗，以增强与他人合作的能力。

（三）有效应对高校创新创业教育的现实困境

由于当前中国高校创新创业教育课程普遍作为选修课程或者公共课程来开设，因而普遍存在课时少、上课人数多、专业背景复杂等问题，再加上相关资源的限制，为所有学生提供实践机会非常困难。在这种情况下，要想保证创新创业教育的实际效果，只有借助新的教学方法。

案例教学法本质上是以问题为导向，以客观事件为材料，训练和提高学习者在复杂情况下认识、分析和解决问题的理性思维与实际技能。它的精髓在于设置一种氛围和情境，引导学生在面临困惑、模棱两可及不充分信任的条件下，开动脑筋，勤于思考，做出决策，争取成功。案例教学法把求知和行动有机地结合起来，切合了创新创业教育的实践性特征，解决了通过课堂教学实现"做学结合""以学促做"的教育目标。通过体验式教学法，可以使更多的学生在体验过程中直击创业活动的现实问题，对于培养其规避风险的能力具有重要意义。项目教学法通过项目的形式进行教学，项目的实施是学生通过运用自己的理论知识解决实际问题的过程，必然需要整合多方面的知识资源。同时，将学习知识和运用知识有机地结合起来，不仅能满足学生在创新创业教育中的实践需求，有效解决理论学习与实践相脱离的问题，还能实现学以致用的教学目标。

二、教学方法创新的方向导引

创新创业教育具有十分突出的实践性特征。"创业实践活动既是一种教育影响，也是一种课程模式，使创业教育与其他教育类型有了质的区别"，是最能体现创业教育特点和性质的课程类型，不是单纯的理论和知识传授就能够完成的。创新创业教育领域存在着大量的"缄默知识"。与"显性知识"相比，"缄默知识"不能通过语言进行逻辑的说明、不能以规则的形式加以传递、不能加以批判性的反思。如果用"显性知识"的教育模式来传递"缄默知识"，就难以确保教育的有效性。因此，迫切需要将课程教育与实践教育紧密结合，搭建起供大学生边干边学、做学结合、以学促做的"实践导向"教学方法体系。

（一）开展"实践导向"的课堂教学

课堂教学要重点解决两个问题。一个是"教什么"，也就是教学内容的问题。有学者通过对比教室学习环境与企业的真实环境后发现，"学校非常强调过去，聚焦于理解、反馈和大量信息的分析。而在真实世界中，企业家聚焦于现在，没有时间进行批判性分析。他们花费大量时间处理问题，通过自己的经验、通过做来学习，即做中学"。由此可以看出，"实践导向"的课堂教学要突强调创设高度贴近企业家真实世界的学习环境，教学内容要高度关注现实，将解决实际问题作为教学的中心内容。另一个是"如何教"，也就是教学方法的问题。在教学方法上，突出强调探究式教学方式，采取案例、体验和项目教学方法，重点强调"自觉性决策"和"创造性实验"。"实践导向"的教学方法要重点突出学生的主体地位，通过引导学生进行自觉性决策和创造性实验来激励和培养学生的创业行为。

（二）构建"实践导向"的参与体验平台

作为主要参与体验平台，每年有上万名大学生直接或间接地参与到"挑战杯"中国大学生创业计划竞赛中，让竞赛的教育功能得到充分的推广。但是，这项创新创业教育实践活动依然存在学生参与不足，主要构成人员是精英群体，多数学生只能充当观众，过于重视形式（比赛环节），轻视内容（赛前培训、赛后转化），比赛轰轰烈烈，实际成果收效甚微等问题。实际上，这些问题有些是赛事本身的组织问题，有些则是赛事本身无法解决的问题，因为要想解决这些问题就需要政府、社会和高校服务、培训、教育体系的密切配合。对于赛事本身来说，最为重要的是确立"实践导向"，将比赛向两端拓展。一方面向赛前培训拓展，比赛不是目的，目的是以赛促教、以赛促学。所以，要扎实做好赛前培训，培训的对象不要局限于参赛学生，而是要面向全体学生，通过这一过程普及创业文化。培训不只是讲如何做创业计划书，重点在于发动学生行动起来，深入开展市场调研，掌握第一手资料，为识别机会、把握商机、了解社会奠定坚实基础。另一方面向赛后转化拓展，比赛结束之后，还需要做艰苦细致的项目对接与运营工作，政府的支持、企业的投入、资本的汇聚等，所有这些涉及一个成功的创业计划由好的想法转化为商机的重要因素，都要有一个专门的部门来规划统筹与协调。当然，这些任务不可能由赛事组织者来完成，而是要成立专门的机构来强力推动，只有这样才能使更多的创业计划落地生根，产生实际效益。

　　当然，高校建设"实践导向"参与体验平台的方式还有很多，既可以通过孵化器和科学园作为教师和学生的研究与教学实验室，增加大学生衍生企业的数量并提高企业的生存率；也可以通过支持学生社团或创业俱乐部、开办创业暑假学校、举办创业论坛、组织学生到企业进行创业实习、开展"一对一"的创业指导等方式，切实推动创业实践的深入开展。

（三）提供"实践导向"的保障措施

1.创建配套的教学制度和教学环境

　　现有的教学制度比较传统，灵活性不足，开放性较差，最突出的一个缺点就是理论知识学习与实践应用脱节。在这种教学管理制度下实施项目教学法比较困难，难以发挥案例、体验和项目教学法的优势特点，最终影响高校创新创业教育的实际效果。同时，案例、体验和项目教学法的实施不同于传统讲授式的课堂教学，它需要一个开放的教学环境，学生可以根据具体项目的实际需要，到教室以外的其他场所进行教学活动，如实验室或某一实体公司；也有可能需要一些额外的软硬件设施，如可能需要购买锻炼学生创新创业能力的模拟软件等。当然，在高校创新创业教育中应用案例、体验和项目教学法并不是要摒弃传统的课堂讲授法，而是要将两者结合，在课堂讲授法保证学生了解相关理论知识的基础上，通过具体项目的实施，使学生学以致用，边用边学，从而激发学生创造性思维的产生和综合分析能力的提高。

2.加强师资队伍建设

　　在高校创新创业教育中应用案例、体验和项目教学法时，教师的角色不再只是讲授者，而更多的是监督者和指导者，角色的转换对教师教学的要求并没有降低，反而有很大提高。教师不再像传统授课那样仅仅进行备课、讲授、考试等教学活动，而是需要运用多方面的知识来满足更加综合的教学目标。例如，教师在设计项目时，不仅要考虑自己所教授的知识，还要考虑其他相关学科的知识。同时，教师不能只像往常一样教授理论知识，还要有较强的实践能力，这样才能胜任此类课程的教学。因此，在高校创新创业教育中应用案例、体验和项目教学法对教师提出了更高的要求。目前我国在这方面的师资相对薄弱，存在数量不足、质量不高和结构不合理等问题，在培养学生了解创业的基础知识、基本过程和基本技能方面，尚能勉强满足需求，在对创业兴趣浓厚的学生进行个性化培养时，就会感到心有余而力不足，因此亟须培养相关师资人才。

3. 加大政策和资金的支持力度

在高校创新创业教育中应用案例、体验和项目教学法的一个前提就是有力的政策支持。政府是掌握和控制公共资源的主体，政府部门要准确定位，利用信息优势和行政职能，发挥其在推进大学生创业过程中的引导作用。目前，国家高度重视创新创业工作，"国家大学生创新创业训练计划"便是针对在校大学生的训练项目，通过创新训练、创业训练和创业实践三类项目，促进高等学校转变教育思想观念，强化创新创业能力训练，增强学生的创新能力和在创新基础上的创业能力；全国各地也出台相关优惠政策，通过"搭建平台、集聚资源"等措施，为大学生提供创业或创业训练项目。所有这些都是对高校创新创业教育具体而实在的支持，为高校创新创业教育的开展与推广起到了很好的指导与促进作用。

高校创新创业教育中应用案例、体验和项目教学法还需要有充足的资金保障。案例、体验和项目教学法不同于传统教学法，不但教师的课业任务加重，还需要开展第二课堂活动，如组织学生到实体公司实施具体教学项目或购买一些软硬件设施来支持项目教学等，所有这些都会加大创新创业教育的开支。国务院印发文件《关于深化高等学校创新创业教育改革的实施意见》，明确提出"完善创新创业资金支持和政策保障体系"的指导思想，指出"各地区、各有关部门要整合发展财政和社会资金，支持高校学生创新创业活动"。总结国外创新创业教育的资金来源模式，主要包括两大类：一类是以英国为代表的政府主导型资金来源模式；另一类是以美国等为代表的市场主导型资金来源模式。中国可以同时结合政府主导与市场主导模式构建一个综合多元的创新创业资金来源体系，在由政府设立大学生创新创业基金的同时，积极倡导社会及企业建立相关的援助创新创业的基金和组织，以提供充足的资金保障。

三、具体教学方法的应用与创新

（一）案例教学法在高校创新创业教育中的应用与创新

由于中国高校开展创新创业教育的时间较短，在科学运用案例教学法来提高高校创新创业教育质量和水平方面尚处于起步阶段，借鉴国外案例的比较多，结合国情和地方实际情况自编案例并进行完整意义上的案例教学的高校比较少，亟须通过深入研究来探索案例教学法在高校创新创业教育中具体应用的途径和方法，以此切实提高高校创新创业教育的质量。

1. 案例选材问题

案例选择的恰当与否直接决定着案例教学的成败。高校创新创业教育面向全体学生，这些学生来自全校各个专业，知识背景和专业兴趣有着很大差异。面对这种情况，如果照搬商学院或管理学院进行专业教学时使用的案例，则会使多数学生产生距离感，既无法吸引学生的注意力，更不能提高他们的学习兴趣，自然就不能使他们主动参与课堂教学，所以在案例选材时要注意以下三点。

首先，选材的基本定位在于培养创业精神，而不是教学生开公司当老板。高校创新创业教育的基本定位是启蒙教育，通过开展这项教育要达到两个基本目的。一方面，要让全体学生了解创业的基础知识、基本过程和基本技能，从而在广大学生的内心深处播下创业的种子。虽然多数学生可能不会创业，但会成为创业拥护者，为创业文化建设奠定基础。另一方面，在教学过程中，发现那些对创业有着浓厚兴趣并想在大学期间或毕业后开展创业实践的学生，组织他们形成类似"创业实验（先锋）班"之类的组织，进行接续性的跟进教育，开展个性化培养，引导学生走上实际创业之路。基于启蒙教育的基本定位和两方面的基本目的，在高校创新创业教育中，要重点选择那些能够培养学生创业精神的"打气鼓劲"型的案例，通过案例教学使广大学生认识到创业并不是高不可及，形成人人可以创业的基本态度和价值观。当然，在对大学生创业进行"打气鼓劲"时要注意把握适当的"度"，不能过分渲染大学生创业成功，给学生以创业容易成功的不正确暗示，使不具备创业条件的大学生错误地走上创业之路。

其次，选材的基本方向在于结合不同专业特点，而不是"一例通教"。来自不同专业的学生大都对与本专业密切相关的行业特别感兴趣，在这种情况下，选择案例的时候就要照顾到学生的基本专业特点。比如，当前IT创业比较流行，于是就有教师针对计算机专业的学生选择QQ创始人马化腾的案例进行教学，收到了很好的教学效果。实际上大学里的很多专业都是适合创业的，如工程、艺术、体育、旅游管理等，但是由于学生不了解本专业的社会应用前景，一般对创业持悲观态度。在这种情况下，教师可以结合各个专业的特点引入案例，既会极大地激发广大学生的创业热情，又会调动他们努力学习专业知识的积极性。

最后，选材的基本原则是"就地就近"，而不是一味地追求"洋经典"。笔者在实际教学过程中发现，学生对那些发生在自己身边的实例更感兴趣，讨论起来参与程度更高，而对从西方引进的案例，除了几个耳熟能详的大公司和大人物之外，对于知名度不高的中小企业案例则很少有兴趣。从这一实际情况可以看出，在进行案例教学的过程中也不要以希腊罗马为主，忘掉了本区本校。一方面，案例可以就地取材。中国经济具有很强的地域特色，长期发展过程中形成了晋商、徽商、潮商等著名商帮，改革开放以来又涌现出"苏南模式""温州模式"等富有特色的经济发展模式，对于这些地区的高校，完全可以就地取材，对学生进行案例教育。另一方面，各个高校可以充分开发校友资源，将校友创业案例引入创业教育，用"身边人讲述身边事、身边事教育身边人"的办法开展教育，这样易于被学生接受，并能较好地激发学生的创业热情，培养创业意识，克服对创业的畏惧心理。

2. 教师角色问题

案例教学虽然改变了传统教学模式中的师生关系，但是任课教师的教学水平和实际表现仍然是教学成功与否的关键因素。创业教育中的案例教学主要以讨论的方式来进行，在讨论过程中教师应该扮演什么样的角色，是"裁判员"还是"运动员"，是"引导者"还是"助产士"。教师的正确角色定位对案例教学的成功实施至关重要。有学者认为，教师在开展案例教学前，要调整自己的角色和心态，在教学过程中主要是"倾听、促进和引导者的角色"，这样的角色定位与传统讲授式教学中教师扮演的"知识权威"角色截然不同。但是，由于高校创新创业教育存在大班级课堂、各专业交叉、学生准备情况参差不齐等特殊性，客观上要求教师有相应的角色定位。

首先，"倾听"而不"放任"。案例教学法强调的是不同观点的呈现，其突出特点是不提供明显且无争议的标准答案，但是不提供标准答案不等于不纠正错误观点。教师在认真倾听每一个学生发言、尊重每一个学生见解的同时，要注意错误的观点和认识，进行汇总之后，以适当的形式给予澄清，让学生了解不是"什么都行"。

其次，"促进"而不"限定"。大班级课堂一般都在 100 人以上，一堂课 45 分钟，做到每个学生都发言几乎不可能，在这种情况下教师一般采取分组讨论、每组选一名代表发言的方式，以此来促进学生的充分讨论。与此同时，不能把这种形式限定得过死，肯定有学生还有与各组发言不同的观点，要提供两三人自由发言的机会，供学生表达不同观点。

最后，"引导"而不"主导"。教师之所以要引导，是因为学生在讨论时经常会偏离主题，在这种情况下，教师要通过必要的引导使讨论向着课程目标前进。虽然案例教学讨论的方式是自由的，但是这种讨论是有方向的，即"有方向的自由"。引导要注意把握度，既不能过早发表自己的意见，使学生不敢发表自己的独立见解，也不能以反对、嘲笑、谴责或命令的口吻来主导讨论进程。教师要和学生处于平等的地位，共同致力于知识的探讨，给学生以自由发言的信心，始终保持宽松自由的氛围。

3. 适用性问题

案例教学法的优势是很明显的，但也有其不足。有学者指出，案例教学法的缺点或限制包括"应用案例教学法耗费时间和精力，应用案例教学法不利于中等以下程度或低年级的学习者，应用案例教学法仍不如实地经历"，特别是在高校创新创业教育过程中，由于条件和资源的客观限制，更是要充分考虑案例教学法的适用性。

首先，要明确案例教学的目的是重在激励学生的创业行为，而不是对案例进行理论分析。针对这一问题，有学者尖锐地指出：目前在创业教育中占优势地位的案例教学法，如果强调理论分析而不是自觉决策和创造性的实验，那么案例教学也是反创业模式的。为了有效避免占优势地位的教学方法蜕化为"反创业"的教学模式，关键在于准确把握开展案例教学的目的与精髓。

其次，案例教学法不能与讲授法完全对立起来，更不能完全代替讲授教学，而是要与课堂系统讲授相结合。在学生通过课堂讲授系统学习了理论知识之后，在进行综合实践和实训的过程中辅以案例教学，这样就有利于学生通过案例将所学知识串联起来，而且便于主题讨论的展开，有利于学生创造性思维的产生和综合分析能力的提高。通过两种教学方法的恰当配合，就可以充分利用"案例教学法"具有的实践属性和创新价值导向，丰富和完善讲授法的缺点和不足，实现理论和实践并重、传承与创新并举的全新教学方式。

最后，将案例教学、实践调研与多样化创业活动紧密结合。将案例教学向课堂之外适当延伸，将学生分成调研小组，利用课余时间亲自下到企业进行调研。配合这些调研，适当开展小型多样的创业教育活动，如小组讨论、讲习班、网络教学等，在教学过程中，可以邀请校外专业人士或企业家进行客座演讲，积极吸收社会力量参与案例教学，增强案例教学的实效性和针对性。

（二）体验教学法在高校创新创业教育中的应用与创新

创新创业教育是一项理论性、实践性和操作性较强的教育课程，若缺乏教学模式的创新、缺乏创业能力的体验与实践、缺乏具有针对性和实效性的教学方法，创新创业教育便会停留在空洞的理论传授层面。体验式教学法对破解这些现实问题，切实提高高校创新创业教育的质量和效果具有重要意义。20 世纪 80 年代，美国学者大卫·库伯（David Kolb）[①] 在总结了约翰·杜威（John Dewey）[②]、库尔特·勒温[③] 和皮亚杰经验学习模式的基础上，提出了体验式学习圈理论（Experienial Learning），即通过具体体验、观察反思、抽象概括和行动应用，让学习者投入一种新的活动安排中。借鉴体验式学习的相关理论，从提升创新创业教育实效性的角度来看，体验式教学法是一种能够让学生亲身体验创业实践过程，促使其仔细观察、认真思考、获取知识，进而掌握技能、指导实践的教学行为和方法。

1.具体应用

在高校创新创业教育中应用体验式教学法的最终目的是让学生通过体验过程了解创新创业教育的精神内涵，而不是单纯地知道创新创业教育理论知识，这与达尔克罗兹的教育理念有异曲同工之处。该理念强调的是"感知、认知、学习、理解"的协调关联教育方法，并由此构成了达尔克罗兹体验律动教育理念："在本课程结束后，不能使学生说我知道，而是我体验到。"高校创新创业教育同样强调学生的感知和认知过程，以此作为接受新创业教育的前提和基础，但最终目的局限于达尔克罗兹教育理论的"学习、理解"，在体验中"验证"创业理论知识并"应用"于创业活动之中，才是体验式教学法的真义所在。

（1）感知体验之头脑风暴法

感知体验强调的是在创新创业教育授课过程中，使学生形成感知。头脑风暴法通过引导学生进行无限制的自由联想和讨论，使其产生新观念或激发创新想法，进而增强感知体验。该方法需要学生群体之间相互作用与影响，形成群体思维，借助联想反映、热情感染、竞争意识，产生思维激荡和碰撞，有助于创造性思维的产生，提升创新意识。

---

① 大卫·库伯出生于 1939 年，是美国社会心理学家、教育家，也是一位著名的体验式学习大师。

② 约翰·杜威（John Dewey），美国哲学家、教育家，实用主义的集大成者。

③ 库尔特·勒温，德国心理学家，场论的创始人，社会心理学的先驱，传播学研究中守门理论的创立者，以研究人类动机和团体动力学而著名。

（2）认知体验之管理游戏法

认知体验根据客观存在对学生主观意识进行作用。管理游戏法则通过情景模拟方式，仿真各类创业模式，让学生在较短的时间内了解和掌握实训创业管理方法。对于创新创业教育而言，该方法是最直接、快速、有效了解自己经营效果的创新创业教育方法。

（3）验证体验之角色扮演法

通过角色扮演的方式进行验证体验，是体验式教学法的基础"体验"方法。该方法通过情景模拟的方式，编制了一套与实际相关、相似的创新创业环境和活动，要求扮演者用多种方法处理任何可能出现的问题，以测评学生的实际操作能力、决策能力、领导能力、潜在能力、社会判断能力和心理素质。

（4）应用体验之沙盘模拟法

沙盘模拟训练法主要设定了代表相互竞争企业的沙盘盘面，各盘面涵盖企业运营所需的全部关键环节，将真实运营所处的内外环境抽象为一系列的模拟训练场景，进行实际运营。学生在这一过程中，借助参与沙盘载体、模拟企业经营、对抗企业演练、教师现场评析、学生自我后期感悟等完成一系列的实验环节，并在分析市场、制定战略营销策划、组织生产、财务管理等一系列活动中，参悟创业管理规律。

2. 主要问题

体验式教学方法以学生的主动参与、探索、操作和自主管理为特征，增强学生自主创业的意识。通过在创业实践教育的具体环节对学生进行实际模拟操作指导，以提高学生的创业能力和创业素质。在实践过程中也需要避免学生在积极体验的同时，出现"课上热闹、课下无效""乐趣很高、效果不好"的体验式迷途。

（1）创新创业教育教学中的体验恣意化

在创新创业教育中运用体验式教学法有利于创造、模拟真正的创业环境和创新平台，让教师和学生的角色发生转变：教师从传统的"传道、授业、解惑"转变为教育中的引路人，扮演着导演、裁判、咨询者角色；学生从传统的被动学习者变为自主学习者，扮演着创业者、企业家的角色。学生的自主权被无限放大，教师在学生为主体的课堂中成为辅助方和旁观者，容易忽略对课堂整体的主导和把握，出现恣意化的体验现象。具体表现在言语恣意化、管理操作恣意化和角色体验恣意化。为了避免体验恣意化现象的发生，需要教师在学生体验学习的过程中，对体验走向、关键点位进行及时、有效的引导和点拨。针对言语恣意化，需要教师在体验活动开始之前做好引导，使体验活动按照预设顺利开展，在体验活动进行中，随时对学生言语表现进行观测，当言语活动出现偏颇时，及时引导或予以制止；针对管理操作恣意化，教师可以做"适当引导"，但不能为了快速实现教育目标而强制学生执行创业活动；针对角色体验恣意化，需要教师事先选定学生熟悉的创业角色，在学生体验过程中适时做好疏导，避免影响体验效果。

（2）创新创业教育教学中的体验虚假化

在高校创新创业教育中运用体验式教学法，其核心是理论与实践的紧密结合。将先进的教学方法与课本知识相结合，配以看得到、摸得到的实例，让学生对创新创业教育有着更直观的认识，这就需要教师在运用体验式教学法的过程中，注重给学生以真正意义上的体验，而不是将体验教学虚假化，变为"走过场"。具体表现在体验模式虚假化和体验感受虚假化。体验模式虚假化是指教师误以为在创业教育的课堂上搞一点儿体验活动即完成了体验式教学。体验式教学法提倡教师通过丰富的教育形式完成教学过程，但并不是单纯将其引入课堂，"走走体验形式"就完成了体验式教学。体验感受虚假化是指教师在创业活动中，牵引学生进入预设好的创业活动节点，将学生固化在预设好的体验过程中，牵引体验过程、定义体验感受，而不是学生个体在体验过程中自然形成的体验感受。为了从根本上杜绝体验虚假化现象的发生，需要教师深入地了解体验式教学的理论内涵。

3. 促进机制

传统教学一般采用统一标准和固定模式，对教师的教学内容、教学形式和教学效果进行评价；参考固定答案，通过各种考试对学生学习结果进行评价。与传统教育相比，体验教学注重的是学习过程而非学习结果，以往的分数量化评价方式只能衡量出学习者对学习结果的记忆程度，并不能反映学习者的真实体验过程。单一固化的评价衡量标准已经不适用于多元化下的现代创新创业教育，需要注重多元化评价，使学生在统一评价的基础上表现出一定的弹性，从而为他们的个性化发展提供空间。体验式教学法应采取多元评价模式，不仅要正确知晓学习者的学习情况，更要对教学过程进行价值判断，并为教学决策提供有效反馈：一是对教师的评价既应侧重授课内容及授课效果转化，注重案例选择教学情景设计和以学生为主体的授课效果，又应侧重理论与实践转化，对学生进行全方位培养；二是对学生的评价既应侧重教学效果的过程评价，即学生心路历程、交流沟通和理解应用，关注体验式教学过程总的参与程度和参与效果，又应采取包括课堂观察、测试与练习、学生作品评价、学生体验与反思等多元化评价标准，着重评价学生的思维能力和应用能力；三是评价机制的主体应兼顾师生双方，既涵盖师生双方互评，又涵盖教师之间和学生之间的评价，三者各有侧重，以此增强师生参与体验教学的程度和感受，进而形成体验式教学法在高校创新创业教育中有效应用的长效机制。

（三）项目教学法在高校创新创业教育中的应用与创新

项目教学法是指学生在教师的指导下，在特定的学习集体（项目小组）中，根据学习兴趣和生活经验提出问题或活动的愿望（项目创意），对活动的可行性做出决策（是否立项），并围绕既定的目标（项目成果）决定学习内容和学习方式，自行计划、实施和评价学习活动的教学活动。其突出特点是以项目为载体，实现各种知识与能力的整合与重构；以学生为中心，培养学生的自主学习能力；以小组学习为主要形式，实现探究与合作学习；以过程和产品为参量，衡量教学目标的达成。在高校创新创业教育中，以真实或模拟的项目为研究切入点，以开展项目为手段，促使大学生通过参与项目的方式激发其创业意识，培养其创业思维和创业能力，丰富学生的创业知识，并提高其综合素质。在高校创新创业教育中运用项目教学法，应明确以下四个问题。

1. 明确目标

目前，关于创新创业教育的目标存在两种功利化的观点：一是狭义地理解创新创业教育，把创新创业教育简单等同于"企业家速成教育"；二是仅将创业作为缓解学生就业压力的权宜之计。创新创业教育作为企业生命周期的一个特殊阶段，有其深刻的意义。一个广为学者接受的观点是创新创业教育应以唤醒学生的创业精神与意识、提高学生创业技能及培养企业家行为为主要目标。

项目教学法在高校创新创业教育中的应用要努力促进此目标的达成，在四个层次的创新创业教育中均可利用项目教学法来提高教育的针对性和实效性。在面向全体学生开展创业的启蒙教育阶段，学生的创业意识非常薄弱，因此可以有针对性地选取难度比较低、学生比较感兴趣的项目，通过引导学生进行自觉性决策和创造性实验来培养其"创业精神"，植入"创业意识"，培养学生"自主工作"和"持续学习"的能力；在与相关专业结合的"嵌入型"教育阶段，要根据不同学科的特点，结合专业特色，选择与学科相关性大的项目来引导学生根据专业特长进行创新创业；在"专业型"创新创业管理教育阶段，要以提升学生创业实战技能，培养实际创办企业的能力为目标，因此要选择知识融合度高（如同时包含企业运营、组织与行为、市场营销等相关知识）的项目，还可以根据现实中的经典项目改编出需要锻炼这部分学生特殊能力的项目，使其掌握创办和管理中小企业的知识和技能，提高驾驭能力和规避风险能力，从而提升创业成功率；在继续教育阶段，初创企业者本身就拥有一个很好的项目创意，因此应侧重将项目教学法运用到具体的询问、培训和服务中，也可以提供以往教学中积累起来的与其项目相关的丰富经验，帮助他们度过企业初创期。

2. 组织形式

项目教学法采用的是团队合作形式，即一定数量的学生和教师共同参与到项目的实施过程中，教师在其中担任指导者的角色，学生充分发挥其自主性，并在教师的帮助下完成学习任务。美国学者彼得·吉（Peter Gio）指出："当团队真正在学习的时候，不仅团队整体会产生出色的成果，个别成员成长的速度也比其他的学习方式快。"正因如此，团队学习形式是很好的组织实践教学的方式。芬兰于韦斯屈莱应用科学大学的团队创业学园就是很好的例子，在这个学园里"没有课堂，有的是开放的办公区；没有教师，有的是教练；没有班级，有的是对话会议；没有案例学习，有的是真实的项目；没有讲授，有的是大量的学习"。项目教学法满足了创业教育的实践诉求和"学以致用、边用边学"的教学目标，在高校创新创业教育中运用时，需要根据具体情况采用不同的组织形式。一方面，对于各个专业的学生，在让其了解创业的基础知识、基本过程和基本技能时，可以采用普及式教育，即培养具有不同学科背景的广大学生的创业精神和创业意识。中国现存的选修课形式便是普及式创新创业教育的一种。在这种形式中，不同学科背景的学生之间组成的是临时性的团队，这种团队会随着课程实践的结束而解散。另一方面，对于那些对创业有着浓厚兴趣，并想在大学期间或毕业后开展创业实践的学生，采用聚焦式教育，即培养创业人才和创业教育相关师资或研究者。这种模式可以采用固定团队的形式，这种团队的周期长、综合性较强，通过项目的各种活动，能够形成专业的创业素质和创业理论体系。

3. 项目选材

项目选材是否恰当，将直接影响项目教学法在高校创新创业教育中应用的成败。项目选择要以高校创新创业教育的目标为出发点，以教学内容为依据，既要包含教学知识点，又要能调动学生的积极性，让学生在运用所学知识的同时，充分发挥自己的创造力。具体可概括为以下几点：一是所选项目要有针对性。在具体项目选择时，要根据高校创新创业教育的具体目标、受教育学生的学科背景、学生的兴趣点及已掌握的创业技能水平进行筛选。二是项目的可行性。所选项目无论在实践还是资金等其他方面必须是切实可行的。三是项目的综合性。所选项目要涵盖多学科知识，在弥补学生知识空缺的同时，提高学生整合各种知识的能力。四是选择项目要有技巧性。要根据创新创业教育过程不同阶段中学生对创业知识的掌握程度，不断加深项目的难度，在符合学生接受知识规律的情况下，不断提高学生的学习能力和创业能力。

4.教学效果考核与评价

在项目教学完成后，如何对学生的表现进行考核和评价是一个值得深思的问题。可以采用团队成员自评、成员互评、教师评价的方式，还可以根据具体项目类型设置网络投票环节，但这些过程都需要有一定的监督措施。评价标准可以由团队练习表现、文献学习和研读、实践环节表现三个部分组成。团队成员根据自己团队完成创业教育目标的情况，同时结合自己在团队中的表现，对自己做出评价；为了防止恶意评分现象的出现，互评可以采用去掉最高分、去掉最低分的方式计算评价结果；教师根据学生个人及所在团队的表现，给出评分；网络投票环节要严格把关，可以设置投票限制条件，如只有本校学生才能投票等。为了评分更加合理，可以选择部分创新创业领域专家，采用层次分析法计算出每一项的权重，对以上四项评价结果进行加权求和，并将其作为综合考核结果。

第三节 基于 AHP 法构建个性化创新创业教育体系

一、高校创新创业教育的现状分析

创新创业教育的目标是培养具有创业基本素质和开创型个性的人才，使高等教育与社会经济发展统筹协调，为社会的发展培养和孕育新型优秀创新型人才。在具体施实过程中，创新创业教育不仅注重在校学生创业意识、创业精神、创新创业能力的培养，更为其提供面向全社会，分阶段分层次进行创新思维培养和创业能力锻炼的机会和舞台。

创新创业教育具有鲜明的特点，可以从创新性、创造性、实践性三个方面加以论述。创新创业本质上要求不断求新以填补社会需求和价值空间，而创新正是自身进步的源泉，更是社会进步的一大法宝。创造性在一定程度上与创新性有重合之处，但又有微妙的区别。如果创新性注重在校学生的创新思维和意识的培养，那么创造性则更加注重参与主体的创业精神体现和创业行为表达。实践性往往是指注重实际行动，将想法转化为实际产物乃至社会生产力的重要过程。这三者融会贯通，各自对创新创业教育的内涵进行不同角度的侧重，从而使创新创业教育成为最具有竞争力的教育理念之一。

相比国外的创新创业教育发展，我国的创新创业教育开展处于一个缓慢滞后的发展阶段，课程体系不健全、地位尴尬；师资力量不足，教学资源缺乏；基础教育偏差大，素质教育跟不上；实践平台缺乏，模拟体验设施不足；忽视个性化，发展孤立化等都是目前的主要矛盾，也在一定程度上阻碍了创业教育的深入开展。

二、解决的思路和途径

创新创业教育的实施具有很强的必要性。创新创业教育是建设创新型国家的战略要求，也是高等教育改革的内在要求，更是毕业生实现就业的现实要求。针对教育现状的不足和缺点，以下是一些较为可行的建议和对策。

（一）建立完整、完善的课程体系

针对现阶段课程体系不健全的情况，建立完善的课程体系迫在眉睫，急需改进传统教学模式。在课程设置上需要充分考虑市场需求，提倡多元化与社会化。创新创业教育课程体系与教学内容应完全服务于创新创业教育的培养目标与人才培养教学计划。从系统结构和内容配置上看，主要包括创新创业意识与精神的培养、相关知识的传授、实践技能的训练三个板块。由此，不仅要重视学生创新思维和意识的培养，更要着重创新能力和实践训练的深入，以提高学生的创业熟练度和成功率。

（二）提升创新创业教育的学科地位

将创新创业教育作为大学生、研究生素质教育的基本内容之一，将创新创业教育置于与思想品德教育、文化素质教育同等重要的地位，有利于从思想层面上加强重视。与此同时，在高等教育之前的基础教育阶段，各个学校也应当积极推进创新性思维的培养，以提高学生的素质教育。

（三）完善实践平台和虚拟仿真体验设备的应用

用于虚拟仿真实践和体验学习的实践应用平台的软硬件建设尤为重要。硬件设备是平台运行的基本环境与保障，虚拟仿真体验课程是推行创新创业教育的重要手段之一，是学生学习的"第二课堂"。仿真教学侧重于应用虚拟仿真软件与配套设备模拟现实情况，从而使学生从场景到实践得到"真实"的体验。体验式课程就是学习者在真实或模拟环节中通过自身的活动获得亲身的体验和感受，然后通过反思、总结，将仿真成果加以升华，最终应用到实践中。建立实践平台和加大模拟操作设备的应用，能够极大地推动创新创业教育的开展。

（四）增强高校、企业、政府三者之间的深入合作

为防止创新创业教育的空壳化和孤立化，高校应当积极促进校企合作，开通绿色通道，实现教学与科研成果共享机制；加强与地方政府的联系，积极参与地方经济和社会建设；设立机制促进科技成果转化，设立科技创新专利孵化器。

（五）改变原有教学模式，突出个性化

受社会环境与家庭环境的影响，"90后"学生极具个性，他们喜欢表现，突出自我。在创业教育中应提倡解放个性，把他们的个性转化为创业的动力。出于学生个性化表达的需要以及各个学生实际情况的不同，学校在标准化创新创业教育体系的推行过程中应尊重学生的个性差异，提高学生将个人优势转化为创新的能力，并促使学生根据自己的兴趣和优势因地制宜和扬长避短地进行创新创业。这样有利于学生摆脱定式思维的桎梏，提高毕业生创业的成功率。

在创新创业具体实施过程中，容易忽视学生个性化的发展，教育方式的同化使大学生的天赋和潜力得不到施展。因此，创新创业教育不仅要尊重学生个性，扬长避短，更要结合社会环境，从根本上提高创新素质教育的效率。

创新创业的教学模式应该充分引入"翻转课堂"的模式，学生作为主体应该得到充分的尊重，教师应努力增强学生的自信心，使学生融入课堂的教学中。学生在课堂上应专注于主动的基于项目的学习，以团队形式共同研究解决当前社会上存在的真实问题，从而得到理论与实践的结合，更加深层次地理解问题。教师不必占用大量的课堂时间来传授基础知识，可以鼓励学生课后通过线上与线下、个体或者团体式学习自主完成课业。

三、个性化创新创业教育体系建设

高校应坚持创新融合专业、创新引领创业、创业融入专业、创业带动就业的理念，以提高人才培养质量为核心理念，以建立创新人才培养机制为重点，以完善条件和政策保障为支撑，更新创新创业教育思想理念，深化创新创业教

育教学改革，完善创新创业教育体系，强化创新创业能力训练，将创新创业教育融入人才培养全过程，大力推进创新创业教育。高校应该建立适合本校的个性化创新创业教育体系，培养创新型人才。该个性化教育体系的架构主要分为四个方面：课程设立、资源配置、个性化安排和评价体制，如图 8-1 所示。

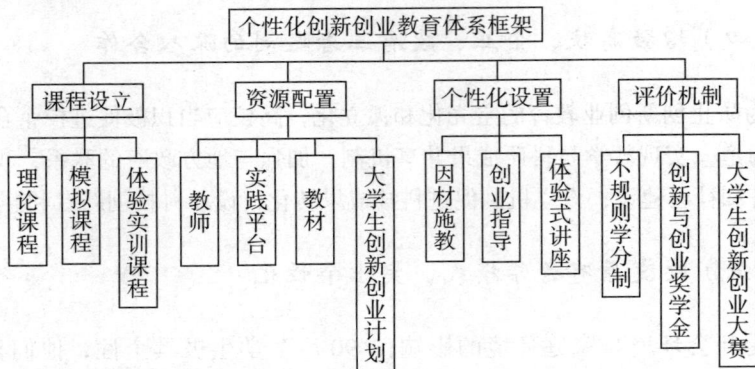

图 8-1　个性化创新创业教育体系的架构

（一）围绕办学特色，深化创新创业教育

围绕学校创新创业教育特色，根据当地的实际需求，面向全体学生，结合专业教育，树立先进的创新创业教育理念，完善创新创业人才培养体系，提升创新创业教育水平，培养高层次创新创业人才。

（二）坚持问题导向，谋划改革实施方案

找准学校创新创业教育存在的薄弱环节，将创新创业的教育理念融入人才培养的全过程，从师资队伍、课程建设、专业建设、人才培养方案、教学理念、教学内容、教学方法、创新创业教育体系以及有利于创新人才培养和成长成才的校园文化等方面谋划整体改革方案，增强学生的创新精神、创业意识和创新创业能力。

（三）加强顶层设计，完善体制机制建设

加强统一领导，将创新创业教育纳入学校整体教育教学管理体系，在体制机制上有效整合校内资源，聚合校外资源，形成相互有效支撑、分工协作的机

制。进一步健全有利于创新创业教育持续健康发展的政策与制度保障，激发全体师生的内生动力，构建有利于各种创新潜能竞相迸发的制度环境。创新创业教育应注重教学改革。课堂中积极开展启发式、讨论式、参与式教学，扩大小班化教学覆盖面。改革考试考核内容和方式，注重考查学生分析、解决问题的能力。为完善该体系，需要建立合理的评价机制，即考核制度和奖励认可制度。考核制度需要突破传统的评价方式，采用更为灵活、精确和不规则的学分制度，鼓励在校学生重视创新和创业。赏罚分明的奖励认可制度有利于激发学生对创新创业的热情和动力。通过设置创新奖学金和创业基金，完善创新创业的资金支持和政策保障体系。

（四）资源配置

为创新创业课程合理配置完备的资源是整个体系的保障基础。资源配置的核心在于资金，而这些资金主要用于教师聘任和培训、实践性平台购置或开发、教材的购买和设置激励性奖学金。

参考文献

[1] 李时格，常建坤 . 创新与创业管理 : 理论·实践·技能 [M]. 南京 : 南京大学出版社，2017.

[2] 王涛，顾新 . 创新与创业管理 [M]. 北京 : 清华大学出版社，2017.

[3] 理阳阳 . 新时代背景下大学生职业发展与就业创业研究 [M]. 北京：中国纺织出版社，2017.

[4] 辜胜阻 . 转型时代的创业与创新 [M]. 北京 : 人民出版社，2017.

[5] 刘彤，王雪梅 . 大学生创新与创业 [M]. 成都 : 西南交通大学出版社，2017.

[6] 郑晓 . 大学生思想政治教育与创新创业研究 [M]. 长春 : 吉林大学出版社，2016.

[7] 李永山，陆克斌，卞振平 . 大学生创新创业教育发展与保障研究 [M]. 北京 : 中国建材工业出版社，2016.

[8] 曹海娟 . 大学生创新创业与人才培养模式研究报告 [M]. 北京 : 人民邮电出版社，2016.

[9] 张黎明 . 高职专业建设模式创新研究与实践 : 创新对接校园建设项目专业建设模式 [M]. 沈阳 : 辽宁人民出版社，2016.

[10] 刘德智，吴弘，郑炳章 . 知识创新与创业管理 [M]. 北京 : 清华大学出版社，2015.

[11] 胡瑞 . 新工党执政时期英国高校创业教育研究 [M]. 北京 : 高等教育出版社，2013.

[12] 张昊民，马君. 高校创业教育研究——全球视角与本土实践 [M]. 北京：中国人民大学出版社，2012.

[13] 曹之然. 创业绩效影响因素研究 [M]. 北京：中国社会科学出版社，2012.

[14] 侯慧君，林广彬. 中国大学生创业教育蓝皮书 [M]. 北京：经济科学出版社，2011.

[15] 彭广林. 以提高人才培养质量为中心，构建创新创业教育工作体系——吉首大学文学与新闻传播学院"双创"教育工作略谈 [J]. 科教文汇（中旬刊），2019（2）：3-4.

[16] 周萍. 众创背景下高校创新创业教育改革发展的路径探索 [J]. 继续教育研究，2018（12）：61-64.

[17] 包水梅，杨冬. 美国高校创新创业教育发展的基本特征及其启示——以麻省理工学院、斯坦福大学、百森商学院为例 [J]. 高教探索，2016(11)：62-70.

[18] 郝杰，吴爱华，侯永峰. 美国创新创业教育体系的建设与启示 [J]. 高等工程教育研究，2016（2）：7-12.

[19] 刘艳，孟威，孟令军，等. 大学生创新实践教育模式的探索与实践 [J]. 实验室研究与探索，2016（1）：166-168.

[20] 董雪. "互联网＋"视阈下创新创业教育路径探究 [J]. 现代经济信息，2015(17)：446.

[21] 李霄峰，赵成福. 地方本科院校转型发展过程中辅导员职业能力提升路径研究 [J]. 教育探索，2015（7）：75-80.

[22] 王景. 地方应用型高校创新创业教育改革与发展路径 [J]. 经营与管理，2015（6）：146-149.

[23] 赵中建，卓泽林. 美国研究型大学在国家创新创业系统中的路径探究——基于美国商务部《创新与创业型大学》报告的解读与分析 [J]. 全球教育展望，2015，44（8）：41-54.

[24] 姜慧，殷惠光，徐孝昶. 高校个性化创新创业人才培养模式研究 [J]. 国家教育行政学院学报，2015（3）：27-31.

[25] 杨晓慧. 我国高校创业教育与创新型人才培养研究 [J]. 中国高教研究，2015（01）：39-44.

[26] 吴光明. 高职创新创业人才培养质量的现状、问题与解决途径 [J]. 中国职业技术教育，2014（4）：65-67.

[27] 张冰，白华."高校创新创业教育"概念之辨 [J]. 高教探索，2014（3）：48-52.

[28] 黄兆信，王志强. 论高校创业教育与专业教育的融合 [J]. 教育研究，2013（12）：59-67.

[29] 徐小洲，李娜. 印度高校创业教育发展动因与模式 [J]. 比较教育研究，2013（5）：59-62.

[30] 钟淑萍，王小玲. AHP 在大学生就业竞争力评估中的应用 [J]. 科技创业月刊，2013（3）：80-82.

[31] 黄兆信，曾尔雷. 以岗位创业为导向：高校创业教育转型发展的战略选择 [J]. 教育研究，2012（12）：46-52.

[32] 王丽娟，高志宏. 大学生创新创业教育研究 [J]. 中国青年研究，2012（10）：96-109.

[33] 马章良，郑雪英. 浙江省高职院校创业教育现状与对策研究 [J]. 职业技术教育，2011（14）：65-68.

[34] 李世佼. 大学生创新创业教育体系的构建 [J]. 黑龙江高教研究，2011（9）：119-121.

[35] 王饮寒，李伟. 大学生创业能力指标构建及提升路径 [J]. 人民论坛，2011（6）：154-155.

后　记

　　不知不觉间，本书的撰写工作已接近尾声，颇有不舍之情。因为本书是笔者在研究高校创业教育体系的一部投入大量精力与数据调研后的作品，倾注了笔者的全部心血，但是想到本书的出版能够为高校创业教育提供一定的帮助，为我国教育体系探索提供一定参考，笔者颇感欣慰。同时，本书在创作过程中得到社会各界的广泛支持，在此表示由衷的感谢！

　　随着国家关于高校众多创业政策的出台和落地，越来越多的大学生成为"大众创业、万众创新"的生力军。可是由于我国高校创业体制不成熟，我国大学生创业面临瓶颈，国家也迫切需要高校培养更多创新型人才和应用型人才。因此，关于高校的创新创业教育研究为我国后续人才的培养指明了方向。

　　本书在撰写与研究的过程中，笔者一是通过科学的研究，确定了该论题的基本概况，并设计出研究的框架，从整体上确定了论题的走向，随之展开层层论述；二是对高校创新创业教育的论述有理有据，先提出问题，多角度进行解读，进而给出合理化建议；三是深度解析当下高校创业教育各个层面所遇到的问题，通过各章节鞭辟入里的分析，试图构建关于高校创新创业教育的研究体系。通过理论与案例分析，找到创新创业教育体系中存在的问题，使读者能够更为深刻地理解当前创新教育的基本情况，并且使其步入新的轨道，得到良好的发展。

　　感谢创作过程中给予帮助的多位同志，因为有了他们的不懈努力与精益求精的专业精神以及对笔者的鼓励，才使《基于 AHP 法的高校创业教育模式实践研究》成书，呈现在读者面前。但文章中难免存在不足之处，希望得到各位同行及专家的批评指正。